云南省哲学社会科学创新团队成果文库

国库现金管理的制度、方法和风险控制研究

A Study of the System, Method and Risk Control of Treasury Cash Management

王 敏 方 铸 著

社会科学文献出版社
SOCIAL SCIENCES ACADEMIC PRESS(CHINA)

国家社会科学基金重大项目"'互联网+'背景下的税收征管模式研究"
（17ZDA053）

教育部人文社会科学研究青年基金项目
"数字经济条件下中国税收政策DSGE模型构建及其在税制改革中的应用"
（21YJCZH026）

《云南省哲学社会科学创新团队成果文库》编委会

主　任：张瑞才

副主任：王建华　余炳武　邹文红　宋月华

委　员：李　春　谭启彬　张　谨　陈　勇
　　　　杨远梅　金丽霞　孙峥嵘　吴　瑛

编　辑：卢　桦　何晓晖　袁卫华

《云南省哲学社会科学创新团队成果文库》编辑说明

《云南省哲学社会科学创新团队成果文库》是云南省哲学社会科学创新团队建设中的一个重要项目。编辑出版《云南省哲学社会科学创新团队成果文库》是落实中央、云南省委关于加强中国特色新型智库建设意见，充分发挥哲学社会科学优秀成果的示范引领作用，为推进哲学社会科学学科体系、学术观点和科研方法创新，为繁荣发展哲学社会科学服务的具体举措。

云南省哲学社会科学创新团队2011年开始立项建设，在整合研究力量和出人才、出成果方面成效显著，产生了一批有学术分量的基础理论研究和应用研究成果，2016年云南省社会科学界联合会决定组织编辑出版《云南省哲学社会科学创新团队成果文库》。

《云南省哲学社会科学创新团队成果文库》从2016年开始编辑出版，拟用5年时间集中推出100本云南省哲学社会科学创新团队研究成果。云南省社科联高度重视此项工作，专门成立了评审委员会，遵循科学、公平、公正、公开的原则，对申报的项目进行了资格审查、初评、终评的遴选工作，按照"坚持正确导向，充分体现马克思主义的立场、观点、方法；具有原创性、开拓性、前沿性，对推动经济社会发展和学科建设意义重大；符合学术规范，学风严谨、文风朴实"的标准，遴选出一批创新团队的优秀成果，根据"统一标识、统一封面、统一版式、统一标准"的总体要求，组织出版，以达到整理、总结、展示、交流，推动学术研究，促进云南社会科学学术建设与繁荣发展的目的。

编委会
2017 年 6 月

目录

第一章　绪论 ………………………………………………………… 001
第一节　研究背景及意义 …………………………………………… 001
第二节　研究价值 …………………………………………………… 002
第三节　研究方法、研究思路、创新与不足 …………………… 004
第四节　小结 ………………………………………………………… 007

第二章　国内外国库现金管理理论和实践 ……………………… 009
第一节　国外国库现金管理理论和实践 ………………………… 009
第二节　国内国库现金管理理论和实践 ………………………… 024
第三节　地方国库现金管理理论和实践 ………………………… 035
第四节　小结 ………………………………………………………… 045

第三章　国库现金管理与政府债务管理和央行货币政策协调机制 …… 051
第一节　国库现金管理与政府债务管理关系 …………………… 051
第二节　国库现金管理与央行货币政策关系 …………………… 062
第三节　小结 ………………………………………………………… 078

第四章　国库现金管理模型与云南省国库现金管理核心模型 …… 080
第一节　国库现金最佳持有量模型 ……………………………… 080
第二节　国库现金流量预测模型 ………………………………… 095
第三节　国库现金管理投融资组合动态优化模型 ……………… 144

第五章　国库现金风险管理控制体系及对商业银行的选择与监管　174
第一节　国库现金风险管理控制体系 …………………… 174
第二节　对商业银行的选择与监管 ……………………… 190

第六章　云南省国库现金管理模式选择及操作建议 ………… 218
第一节　云南省国库现金管理的原则及总体要求 ……… 218
第二节　云南省国库现金管理机构设置 ………………… 221
第三节　云南省国库现金流量预测分析框架与投资制度 … 223

第七章　总结及对策建议 …………………………………… 295
第一节　总结 ……………………………………………… 295
第二节　对策建议 ………………………………………… 299

参考文献 …………………………………………………… 304

后　记 ……………………………………………………… 310

第一章

绪 论

国库现金管理是我国财政国库制度的重要内容，是现代财政制度建立的关键一环，因此对国库现金管理改革进行研究显得尤为重要。本书在梳理和总结我国和云南省国库现金管理现状及存在问题的基础上，借鉴国外发达国家在国库现金管理方面的经验，进一步引入数量分析手段，辅以计算机软件支撑，深入剖析国库现金管理与政府债务管理及货币政策之间的传导机制和内在联系，试图研究出一套在制度、方法和风险控制三方面都适用于云南省国库现金管理的地方国库现金管理体系。本章首先阐述了本书的研究背景及意义，并在此基础上简述了本书的研究价值、研究思路、研究方法以及相较于当前研究可能存在的创新和不足之处。

第一节 研究背景及意义

本书在我国国库现金管理处于起步阶段的情况下进行研究，其研究背景基于以下几点考虑。

从国际背景来看，国外发达国家已经具有较为成熟和完善的国库现金管理体系，不仅有效利用了国库内大量闲置资金，实现了收益性管理，而且国库现金管理成为其实施货币政策和债务管理的有效工具。汲取国外发达国家在国库现金管理方面的先进经验，对我国提升国库现金管理能力具有重要意义。

从国内背景来看，早在 2001 年我国就开始以"先试点后推广，先中央后地方"的方式推进国库集中收付制度改革，取得了长足的进步，并为国库现金管理创造了条件。但随着我国经济发展进入新时代，地方政府在收支矛盾不断扩大的同时，也闲置了大量财政资金，从而出现"有钱花不出"的现象。此外，在国库现金管理过程中，地方国库现金运作的管理及体制机制不够完善，并缺乏相应的制度保障和风险防控手段；加之地方政府过于强调资金收益而对风险防范考虑不足，从而导致现行国库现金管理，尤其是针对地方的国库现金管理存在大量风险。2015年新《预算法》的实施，标志着我国国库制度管理改革的系列成果已被纳入法律条款。在新时代背景下，国库现金管理被赋予了新的定位，国库现金管理改革不仅是我国财政国库管理改革的核心内容，还是推动我国建立现代财政制度的一个关键板块和重要施力点。因此，在风险可控的条件下，盘活财政资金对于提高国库现金管理能力至关重要。

本书以云南省为例，深入地剖析了当前地方国库现金管理的制度模式、管理方式及风险防范，具有重要的理论和实践意义。

第一，从理论上看，本书紧紧围绕提升国库现金管理能力和风险防控能力的研究主线，通过现状梳理、理论分析、发达国家经验总结及实证模拟分析，完整地构建了一个包含国库现金规模预测、投资优化及风险管控内容的管理体系；并且具体剖析了国库现金管理与政府债务管理及货币政策之间的传导机制和内在联系，对指导我国的国库现金管理实践具有重要的理论意义。

第二，从实践上看，本书充分考虑了我国国库现金管理尚处于初级阶段这一基本事实，以提升国库现金管理能力和效率为目标，通过借鉴国外发达国家的优秀经验和现有研究成果，结合我国实际，针对云南省国库现金管理构建了"两模型一体系"的分析框架，并致力于将其运用到云南省国库现金管理实践之中，对助力我国现代财政制度的建立具有重要的实践意义。

第二节　研究价值

本书作为立足于我国的国库现金管理现实需求，要求较高理论研究水平和丰富实践工作经验的参考书，内容以财政学为主，并结合金融学、数量经济学和计算机软件应用等多个学科的联合研究，其预期成果将具有一定的理论和实践价值。

一 理论价值

第一，为优化我国国库现金管理，特别是为地方国库现金管理提供了理论支撑。本书结合国外国库现金管理的制度和模式以及风险控制的理论研究，为尚处于探索阶段的地方国库现金管理提供理论支撑，优化我国国库现金管理。

第二，为我国的国库现金管理，特别是为云南省地方国库现金管理提供了方法支撑。本书基于国库现金管理的国库现金风险控制理论、最优库底资金预测、国库现金管理动态优化模型等，直接为我国的国库现金管理，特别是为云南省国库现金管理提供最为直接的方法，从而提高国库现金管理水平。

二 实践价值

第一，构建了包括制度、方法、风险控制在内的云南省国库现金管理体系，直接为云南省国库现金管理服务，目的是提高云南省国库现金管理水平。

第二，研究国库现金最优库底资金预测、国库现金管理动态优化模型可以体现本书最核心的价值，为提高云南省国库现金预测分析水平、深化地方国库现金管理改革服务。

第三，研究构建的国库现金风险管理评价和控制机制，有助于在国库现金管理过程中有效规避和防范操作风险、余额（流动性）风险和市场风险等，在确保国库现金"安全第一"的原则下，实现国库现金管理安全性、流动性和收益性相统一。

第三节 研究方法、研究思路、创新与不足

一 研究方法

本书主要采用规范分析方法、调查研究方法、计量模型分析方法、实证模拟方法四种方法进行研究。

1. 规范分析方法

针对国内外国库现金管理理论、国外国库现金管理的制度和模式、国内中央国库现金管理,采取规范分析方法,形成云南省国库现金管理体系的理论基础和经验借鉴。

2. 调查研究方法

组织团队成员对我国及云南省国库现金管理的现状、问题进行深入调研,全面、客观地反映云南省国库现金管理现状。

3. 计量模型分析方法

第一,运用数量经济学和运筹学相关研究方法建立动态的国库库底资金余额变动模型,探究国库现金的流入和流出规律;第二,引入金融投资组合管理理论,建立库底资金变动投资的动态组合优化模型;第三,借鉴金融风险管理方法,建立一套涵盖操作风险、国库余额(流动性)风险、市场风险的多维国库现金风险管理体系,以达到事前规避风险、事中及时处理风险、事后最大限度防范风险的目的;第四,在国库现金管理过程中,通过"两模型一体系"的构建,实时预测库底资金,优化投资结构(包括规模、期限等),并实现全过程风险管理,使云南省国库现金管理取得最好的投资收益。

4. 实证模拟方法

本书以云南省为例,运用云南省国库现金管理相关数据,对建立的计量模型进行实证模拟测算,依据测算结果与实际情况的对比,不断调整优化,力争将研究成果切实运用到云南省的国库现金管理实践中。

二 研究思路

本书的研究内容通过"5+1"个章节的方式呈现，具体内容如下。

第 1 个章节为国内外国库现金管理理论和实践，并对以后各章节形成制度和经验借鉴。

第 2 个章节为地方国库现金管理理论和实践。本章节以调研中获得的第一手资料对云南省国库现金管理的现状进行梳理，对存在的问题进行总结。

第 3、4、5 个章节分别从制度、方法、风险控制角度，借鉴国内外的经验，通过构建模型进行实证分析，并从这三个角度分别提出指导指南、操作指南、风险控制实施指南。

本书最后一个章节，在结合各章节研究成果的基础上，提出云南省国库现金管理的对策建议和操作实施指南。本书研究思路可用图 1.1 体现。

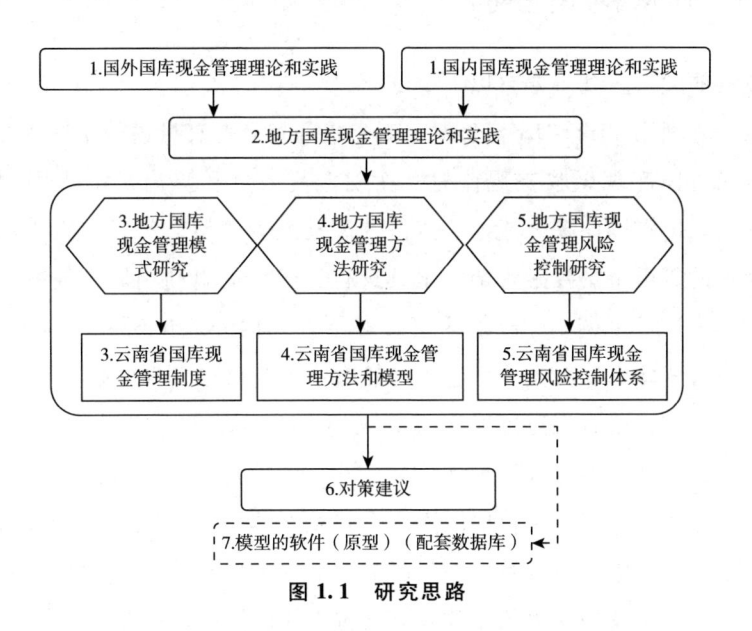

图 1.1 研究思路

三 研究目标与拟解决的关键问题

本书的研究目标是：在借鉴国外国库现金管理和中央国库现金管理经

验的基础上，提出适用于云南省国库现金管理的包括制度、方法、风险控制的对策建议和操作实施指南。

本书拟解决的关键问题包括以下三个方面。

第一，在理论层面上，系统全面地介绍国外国库现金管理的制度、方法和风险控制理论，并为云南省国库现金管理提供经验借鉴。

第二，在模型建立上，对云南省国库现金管理"两模型一体系"的建立和实证模拟，也是本书拟解决的最为关键的问题之一，直接为操作层面的对策提供可参考的建议。

第三，在操作层面上，提出包括制度、方法、风险控制的云南省国库现金管理的对策建议和操作实施指南，为云南省进行国库现金管理提供最直接的指导，也是本书要解决的最为根本的问题之一。

四 创新与不足之处

本书的创新之处主要有以下5点。

第一，利用Miller-Orr模型对云南省最佳现金持有量进行实证分析。在分析云南省国库现金收支规律时，在现金流入量和流出量不规则的基础上，提出云南省国库现金流入、流出的滚动预测模型，对云南省当前和未来可获得的货币市场投融资金融工具进行比较，提出利用周末或节假日国库间歇资金进行短期国库现金管理，并结合国内外理论研究和实践经验，提出云南省国库库底资金余额管理与投融资组合动态优化模型。

第二，在云南省现有国库现金管理制度的基础上，立足云南省实际，通过科学合理地借鉴国外管理理论和实践，新设计了云南省国库现金流量预测分析方法、云南省财政厅国库现金投资运作管理规定、云南省财政厅与代理银行关于资产投资组合的代理协议、商业银行代理国库现金管理业务考核暂行办法及预算单位用款大额支付用款计划报备制度。

第三，从横向上看，选取典型发达国家为代表，对其管理理论和实践经验进行梳理和总结；从纵向上看，以国库现金管理改革的进程为时间轴，梳理国内国库现金管理模式，并结合云南省国库现金管理的现实情况，提出在出现现金流缺口时的应急措施，并制定云南省财政厅与金融机构的代理协议，限制道德风险。

第四，将国库现金管理与财政债务管理结合分析，论证其职能的协调性，并在介绍国外实践的基础上提出对二者职能的整合；分别对中央和地方国库现金管理与货币政策的关系进行分析，借鉴一些发达国家普遍弱化国库现金管理与货币政策关系的国际经验，再结合相关数据，厘清地方国库现金管理与中央银行货币政策之间的影响机制，提出影响"有限性"观点，即地方的国库现金管理并不会直接影响货币政策的实施效果。

第五，根据云南省财政厅国库处的实际工作需要，以确保国库现金的安全性、流动性和收益性为原则，设计出代理银行（商业银行）的事前选择、事中监督、事后评价及退出机制。其中事前选择根据盈利能力、经营增长、资产质量、偿付能力四方面指标进行考核；事中通过建立商业银行风险评价体系对商业银行的风险进行评价；事后采用红、黄、蓝、绿牌制度，设计奖励和惩罚机制。

本书的不足之处有以下两点。

第一，在国际经验借鉴上，受限于国外国库现金管理的资料、文献查询障碍，仅选取了几个典型发达国家为代表，而没有找到与我国发展情况类似，且国库现金管理很成功的国家案例，从而使得本书在国际经验借鉴的全面性和针对性上不够。

第二，在方法运用上，可供选择的操作工具方法有限，这对提升地方国库现金管理收益率造成了一定程度的影响。

第四节　小结

国库现金管理是我国财政国库制度的重要内容，是现代财政制度建立的关键一环。本书紧紧围绕提升国库现金管理能力和风险防控能力的研究主线，通过现状梳理、理论分析、发达国家经验总结及实证模拟分析，完整地构建了一个包含国库现金规模预测、投资优化及风险管控的管理体系，形成的对策建议和操作实施指南具有鲜明的实践指导性。第一，有利于盘活财政资金，提高国库存款收益率。通过国库现金管理，可以按照市场化原则将国库资金投向收益率更高的商业银行,不仅增加了地方政府的可用财力,而且还能促进地方经济发展。第二,有利于提升财政的理财和聚财水平。通过构建"两模型一体系"的国库现金管理框架,在风险可控的条件下,可实现国库现金流量和投资组合的及时预测与优化,进而促进地方财政部门加强预算编制和执行科学性以及监督主动性。第三,本书致力于将研究成果运用到云南省国库现金管理实践之中,有利于推动我国现代财政制度的建立和完善。

  本书分为三个阶段进行:第一阶段,国外文献翻译整理,对国库现金管理的国内现状与国外发达国家实践的差距进行总结分析;第二阶段,完成对云南省国库最优库底资金的计算和预测,在现有投资模式(商业银行定期存款)基础上,比较投资组合的收益并进行风险分析,对现有的制度进行完善;第三阶段,深度挖掘国外国库投资基金公司的运作模式,尤其是最优现金余额计算模型和预测方法、库底资金投资模式等,探索未来云南省国库现金可能的操作模式,进行前瞻性的投资、风险管理和制度设计研究。

第二章

国内外国库现金管理理论和实践

通过对国内外国库现金管理理论与实践研究进行对比,发现各国在实现国库闲置现金余额最小化、投资收益最大化的基础上,对国库现金管理的目标、制度、具体操作、风险管理及与货币政策的协调等方面各有侧重。本章拟通过对国外国库现金管理理论和实践进行梳理,结合我国国库现金管理情况,为云南省国库现金管理模式的理论和实践提供借鉴。

第一节 国外国库现金管理理论和实践

从国外看,美国、加拿大、澳大利亚等发达国家早已开展国库现金管理,并形成较为成熟的国库现金管理体系,其理论与实践经验为我国开展国库现金管理、建立现代财政国库现金管理制度提供了借鉴。

一 国外国库现金管理的理论研究

亚太经合组织国家在1970年前后财政资源流动出现困难,政府开始逐渐注重包括国库现金管理在内的政府财政管理。近年来,许多国家逐步加强了国库现金管理,并对国库现金管理理论展开了较为深入的研究。总体上看,国外国库现金管理的理论研究主要围绕以下三个方面进行。

(一)国库现金管理的概念和职能

有关国库现金管理的概念,现在还未形成统一的认识。Storkey(2003)

认为，国库现金管理是指以最低的成本在正确的时间、地点拥有合适的现金数量以满足政府资金需求。Williams（2009）认为，国库现金管理是指政府内部及政府和别的部门间对国库短时间内的现金流、证券、商品等进行有效管理的过程，具体内容包括：管理政府国库现金流、证券、商品等；本质为管理成本和所获收益的比较；管理模式应对所涉及的部门具有激励性；该管理模式涉及财政管理，组成财政发展战略。Williams（2009）还认为，国库现金管理不会因为缺乏现金而削减预算支出，有效的国库现金管理的目的之一是消除资金的短缺或定量配给，确保及时满足政府的支出需求。

Lienert（2009）指出，国库现金管理就是最大限度地提高闲置资金的回报率，即避免无回报或者低回报率的中央银行或商业银行存款的积累。世界银行经济学家 Clement Navarra 同样认为，政府将国库中闲置的现金用于投资使其获得最大的投资回报是国库现金管理的概念，尤其是管理者在对国库闲置现金流进行支付和清算时最优地把控时间，使得短时间内国库现金收支流在时间和数量上尽可能相等。这一概念则更强调让管理者注重国库现金收支量在时间和数量上尽可能相等，但不具有影响国库现金流的制度，更加注重国库中现金投资回报最大化，没有仅要求国库现金的有效管理。

总之，以上为国外国库现金管理的主流观点，我国学术界受其影响，对国库现金管理的概念界定也存在差异。其中普遍认为，国库现金管理职能应包括两方面：一是提高资源配置效率，二是促进经济稳定发展。从前者来看，第一，在单一账户制度基础上，有效地管理财政收支，使现金收支量按时、按量更为匹配，减少预算单位的账户余额，避免财政资金在中间各支付环节截留；第二，对国库现金流量的准确预测有助于最小化一段时间内国库闲置现金、债券、商品等余额。在对公共支出成本和所获收益进行比较后，利用金融市场对国库现金所涉及的债务进行管理，从而提高国库现金资源的配置效率。从后者来看，由于国库现金管理需要财政与货币管理相结合，所以该管理模式可成为协调财政政策与货币政策、提高政策有效性的重要手段，具体表现为：第一，国库现金流的有效管理能够减小不确定的货币波动，使得中央银行的货币供给更稳定；第二，为了让中央银行更具有控制货币市场波幅减小的能力，要求中央财政国库现金头寸的货币市场操作和中央银行的公开市场操作相互衔接配合。

（二）国库现金流的分析预测

对于如何预测国库现金流这个问题，Kalotay（2005）认为，准确、充分地分析预测现金流是国库现金管理的一项基础性工作，是资金筹集、债券发行和有效进行国库现金管理等一切工作的基础。著名经济学家 Charitou 和 Ketz（1991）发表了《现金流测算的经验分析》一文，认为可设计一个基于历史经验数据的模型来预测国库现金流。美国财务管理局（FMS）在 2002 年介绍，由纽约联邦储备银行负责管理和维护国库现金账户，并负责依据经济趋势和财政部提供的信息来分析预测国库账户每天的现金流和余额。Andrew Kalotay 在 2005 年发表了著名的《国库绩效测量的分析框架》一文，文中他对现金流进行了更准确的分析预测，并认为管理者进行的这项行动是开展国库现金管理的前提条件。同时他还指出，合理地管理国库现金、为一国筹措资金、发行债券等管理工作的必要起点是分析预测现金流。

关于现金流的预测方法分为两种，即短期现金流预测和长期现金流预测。关于短期现金流预测，Stone 和 Miller（1987）采用乘法模型对短期现金流预测结果进行检验，发现使短期资金预测变得较为复杂的因素很多，例如数据量筛选、数据模型选用、数据特征差异等。Stasavage 和 Moyo（2000）主张通过会计方法编制企业现金流量测算表和现金预算明细账来进行短期现金流预测。Lienert（2009）、Williams（2009）提出从政府管理视角对多个国家的短期现金流量预测操作进行研究。关于长期现金流预测，Lew（1983）运用自回归的计量方法进行 1~2 年的资金预测，研究发现，资金流在符合收益生产过程等相同条件下满足随机游走的特性。Lorek 和 Willinger（1996）尝试使用多元回归模型进行现金流的长期预测，并取得了不错的效果。Lienert（2009）认为，现金流预测要结合年度预算，把重点放在主要的税收收入和重要的支出上，尽可能保证预测结果真实可靠。Moeinaddin 等（2012）设定了四个假设来检验不同的盈利能力和历史操作现金流量数据在预测未来现金流量时的情况。其中第二、第三个假设被接受，第二个假设是考察过去收益与未来现金流量的关系，研究结果表明，这种模式可以预测未来的现金流量；第三个假设是经营性现金流量和盈利在预测未来现金流量时的能力不同，研究发现，盈利优于现金流，并且被批准用于预测经营性现金流。

（三）国库资金的管理做法和运作方式

从 Lang（1979）以及 Garbade 等（2004）的文章可知，美国国库现金管理更强调对现金余额的管理，使用单一账户模式，在保证国库现金安全性的前提下对国库现金进行最优配置，追求国库现金的流动性和管理报酬最大化。扣除保障美联储基本安全所预留的基金后，美国财政部会在国库收支不影响货币供应量的前提下，将盈余都投资于商业银行或货币市场，收取利息或短期投资收益。1950 年以来，随着市场经济的成熟化和各项制度的日益健全，美国开始实施国库现金的 TT&L 投资计划。1978 年底，美国开始由传统的国库现金管理模式改为现金余额管理模式，新型模式在保证基本国库现金后，将盈余以定期和活期存款两种类型进行投资，以竞价方式选择存款投入的商业银行，然后依据商业银行存款利率计息。而随着国家向信息社会的迈进，美国从 1996 年开始使用联邦税收电子支付系统（EFTPS）来管理国库现金，同时国库与美联储还一同建立了电子化国库。到 21 世纪初，由于国库现金管理极有可能使货币供应量发生波动，美国为获得最大化的效益，便开始实行新一轮的国库现金管理改革，即 TIP 计划。

Williams（2009）认为，积极主动的资金余额管理能够提高现金计划预测的质量，并能更好地将其现金余额维持在较低和稳定的水平。国外学者经常使用企业最优现金流预测模型来评估财政库底目标余额的水平，其中较为经典且使用率较高的代表模型有 William Jack Baumol 在 1952 年提出的 Baumol 模型、Merton H. Miller 和 Daniel Orr 在 1966 年提出的 Miller-Orr 模型以及 Kraus 在 1973 年提出的静态权衡模型。Salas-Molina 等（2018）以 Miller-Orr 模型为基础建立了成本与风险选择模型，并且认为在管理现金时需同时考虑成本因素并将目标多元化。

经济学家 David P. Simon 和 Michael J. Fleming 分别发表了《国债市场的进一步研究》和《短期国债拍卖竞价研究》，两篇论著都对国库现金管理的实践和操作进行了研究，并对美国短期国债的运作方式得出了一致结论，其中短期国债是指定期发行的最长期限不超过一年的有价证券，发行目的是利用政府融资平衡季节性国库余额。一般来讲，每季发行的短期债券通常时间和发行量是一致的，但也会根据国库收支预测调整各季度短期债券的发行量。而在 David P. Simon 与 Michael J. Fleming 的研究之前，著名经济学家 Colin Thain 和 Maurice Wright 于 1990 年在发表的《英国中央政府财务管理的运营成本控制研究》中指出，英格兰银行（即英国中央银行）需留给英财政部固定的 10 亿英镑资金，然后将其余现金用于短期投资，例如发行回购国债、优质企业债券的现券买卖和回购等，以促进资金流通、发展国民经济。

英国债务管理办公室（DMO）于 2014 年在编写的国库现金管理手册中明确提出，商业银行定期存款、特定短期主权债务、金边债券和本息分离债券、特定商业票据、特定银行债券、特定存款证等都是英国国库现金管理可选择的操作工具，并介绍了单独或综合使用的有关建议。

二 国外中央国库现金管理的实践

具有市场经济基础的大多数发达国家和新兴国家，都在近几十年通过实践，逐步加强了国库现金管理。下面在分析和对比国外中央国库现金管理模式的基础上，为我国建立自己的国库现金管理体系提供一定的经验借鉴。

（一）发达国家中央国库现金管理模式

1. 美国国库现金管理模式

（1）机构设置

在美国，由联邦储备银行、财务管理局、公共与预算管理办公室（OMB）共同管理国库现金。

美联储银行是国库代理机构，负责为金融机构贷款、发行货币，以及对联邦储备体系下的所有会员银行实施监管，同时，联邦储备银行在国家货币划分转移系统的运作中起着主要作用。

FMS对政府的财务进行统筹管理，负责对现金、债务以及信用等进行合理的管理。通常，财务管理局以实现投资成本收益差最大化和最终所需支付的借债利息最小化为目标，负责收缴和管理联邦的资金，协助各联邦及其他机构投资，负责资金运营等，并对政府的相关会计报表等进行监督。

OMB主要负责编制每期预算以及监督联邦及各部门执行情况，还要时刻关注国库资金使用流向，对美国各联邦政府建立的内部财务系统展开监督评估。

（2）管理目标

保证可满足每日财政现金支付需要的足额国库现金为美国现金管理目标，同时还应该注意及时消除闲置的现金余额，将其存入应收资金账户。

（3）主要做法

①建立国库单一账户。将所有的政府部门和机构的账户余额在中央银行合并为一个账户，实现国库账户管理，制定国库现金管理目标，由纽约联邦储备银行负责管理。该账户可监控国库资金的收支情况，分析预测国库资金流量，并及时向财政部报告信息。联邦各部门可负责资金使用和会计核算等工作，但不允许持有现金。

②分析预测现金流。为了对国库内的现金进行最合理的安排，管理部门需要分析预算收支的季节变化和国家经济走势，预测现金流量的流入流出情况，在此基础上确定短期债券的发行时间和发行量，美国政府的收缴和支付均由财政部专设的办公室管理，负责监控现金流量，通过数据管理来处理各类现金问题，预测未来大约半年时间内的现金流入和流出情况，及时根据现金出入实际情况进行信息更新。

纽约联邦储备银行根据财政部提供的信息和当前、未来的经济走势，预测每天的现金流量和国库账户余额。每日早上，联邦储备银行通过电话会谈的形式与财政部的预测结果进行比较，最终决定用于当天交易的金额以满足财政每日现金全额支付需要，金额一般为70亿~100亿美元，负责帮助财政部管理和维护现金账户。

③管理国库现金余额。为确保管理目标的实现，管理者通过积极使用各种手段来改善国库资金的盈亏状况。一是由国库券发行部指定的机构拍

卖发行短期国债。二是存进商业银行。剩余现金在有充分担保的前提下存入几家大型商业银行。主要通过划分单一账户与商业银行账户的现金存款余额。三是回购长期债券。主要用于发生预算连年结余时，为避免国库现金结余不会过高而采取的有效国库现金管理方式。

④与货币政策配合操作。美联储货币政策主要通过公开市场操作、控制联邦基金利率的手段来达到美国宏观调控的经济发展目标。现金管理操作可影响美国货币政策的原因如下：首先，美联储代表财政部进行国库现金管理操作，从而可以更好地配合公开市场操作；其次，美联储和财政部管理过程中实现了较好的交流协作；最后，每日国库单户现金余额大致相同。

2. 英国国库现金管理模式

（1）机构设置

为减少人为影响债券市场与货币市场的不确定因素，尽量避免英格兰银行在债务和货币政策这两方面发生管理上的冲突，因此英国由财政部分开进行银行的债务与现金管理。

财政部的下属部门债务管理办公室相对独立，专门负责管理政府的债务和现金等事务。财政部则负责依照已制定的经营管理原则，对国库现金流进行预测，安排支付部门的各项支出；制定和实施调控政策；在此基础上确定本年度的国债数量。债务管理办公室专门负责招标拍卖债券，控制政府手中各款项的市场运作。英格兰银行则代英国政府管理国债和提供预算账户，并负责制定货币政策。

（2）管理目标

第一，保证中央政府各部门预算运行所需要的足额的现金流量。第二，当账户中出现盈余的情况时，在满足政府资金需要的情况下进行投融资，但操作过程要注意实现风险最小化，实现政府融资成本最小化，以及最终实现国家的货币政策目标。

（3）主要做法

①建立国库单一账户。以减少政府的现金需求及债务为基本管理原则，将统一基金账户和国家贷款基金账户归为单一账户管理体系。前者相当于政府的现金账户，负责管理一般性的现金流出和流入，后者和资本金

账户的性质差不多。当前者资金不足时，由后者进行弥补；相反，当资金盈余时，必须在当天将盈余资金转移至后者账户中。此外，由议会批准部门支出，最终通过该"现金账户"拨入中央政府各部门账户，并且税收收入和其他收入一般也应存入此账户，最后确保所有政府的现金余额账户在每个工作日终通过国库单一账户管理系统转移到财政部主账户。

②分析预测现金流。准确分析预测现金流是英国国库现金管理的一个重要基础，英国财政部每日绘制一份白皮书，并计划未来13周的工作。这份白皮书包括三部分：一是预测和反映财政部未来7周收支的日变化；二是反映各类证券特别是国家信用等级最高证券上一周的交易情况；三是预测政府每日应付的国库券、金边债券等政府债券的本息，以及资金的流向及其对证券市场的影响。

③国库现金的日常管理。在英国，主要通过短期国债和货币市场协调配合来减少国库现金中大额不确定的现金流动，以最终实现英国国债管理的目标。

英格兰银行单一账户的期末现金余额一般在2亿英镑左右。当每天的收支量预测低于这个数值时，债务管理机构可通过发行短期债券和买卖其持有的金融工具来筹集现金。相反，机构则可通过逆回购高质量金融工具赚取利息，以保证国库现金安全及所持有金融工具的流动性。英国债务管理办公室规定：回购或转售交易必须是优质的、有担保且买卖剩余期限不得超过6个月的金融工具。

④与货币政策配合操作。英格兰银行的国库现金管理主要通过公开市场操作来影响市场短期利率进而实现宏观调控目标，以最小的成本降低国家贷款基金账户中可预测的现金流量。主要采取如下措施：最大限度地消除货币市场波动的诱因和保持日终单一账户余额的相对稳定性，并且在不影响短期市场利率的情况下由债务管理办公室进行国库现金管理操作。

3. 法国国库现金管理模式

（1）机构设置

法国国库署负责管理政府所拥有的现金，法兰西银行负责高效运作金融有价物品和信息支持系统，法国政府指定的一级交易商团体作为国库现金管理的项目合作方，三者共同组成法国财政部现金管理部门。

（2）管理目标

2003年底，法国宪法委员会提出："保证可满足每日财政现金支付需要的足额国库现金为法国现金管理目标，并对政府部门和公共机构的国库账户中的剩余资金进行积极操作，以提高政府部门的运行效率和公共资金的使用效率，避免因国库现金操作使账户出现资金不足。"财务的连续性和可支配资金的积极管理，被拟定为法国国库现金管理的两个法律性质的目标。

（3）主要做法

①建立国库单一账户。法国财政资金账户管理与其他大部分发达国家类似。由法兰西银行（法国中央银行）实行单一账户制，将所有的政府部门和机构的账户余额在中央银行合并为一个账户。同时，设立国库子账户与国库单一账户一起使用。各类子账户用于记录政府资金变动和各支出部门的资金使用情况，但对于实际付款仍需由财政部的单一账户进行处理。

2007年底，法国财政部的控制软件与法兰西银行联网，此后各地方政府的交易都将自动反映在法兰西银行的国库账户中。法兰西银行还负责管理法国在全球所拥有的货币、证券等，并负责管理每个月单一账户上余额产生的利息。此外，财务部门可以通过这个统一的联网系统对账户的实时交易情况进行监督。

②现金流预测。每年开始时，法国会初步预测未来一年内国库账户的每日现金流量。然后根据实际情况和经济走向，又会及时在实际执行过程中对预测数据进行调整。1999年，公共会计总局建立起国库公告制度，以确保国库现金管理信息的提供更加及时准确。2006年库务局库存现金流量的预测水平再一次得到提升。

为了在管理过程中获得更加及时准确的信息，1999年公共会计总局设立国库公告系统，并在法国政府和政府各部门之间逐渐建立起一套完善的信息交流机制，以确保预测现金流量的人员获得各部门信息的及时性和准确性。

③对现金流实施控制。随着信息化社会进程的加快，法兰西银行建立了一套能和法国国库局联网的现代化信息管理支付系统，法国财政部可以通过该系统对资金收支流量进行更细致的观测监督。同时，保证了法兰西银行在和相关方银行国库合作操作现金流量时监控国库，实现单一账户资

金操作的及时、准确。

④积极管理国库现金余额。当国库单一账户出现盈余时，法国一般会采取投资的方式进行处理。例如，存入商业银行、逆回购国债或国库署已经签署为欧元区国家提供贷款的流动性交换协议。融资主要是按期借入无附带条件性资金、回购交易或向欧元区国家进行抵押贷款。如有需要，负责机构还可公开招标发行短期国债。法国为提高短期融资能力，还在国库债基础上设计出一种2~6周的超短期国库券。

实际上，法国国库署在具体操作中更倾向于发行超出需要的政府债券，然后将盈余资金进行投资。它认为，剩余的资金可以很容易地进行短期投资，不仅成本低，而且大大降低了因意外开支而透支的风险。

⑤有效的监督机制。法国财政部和审计法院现已形成两机构相结合的法国国库监管体系，同时两机构相互独立，分别管理日常业务及监管过程。

4. 加拿大国库现金管理模式

（1）机构设置

加拿大银行（加拿大中央银行）负责货币政策和现金管理，债务管理办公室负责债务管理，二者共同组成国库现金管理机构。

（2）管理目标

国库现金管理目标中心的主要职责是使国库部能够及时足额地获得交易资金并确保足额现金为加拿大联邦政府国库现金管理。此外，还需实现国库现金持有成本最大限度地降低、融资的高效低成本、风险控制的有效性三个目标。

（3）主要做法

①建立国库单一账户。加拿大银行实行单一账户制，中央银行集中管理所有政府部门和机构的账户余额，并汇入本银行的统一账户。虽然政府部门交易自由，但不能另设账户。另外，中央银行负责将单一账户中的隔夜现金余额保持在20亿~40亿加元。

②现金流预测。加拿大同样认为管理者进行现金流预测这项行动是开展国库现金管理的前提条件。加拿大联邦政府不断加强与公共部门之间的信息交流，建立并逐步完善预测工具，包括对未来三个月国库现金流量的逐日滚动预测。目前，加拿大国库现金管理的流量预测已经达到

了较高的水平。

③国库现金日常管理。加拿大主要通过以下两个渠道管理国库现金。一是将财政性存款拍卖给商业银行。加拿大会对现金余额进行积极操作，中央银行在商业银行存款和国库单一账户之间合理划分现金余额以实现管理目标：当超过预期余额限额时，会将超出部分存入商业银行。二是发行国库现金管理债券。只有当国库现金发生大额不足时，为筹集足够的国库现金，将由中央银行发行现金管理债券，一般来说，中央银行只代理财政部每14天发行一次的国库券，以减小国库现金的季节性波幅。

④注意防范风险。保证国库现金的流动性和高度安全性是加拿大国库现金管理的重要目标。具体来说，其目标是保证中央政府各部门预算运行所需要的、足额的现金流量，同时采取一系列措施建立防范国库现金风险的风险控制体系。

⑤与货币政策配合操作。经济增长、物价及币值的稳定是加拿大银行货币政策的主要目标，主要通过公开市场操作来控制短期利率，但具体管理操作对货币政策产生的影响较小，原因有以下两点：一是国库现金日余额较为稳定；二是单一账户现金余额需要国库现金管理和货币政策之间有较强的联系和配合，因而成为加拿大管理当局施行货币政策的一个重要工具。

5. 澳大利亚国库现金管理模式

（1）机构设置

澳大利亚设置国库部、澳大利亚财务管理办公室、财政部和联邦储备银行四个主要机构组成一套较为健全的国库现金管理体系。澳大利亚财务管理办公室负责在财政部制定的政策框架内实施财政部现金、债务管理。并且，财政部受新型管理理念的影响，各政府部门可在制定的统一管理框架内独立管理本部门的银行支付业务。

（2）管理目标

澳大利亚国库现金管理以确保联邦政府现金需求为主要目标，并要求国库现金流波幅尽可能的小；同样依国库现金流量预测，将财政部剩余现金投资于金融市场，在此过程中要考虑资金的安全性和流动性、风险的不可预见性以及最小化长期融资成本。

(3) 主要做法

①建立国库单一账户。将所有政府部门和机构的账户余额在中央银行合并为一个账户，实现国库账户统一管理。单一账户下包括4种账户：一是官方公共账户，即国库单一账户中的主干账户；二是官方隔夜账户，用来记录政府各部门账户的资金与联邦各储备银行单一账户之间的交易数据；三是官方定期存款账户，将政府各部门在联邦储备银行中的所有定期存款余额进行记录；四是官方统一收入账户，记录清算银行收到的日收入，并将日终余额结转至官方公共账户。

②现金流预测。澳大利亚财务管理办公室负责尽可能准确地预测日国库现金出入情况并制订国库现金管理日计划，以此使公共资金得到最有效的使用。目前，澳大利亚财务管理办公室已经达到较高的预测水平，能够大致预测账户中提前一年到一年半的现金余额情况。

③国库现金余额管理。澳大利亚财务管理办公室在对国库现金流比较准确的预测基础上绘制国库现金存量日波动图，并在优先保有一定备用金在官方公共账户的基础上，进行国债发行、存款和掉期等国库现金操作。

④与货币政策配合操作。澳大利亚银行主要通过公开市场操作这一重要工具来实现本国的货币政策目标。联邦储备银行设立专管机构对国库现金流进行预测，财政部通过改变单一账户中的余额来影响货币市场流动性，并且稍有改变则影响巨大。为使预测准确性得到进一步提高，澳大利亚财务管理办公室和联邦储备银行按规定要求进行月讨论以尽量保证相同现金预测结果。

综上，部分发达国家国库现金管理模式对比如表2.1所示。

表 2.1 部分发达国家国库现金管理模式对比

国家	机构设置	管理目标	目标余额	操作工具	主要做法
美国	联邦储备银行、财务管理局、公共与预算管理办公室	①保证可满足每日财政现金支付需要的足额国库现金 ②无现金余额闲置 ③存进应收资金账户 ④追求支付准确及时	70亿~100亿美元	买回国债、发行国库券、现金管理券；商业银行质押存款	①建立国库单一账户 ②分析预测现金流 ③管理国库现金余额 ④与货币政策配合操作

续表

国家	机构设置	管理目标	目标余额	操作工具	主要做法
英国	英格兰银行、财政部及债务管理办公室	①保证可满足每日财政现金支付需要的足额国库现金 ②实现政府融资成本最小化，实现现金盈余最优运用 ③与货币政策目标一致	2亿英镑左右	国债发行、债券回购和逆回购、国债买回与转换等	①建立国库单一账户 ②分析预测现金流 ③国库现金的日常管理 ④与货币政策配合操作
法国	法国国库署、法兰西银行及指定的一级交易商	①保证可满足每日财政交易资金所需要的足额国库现金 ②积极运作国库账户中的资金 ③提高公共资金的使用效率 ④避免国库账户出现赤字	1亿欧元	银行存款、发行短期国库券、国库券回购与逆回购、无担保借款等	①建立国库单一账户 ②现金流预测 ③对现金流实施控制 ④积极管理国库现金余额 ⑤有效的监督机制
加拿大	加拿大银行和财政部	①保证可满足每日财政现金支付需要的足额国库现金 ②实现国库现金持有成本最小化，融资高效率和低成本 ③有效控制风险	20亿～40亿加元	现金管理券；商业银行存款	①建立国库单一账户 ②现金流预测 ③国库现金日常管理 ④注意防范风险 ⑤与货币政策配合操作
澳大利亚	国库部、澳大利亚财务管理办公室、财政部和联邦储备银行	①确保联邦政府各部门的现金需求 ②国库现金流波幅最小化 ③将预测的剩余国库现金进行金融市场投资操作 ④注重风险防范	10亿澳元左右	中央银行透支安排；中央银行存款；国债发行、债券回购与逆回购等	①建立国库单一账户 ②现金流预测 ③国库现金余额管理 ④与货币政策配合操作

（二）发达国家中央国库现金管理模式的对比分析

经过研究比较上面所列发达国家的国库现金管理模式，发现虽然不同国家国库现金管理模式有一定的不同之处，但是也有特别明显的相同之处。基于此，本部分将对上面所列国家在国库现金管理中所表现出来的共同点与不同点进行对比分析。

1. 发达国家国库现金管理的共同之处

（1）广泛实施国库单一账户管理体系

国库单一账户管理体系体现了各个国家国库现金管理的显著特征。各国政府为使现金流通过国库单一账户管理体系集中在一起，利用国库单一账户管理体系对财政收支进行核算与管理，实现了政府对财政资金现金流的掌握、管理和控制。只有在满足政府公共财政支出要求的条件下，才能对国库现金流进行适当调整。预算的完整性可由国库单一账户管理体系制度体现，它还可以使政府各项资金的运用情况表现出来，并可归纳财政资金的完整信息，以便政府参考，使其方便快捷地掌握各类资金的来源和流向。

（2）优化国库现金流预测分析机制

各个国家国库现金管理的又一共同之处是看重国库现金流的预测分析。为高效管理国库现金，各国必须运用科学并且行之有效的计算方式，建成国库现金收支基础数据库，对一定时期内的国库现金流量进行滚动预测，准确测算国库现金流量，尽可能减小预测误差。就英国来说，英国国库现金流预测水平高于其他国家，财政部通过对国库现金收入与支出金额等历史数据的集中分析，找出了资金流变动规律，接下来依照一定规律对现金流量进行预测，实现每周都可以及时准确地将与实际执行数据相差不大的最新国库现金收支预测提供给债务管理办公室，为国库现金的科学管理与决策提供了重要依据。

（3）运作方式适合本国国情

以上国家的国库现金管理基于对财政资金收支和财政资金盈余的准确预测，在保持最低应急国库余额的前提下，合理运用闲置的国库资金。就运作方式来讲，必须按照本国国情来定，比如美国利用中标商业银行的"税收与贷款账户"来存入大量的国库现金以赚取利息收入；英国的日常业务通过直接进入金融市场进行，形式是卖出或回购所持有的金融工具。美国和英国都能够有效规避市场风险，确保财政资金的支付安全。

（4）加强与货币政策、国债管理政策的协调配合

国库现金管理与货币政策、国债管理政策的一致性，体现在两个方面。一是为保持金融市场的稳定性和秩序化，各国都需坚守一个基本原则，即国库现金管理与中央银行货币政策需保持一致性，如英国债务管理办公室以"保持与中央银行货币政策一致"的管理目标为出发点，实施国库现金的有效管理。二是国库现金管理的实施还可以与国债管理密切配

合，例如，各国根据本国发展需要差异化地滚动发行短期国债，国库现金管理与国债发行形成了有效的调配机制。

（5）建立了完善的国库监督控制系统

政府资金收入来源的公共性决定了国库现金管理具有公益性和公开性的特点。这需要财政部门建立相互制约的监督控制机制对财政资金的运行情况及时有效地进行监督和控制，监督和控制的主要依据是预算得到议会的批准。由此，这些国家围绕收入和支出预算成立了专门的审计监督机构，形成了完备的事前、事中、事后监督体系，在整个过程中，国库现金的运作受到了严格监管，审计监督机构的职能一般由法律法规规定和保障。

2. 发达国家国库现金管理的不同之处

（1）法律法规方面

虽然各国都是实行公共财政制度的市场经济国家，但由于国情不同，所以各国对国库现金管理、债务管理、操作过程等的规定大相径庭。例如，在举债方面，有的国家为对国库现金和国债进行管理，对债务净额或总额设置了上限，有的国家通过明确的条款对举债目的加以严格限制。在大多数国家，议会会设定一个年度净借款限额与当年财政预算一起批复，从而进行更好的控制。

（2）机构设置方面

财政部对债务和国库现金的管理与中央银行实施的货币政策的分离程度有所不同，英国的不同更为明显。此外，尽管用于确保债务管理和国库现金管理职能相协调的体制安排因国家而异，但是在全球范围内，越来越统一的趋势是由办公室来负责债务管理和国库现金管理，同时在运营和管理方面要呈现出一定的独立性。

（3）国库现金余额管理方面

在英国和大多数欧盟国家，财政部设置的国库目标现金余额较低，并将其控制在一定范围内。美国财政部虽同大多数欧元国家一样设置了国库现金目标余额，但它控制的范围更广。

（4）国库现金流控制方面

由于各国所追求的国库现金目标余额不同，所以中央银行在进行货币政策操作时对国库净现金流的思量也不同。一些国家不能实现国库现金余额的目标，或者追求的目标与此不同，因此，中央银行在考虑国库现金余额的浮动时，必须综合考虑本部门或者财政部的收入与支出信息。短期国债对现金（和债务）管理具有重要作用，对货币政策操作也具有重要作用。在货币政策操作方面，有的国家需要考虑国库现金余额浮动对其的影响，所以财政部需与中央银行共同探讨决定短期国债的发行量。在一些国家如加拿大，财政部几乎没有采取任何措施来缓和短期现金流的波动，短期国债的发行由中央银行来决定。

（5）国库现金管理所运用的操作工具和方法方面

具体表现在两方面：一方面，存在不同类型的操作工具，包括金融市场操作模式和存款模式；另一方面，金融市场交易模式存在差异，包括需要担保和不需要担保两种模式，既存在依托一级市场发行的导向性管理模式，也存在以二级市场回购、逆回购等交易为主的管理模式。

第二节 国内国库现金管理理论和实践

一 国内国库现金管理的理论研究

2001年，中国国库集中收付制度改革试点开始启动，国内也就此开展了关于国库现金管理问题的研究。此后，随着中国国库现金余额快速增长，学术界对该问题的关注度也日渐提高，这一领域的研究也逐渐增多。本节梳理和总结了大量国内文献，发现已有研究主要围绕以下几个方面展开。

（一）管理体制改革的研究

国库现金管理改革是中国财政制度改革的重要组成部分，长期以来备受国内学者关注。贾康等（2003）在总结和回顾我国国库管理体制历史演变的基础上，分析当前国库现金管理存在的主要问题，重点研究国库现金使用效率问题。他们认为这一问题的关键首先是缩小库底资金规模，其次则是寻求实现库底资金较大增值，因而有必要实施国库现金的动态分析。黄琦和雷良海（2003）将财政存款计息作为切入点，提出要扩大财政集中收付制的试点范围，使单一账户体系不断向基层政府靠拢，最终将建立一个以国库单一账户为基础、以国库集中收付为主要形式的现代国库管理体制。潘国俊（2004）在比较三种国库现金管理模式的基础上，提出了关于中国国库现金管理体制改革的建议和思路。詹静涛（2007）认为，现代国库管理制度是财政管理制度的一场革命，我国应建立并不断创新现代国库管理制度。林翰文（2010）认为，应该持续地推进国库集中收付制度改革，同时积极稳妥地开展国库现金管理，并采取"定期、大量、滚动"的短期国债发行方式，这是完善中国现代国库管理制度的必然路径。

此外，也有部分学者重点关注"地方国库现金管理"的相关问题。例如，刘建伟（2013）围绕地方国库现金管理的改革与发展，研究了加快地方国库现金管理所需要重视的问题。张文和孙灵燕（2016）提出要把握地方国库现金收支变化的基本规律，坚持安全性、流动性、效益性、权责一致性原则，确立激励约束机制，致力于实现地方国库现金的投资收益最大化和闲置资金最小化。张卫云（2017）研究了省级以下基层国库开展地方国库现金管理的可行性。

（二）制度理论层面的研究

从既有文献看，早期的一部分研究侧重于制度理论层面。例如，程丹峰（2005）系统地总结概括了国库现金管理的概念、职能、作用、目标、意义、必要性和可行性等7个基本问题，为我国的国库现金管理提供了理论指导。王瑛（2005）聚焦国库现金管理的法规背景，并就国库富余现金运作的法律问题进行细致的探讨。邓晓兰（2007）运用制度经济学分析方法，从供给和需求角度审视了国库现金管理的必要性和实施机制。

（三）技术操作层面的研究

随着国库现金管理制度的不断发展与完善，越来越多的文献从技术操作层面研究我国的国库现金管理问题。代表性的文献有：何明霞（2004）聚焦国库单一账户模式，结合实际情况，重点研究国库单一账户余额管理，同时创新了国库单一账户资金的具体操作方法，对中国即将开展的国库现金管理有着重要的参考意义；邓晓兰等（2005）则是关注国库资金的投资方式，具体选取了4种金融工具作为投资对象，并基于当前的法律环境与制度背景，使用上述4种金融工具对国库资金运作进行了投资模拟组合。

其中，测算"国库最佳现金持有量"是一项极为重要的研究内容。李小萍（2007）认为，科学地控制国库现金余额的本质要求是提高财政资金的使用效率和构建公共财政体系，并且建议确定国库最佳现金持有量的方法是将Baumol模型与随机模式相结合。傅强和田辉静（2009）基于一个Baumol库存模型，创新性地引入库存模型及其补充模型，得到了一个国库现金最佳持有量模型，继而估计了重庆国库现金的最优库存量。袁庆海和杜婕（2012）分别建立了改进的Miller-Orr模型和新陈代谢GM（1，1）模型，并且使用2000~2011年中国国库现金的月度数据，预测了最佳现金持有量。王立志（2007）则是从财务管理的角度出发，提出了国库最佳现金持有量模式，并且建议我国应该逐步建立和形成一套标准的国库最佳现金持有量测算模式。

此外，一些学者将国库现金流预测问题作为研究的核心内容。申琳（2015）采用多种预测方法对地方国库库存量进行了预测结果比较，研究发现，基于数据拆分和人工神经网络的建模方法预测的精度最高。张蔚虹等（2017）基于NJ市2011~2015年数据，运用Holt-Winter季节乘积模型估算该市2016年的国库存款余额，又使用Miller-Orr模型对2016年该市的国库库底目标余额进行了测算。李春阳和徐传平（2019）在对Baumol模型和Miller-Orr模型分析的基础上，借助2012~2017年中央国库日度净流出数据，使用金融风险管理中的在险价值（VaR）模型，对中央国库库底目标余额进行了测算，并提出了建立库底目标余额管理制度的相关建议。

（四）风险管理问题的研究

国库现金管理中的风险问题不容忽视，学界也高度重视对这一问题的研究。王雍君（2003）提出中国国库体系改革的总方向是从现行的高度分散化的模式转向相对集中的模式，但转向集中的国库体系也隐含着集中违规、内部管理责任弱化等一系列风险；杨国清等（2015）从我国国库现金管理开展情况出发，分析了当前我国国库现金管理存在的政策风险、国库资金流动性风险、质押风险、银行资金流动性风险、管理和操作风险、对货币政策的影响风险等，并结合风险类别分别提出防范风险的方案设计。而在地方国库现金的风险管理方面，韩媛媛和张芳（2015）从法律、道德、政策、操作和市场5个方面，剖析了地方国库现金管理中存在的风险；张卫云（2017）深入探讨了现阶段在我国省级以下基层开展国库现金管理的必要性、可行性，同时指出当前存在地方与中央政策目标不统一、协调难度较大，基层地区开展国库现金流量预测的难度较大，分散手工操作方式导致管理成本较高，招标评分方式不统一导致存在权力寻租风险等困难和风险。此外，牛国栋等（2017）则重点研究了商业银行在代理国库业务的事后监督工作中存在的问题。

（五）与货币政策关系方面的研究

从既有研究看，国库现金与货币供给之间有着极为密切的关系，国内诸多学者也对此展开了系统的分析，研究成果较为丰富。潘国俊（2004）结合政府存款余额持续上升与国库现金管理体制改革逐渐深入的两个客观现实情况，采用实证模型，研究了政府资金与货币供应量两者之间的关系。该研究认为应将政府存款纳入货币供应量的统计范围，从而全面反映货币供应量的真实信息，并为货币政策的制定提供科学依据。何明霞（2004）认为，无论国库现金采取何种操作模式，都会对货币政策产生较大的影响，因此要建立国库单一账户制度、国库现金流预测和预警机制，并建立和完善安全、高效、开放的货币市场，协调国库现金管理与货币政策。袁永德等（2006）借助回归模型与向量自回归模型，认为在我国货币政策的制定过程中，应考虑国库存款余额与国债这两个影响因素。陈建奇和张原（2010）的研究发现，国库现金转存商业银行会显著影响商业银行储备水平与信贷能力，其中的传导路径是商业银行资产负债结构对货币供给政策的影响机制。

此外，陈建奇和李金珊（2008）则研究了国库现金与各层次货币供应量之间的关系，研究结果表明，国库现金的正向冲击会导致货币供应量的负向反应。王旭祥（2010）的研究也发现，国库资金与广义货币供给之间存在均衡关系，并且这种关系是长期的、稳定的、负向的。然而，叶晓东和杜金岷（2014）的研究发现，储存在中央银行的国库现金与流通中的现金两者之间存在稳定的长期均衡关系，并且储存在中央银行的国库现金量的增加将会带动流通中的现金增加。此外，付英俊和李丽丽（2017）的研究发现，当前我国国库现金管理对货币供给及利率的影响均较小，但是随着地方国库现金的改革发展，国库现金管理对货币供给的影响将越来越明显，因此应控制国库现金管理的规模。相关的研究还有程丹峰和杨照南（2004）、王书华和郭立平（2019）的研究。

（六）其他相关研究

当然，借鉴国外先进经验，完善我国的国库现金管理制度，也是一项必不可少的研究工作。例如，王瑛等（2004）详细介绍了意大利和西班牙两国国库现金管理的先进经验，并提出了加快修改法律法规、加强国库现金流预测工作等建议。陈颖（2006）分析了意大利、美国、英国3个国家的国库现金管理控制模式及其主要特征，并重点阐述了意大利的"停止支付强制控制模式"、美国的"两级存款控制模式"、英国的"市场管理控制模式"。赵早早（2004）和朱苏荣（2006）介绍了美国政府现金管理的理论与实践，并提出了促进我国国库管理改革的建议。

此外，国内国库现金管理领域的研究还有：韦士歌（2003）较早地分析了国库现金管理与政府债务管理之间的关系以及协调配合问题；刘梅和邓伟（2012）认为，财政分权体制下的地方政府目标函数与中央政府目标函数其实并不一致，他们认为在实施地方国库现金管理的过程中必须合理地平衡地方政府自身目标与国家宏观调控目标；廖乾（2017）认为，地方国库现金管理应该与地方债的发行协调配合，从而破解当前"双高"的矛盾格局。

二 国内国库现金管理的实践

在我国实行中央国库现金管理的进程中，出现了三个具有代表性的年份：一是2001年，财政部和中国人民银行发布以国库集中收付管理制度为主线的《财政国库管理制度改革试点方案》；二是 2006 年，《中央国库现金管理暂行办法》的颁布标志着中国国库现金管理正式开启；三是 2014 年，国库现金管理的开展可以将这一年修订的《预算法》作为法律依据。因此，我国国库现金管理制度的演进过程可以分为以下四个阶段。

（一） 1949~2001 年的国库现金管理

1949 年至今，委托代理模式始终是我国的主要国库体制。《中华人民共和国国家金库条例》作为最早的实施条例，于 1985 年 7 月正式发布；当年 12 月，《中华人民共和国国家金库条例实施细则》又由中国人民银行及财政部联合颁布，明确对部分业务活动进行规定：国库库款的支配权可以由本级财政机关把控；在国库中设置有关分库、支库等；如果在中国人民银行未设置分支机构的地方有需要办理的国库业务，则可以交付给当地商业银行进行处理。这些规定确立了委托代理模式的国库体制在我国国库管理中的基础地位，确定了国库业务的基本规范。

在我国传统的国库管理活动中现存有两大关键的问题。一是我国的国库现金管理制度存在基础性的不足。1994 年我国推行以"分税制"为主线的财税体制改革，社会主义市场经济体制及公共财政体系不断完善，财政资金逐渐增长，国库现金余额也随之增加。但是，国库资金的流动性及收益率没有得到制度制定者的重视。财政部所设置的多重账户及资金分散管理所带来的后果就是浪费了巨大的机会成本，使得管理效率尤为低下，甚至可能引发官员腐败的现象。二是财政资金的收付高度分散。我国将多重账户分散收付管理的模式作为传统的国库管理方式，资金管理在各有关单位独立设置的账户下高度分散，使得大量财政资金停滞在征查环节。

这些弊端清楚地表明传统的国库管理制度已明显不适应社会主义市场经济体制和公共财政体系的要求，已经到了不得不改的地步。为满足时代的发展要求，我国必须推行国库现金管理，对国库管理制度进行改革，建立国库单一账户体系，保证管理效益的提高。

（二） 2001~2006 年的国库现金管理

为了满足社会主义市场经济发展、公共财政基本框架建立的需要，在借鉴国际通行做法和成功经验，并综合分析我国实际情况的基础上，2000年财政部设立了国库司，正式启动了财政国库管理制度改革。在国库单一账户体系的基础上，用国库集中收付方式进行的财政国库管理制度《财政国库管理制度改革试点方案》于2001年3月正式颁布。随后，财政部、水利部、科技部、国务院法制办、中国科学院和国家自然科学基金会作为代表提前试点开展了财政国库管理制度的改革工作。最后，在中央各部委及各省全面推行了国库管理制度改革。

国库集中收付管理制度作为一项根本性制度变革，与传统管理模式相比有所不同。这种变革主要体现在对财政性资金的集中管理，即以前设置的所有财政收入过渡性账户全部取消，建立国库单一账户体系，将所有的财政性资金纳入该账户实行集中管理。每一笔财政收入都直接汇入国库单一账户或预算外资金财政专户之中，而每一笔支付则需要在实际购买行为发生后才可以由国库单一账户进行支付。国库单一账户体系作为我国现代国库管理制度的基础，在当时的情况下，容纳了某些过渡性规定，对平稳顺利地推进国库管理改革发挥了基础性的作用。

这一时期，我国国库集中收付管理制度改革进展顺利，取得了良好的成效，主要表现在以下四个方面。一是改变了原来的资金管理方式，将各部门及所属单位应支未支性质的资金最大限度地留存于国库中。之前各单位重复分散设置的多重账户被撤销，财政资金要离开国库只能在实际经济业务发生后，这就保证了各地的国库资金余额能够持续增长。二是财政资金透明度在传统资金监督方式改变的情况下有所提高。按照预算指标编制月度财政资金用款计划，应以各部门的实际需要为基础，在规定的程序中提出用款申请，必须根据实际的业务情况，每一笔款项的支付要在动态监控体系下由集中支付系统来完成。在这样的改革下，每笔资金的流动都处在财政部门的实时监督管理之下，大大提高了财政资金使用的透明度。三是财政收入收缴效率在原有收缴方式改变的情况下大大提高。例如，对税收收入进行电子缴库，财税库银横向联网实现了财税部门与银行间的信息共享；而非税收入则直接变革为缴入国库单一账户或财政专户，财政收入收缴效率大大提高。四是原有资金支付方式的改变提高了资金支付效率。每一笔财政资金在发生业务活动时直接通过国库单一账户体系进行支付，这一根本性变革使得支付效率快速提高。

不仅是国库集中收付管理制度发生巨大改变，传统国库资金"存不计息、支不付费"的"无偿管理"也有所变化，自 2003 年 1 月 1 日起，《国库存款计付利息管理暂行办法》要求国库存款利息"暂按中国人民银行规定的单位活期存款利息支付"，对国库资金进行"有偿管理"。财政国库管理制度和理念发生了重大突破，国库存款计息标志着我国国库现金管理的启动。接着，市场化的国库现金管理开始了探索性运作，创新式的运作模式不断出现。为避免对国库现金余额造成较大波动，在 2003 年 6 月，财政部将第五期记账式国债缴款推迟了 3 个月。2004 年 8 月，为了减少闲置的国库资金和解约国债利息支出，对约 900 亿元提前购回的当年到期 3 只记账式国债首次尝试了国库现金管理操作，目的是减少闲置资金并节约利息支出。除此以外，我国自 2006 年开始实施国债余额管理制度。我国主要负责国债管理和国库现金管理的都是财政部，这样更便于政策与实践的协调，为后续国库现金管理做好铺垫。

（三）2006~2014 年的国库现金管理

为了避免在管理初期就出现财政资金的不可控风险，国务院要求在管理初期暂时采取商业银行定期存款和买回国债两种过渡性的操作方式。2006 年 6 月，财政部和中国人民银行联合发布了《中央国库现金管理暂行办法》（财库〔2006〕37 号），确定了中央国库现金管理总的职责分工原则。财政部在其中主要负责的是国库现金预测及在对预测结果进行分析后制定规划行动；而中国人民银行则是在检测货币市场情况后进行具体的实践操作。2006 年 8 月，财政部买回当年到期的 3 只记账式国债 180.95 亿元，业界普遍将此举视为国库现金管理正式启动的标志，我国国库现金管理从理论探讨层面迈向了实际操作层面。2006 年 9 月，中国人民银行和财政部联合印发了《中央国库现金管理商业银行定期存款业务操作规程》（银发〔2006〕337 号），其中详细地规定了商业银行定期存款方式的协调机制、工作流程和核算方法。自此，国库现金管理制度框架初步建立起来，为 2006 年底开始的中央国库现金管理市场化运作奠定了制度基础。2006 年 10 月，《2006—2008 年中央国库现金管理商业银行定期存款主协议》的正式签署,标志着国库现金管理商业银行定期存款运行模式正式启动,对中央国库现金管理组织方与参与方的权利义务进行了规定,从制度上进一步保证中央国库现金定期存款业务能够顺利实施。2007年,我国分别在财政部国库司和中国人民银行国库局设置了国库现金管理办公室和国库现金管理处,中国人民银行还以"中央国库现金管理操作室"名义参与相关国库现金管理工作。与此同时,进一步深化了国库集中收付制度改革,根据财政部的统计,2011年,中央各部门及所属13684个基层预算单位实施国库集中支付制度改革,基本实现了"横向到边、纵向到底"的改革目标。

在这一时期内,国库现金管理取得了一系列成效。一是现金流预测准确度逐步提高。自2001年起,财政部国库司开始在每个月末预测下个月的国库现金收支;2003年10月后,变为每月初滚动预测未来三个月的月度现金收支,并且核对分析上个月预测与实际执行之间的误差,以便进行动态调整。在进行现金流预测时,现金预测人员主要采取历史经验预测与未来趋势预测相结合的方法。二是为提高国库现金使用效益开始拓展国库现金管理操作工具。国库资金的时间价值概念在2003年国库存款计付利息的国库资金管理办法中有所定义,却并未真实反映国库资金的市场价值。面对不断发展的国内金融市场,必须从市场上挖掘出国库资金的时间价值,体现国库资金的使用效益。2006年6月颁布的《中央国库现金管理暂行办法》规定,"国库现金管理的操作方式包括商业银行定期存款、买回国债、国债回购和逆回购等。在国库现金管理初期,主要实施商业银行定期存款和买回国债两种操作方式",明确了国库现金管理在市场化运作中获取收益的合法性,操作工具的拓展使国库现金管理操作手段更为灵活。三是初步建立财政当局与货币当局之间关于国库现金管理的联系机制。国库现金管理操作虽然实现了其市场价值,但是当国库资金发生变动时,会对货币当局实施的经济政策产生一定的影响。因此,必须建立起财政当局与货币当局关于国库现金管理的联系机制。《中央国库现金管理暂行办法》规定:"财政部会同中国人民银行开展国库现金管理工作。财政部主要负责国库现金预测并根据预测结果制定操作规划,中国人民银行主要负责监测货币市场情况,财政部与中国人民银行协商后签发操作指令;中国人民银行进行具体操作……财政部、中国人民银行在明确相关职责分工的前提下，建立必要的协调机制，包括季度、月度例会制度以及在每期操作之前进行必要的沟通……每期商业银行定期存款招标前，财政部依据月度例会拟定的计划，经与中国人民银行协商后签发操作指令……"经过多年的配合，我国初步建立了国库现金管理中财政当局与货币当局之间的联系机制。

（四）2014年至今的国库现金管理

2014年新《预算法》在法律层面对国库改革成果予以肯定，这为进一步深化国库改革提供了坚实保障，也对加快推进国库现金管理提出更高要求。2015年1月1日我国正式施行新《预算法》，第五十九条明确规定，各级国库库款的支配权属于本级政府财政部门，未经本级政府财政部门同意，任何部门、单位和个人都无权冻结、动用国库库款或以其他方式支配已入国库的库款（法律、行政法规另有规定的除外）；各级政府应加强对本级国库的管理和监督，按照国务院规定完善国库现金管理，合理调节国库资金余额。这是第一次正式在《预算法》中明确规定了国库现金管理，为之后的行动奠定了法律基础。根据新《预算法》有关国库现金管理的规定，财政部会同中国人民银行继续稳定开展中央国库现金管理，2014~2017年的4年间，中央国库现金管理商业银行定期存款规模保持在5000亿~6000亿元，实现了合理调节国库资金余额、提高库款使用效益等预期目标。

与此同时，地方国库现金管理制度建立开始步入"快车道"，为贯彻落实国务院关于盘活财政库款存量资金、创新资金管理方式、提高资金使用效益要求，财政部会同中国人民银行于2014年12月印发《地方国库现金管理试点办法》，对地方国库现金管理的原则、操作工具、操作流程、定期存款质押和资金划拨等予以规定，其中，操作工具限定为1年期以内的商业银行定期存款，存款商业银行以国债或地方债作为质押，存款利率按当日中国人民银行定期存款基准利率执行（允许在规定的利率区间内浮动）。省级财政首批试点于2015年在北京、上海、黑龙江、湖北、广东、深圳等6个地区进行，率先制定本地区国库现金管理操作细则。2015年，试点地区累计操作32期，操作金额7100亿元，获得利息收入99亿元，试点工作进展顺利，取得预期成效。2016年，财政部会同中国人民银行启动了地方国库现金管理第二批试点,天津、河南、吉林等15个省级财政纳入地方国库现金管理试点范围,试点地区累计达到21个。2016年全国各试点地区所开展的国库现金管理操作金额达到1.7万亿元。

在对地方国库现金管理试点经验进行总结后,2017年1月,财政部、中国人民银行联合印发《关于全面开展省级地方国库现金管理的通知》,在全国全面开展省级地方国库现金管理。该通知明确要求:各地方要严格按照《地方国库现金管理试点办法》相关规定,在确保财政支付的基础上,根据国库现金流量预测和市场流动性情况,科学规范地实施省级地方国库现金管理;地方预算支出进度未达到财政部有关规定的地区,不得开展国库现金管理操作;各省级财政部门要加强预算管理,进一步盘活既有财政存量资金,严控新增财政存量资金,并结合利率市场化改革进程,完善地方国库现金管理存款利率形成机制。省级地方国库现金管理的全面开展,进一步完善了我国国库现金管理体系,对盘活库款存量资金、提高财政资金使用效益发挥了积极作用。

综上,各阶段我国中央国库现金管理制度改革成效如表2.2所示。

表2.2　各阶段我国中央国库现金管理制度改革成效

时间	取得的成效
1949~2001年	①确立了委托代理模式的国库体制在我国国库管理中的基础性地位 ②确定了国库业务的基本规范
2001~2006年	①建立国库集中收付制度 ②实行国库存款计息,使国库资金从"无偿管理"转变为"有偿管理" ③开始了国库现金管理市场化的探索性运作,创新性的运作模式不断出现 ④开始实施国债余额管理制度
2006~2014年	①建立国库现金管理制度框架 ②设立国库现金管理机构 ③现金流预测准确度逐步提高 ④国库现金管理从理论探讨层面迈向了实际操作层面 ⑤拓展了国库现金管理操作工具,国库资金使用效益得到提高 ⑥初步建立财政当局与货币当局之间关于国库现金管理的联系机制
2014年至今	①新《预算法》实施,第一次对国库现金管理做出规定 ②地方国库现金管理制度进入加速完善阶段 ③在全国范围内全面开展省级地方国库现金管理

第三节　地方国库现金管理理论和实践

在总结国外国库现金管理模式、方法、模型和相关制度，以及我国中央国库现金管理的成功经验的基础上，本节拟对云南省国库现金管理现状进行调研分析，提出进一步完善云南省国库现金管理的合理性建议。

一　地方国库现金管理现状

（一）我国地方国库现金管理现状

到目前为止，完全意义上的地方国库现金管理还没有在我国真正开展。但是，始于2000年的财政国库管理制度已经为国库现金管理的有效开展奠定了一定的基础，先行的一些省市也逐渐开始尝试对省级国库现金进行管理。可以说，大部分的准备工作已经由许多地方财政部门完成，具体来讲，主要有以下几点。

1. 省级财政部门基本上完成了国库集中收付制度的改革

我国的财政管理制度于2000年起实行改革。财政部和中国人民银行在获得国务院的批准后于2001年3月联合颁布《财政国库管理制度改革试点方案》，计划构建一个以单一账户体系为基础、以国库集中收付为资金缴拨主要形式的国库管理制度。最初是由几个具有代表性的国务院部门先行开展财政国库管理制度的改革，随后是各省级部门依次设立国库单一账户体系和国库集中收付制度。截至2021年底，在县以上及有条件的地区基本做到国库集中收付制度和公务卡制度改革的全覆盖，全国超过51万个基层预算单位为有效提高财政收入的收缴效率实施了国库集中收付制度改革，范围涵盖地方36个省本级、327个地市和2100多个县，对财政收入现金流进行预测。控制的基础由此奠定，完整的用款过程在全新的支付方式下得到动态监控，大幅度加大了对财政资金支付的监督力度，从而为进一步开展国库现金管理打下了基础。

2. 以协定存款或定期存款进行投资的操作在部分省级财政部门实施

当前,省级部门将从协定存款或定期存款中取得的财政盈余资金所获得的利息分为以下两类。

第一类是将国库现金管理用定期存款的方式试运行。以甘肃省为例,2007年投放期限三个月的10亿元,并且取得的利息收入699.08万元比起同期国库利息多496.58万元,净增长高达近2.5倍。2008年,天津市用部分代理银行设立定期三个月的存款15.6亿元,全年的利息收入比活期存款利息收入多0.3亿元,最终全年取得收益0.4亿元。

第二类则是把专户管理的非税收入和投资操作专项资金作为大部分省份的获利来源。以海南省为例,该省将养老资金保险专户和工业发展资金专户等财政专户资金进行协定定期存款。

3. 部分省级财政部门尝试开展财政现金流预测

目前,预测财政现金流受到了各省财政部门的重视,部分省份如甘肃省已经开始构建简单的国库现金余额季度预测模型来着手研究现金流预测。

(二) 云南省国库现金管理现状

1. 云南省国库现金管理的必要性分析

国库集中收付制度改革随着云南省经济的发展不断深化,国库现金余额呈现明显的上升趋势。2006~2012年云南省财政国库年末余额数据详见表2.3。

表2.3 2006~2012年云南省财政国库年末余额统计

单位:亿元,%

年份	年末余额	同比增长	年平均余额	同比增长
2006	56.91		82.98	
2007	155.45	173.15	132.34	59.48
2008	124.56	-19.87	226.84	71.41
2009	193.21	55.11	293.14	29.23
2010	28.47	-85.26	290.59	-0.87
2011	165.73	482.12	297.45	2.36
2012	60.94	-63.23	213.00	-28.39

将 2006~2012 年云南省财政国库年末余额与年平均余额进行同比增长分析，发现年末余额呈现上升态势，但突出的增长规律尚未发现。下面将以月为单位对余额进行分析，结果见表 2.4、图 2.1。

表 2.4　2006~2012 年云南省财政国库月平均余额统计

单位：亿元

年份	1月	2月	3月	4月	5月	6月	7月	8月	9月	10月	11月	12月
2006	68.27	68.81	71.41	70.76	86.29	98.95	95.22	89.88	68.67	99.49	97.84	78.00
2007	83.68	84.83	85.05	106.98	119.82	135.58	144.21	153.88	134.06	167.48	172.73	161.39
2008	178.38	195.02	200.98	233.50	238.47	273.60	290.27	275.38	230.56	215.65	255.99	154.02
2009	177.40	196.20	169.30	202.27	252.74	298.59	329.59	341.49	355.20	439.29	396.76	285.19
2010	198.67	203.92	234.90	259.70	261.35	366.28	406.66	407.63	420.06	360.48	286.96	124.93
2011	87.80	103.02	63.08	138.70	205.56	250.88	336.70	373.64	237.16	267.32	300.33	218.95
2012	215.00	173.27	102.50	104.54	200.64	231.49	199.92	349.81	243.40	230.15	210.28	226.97

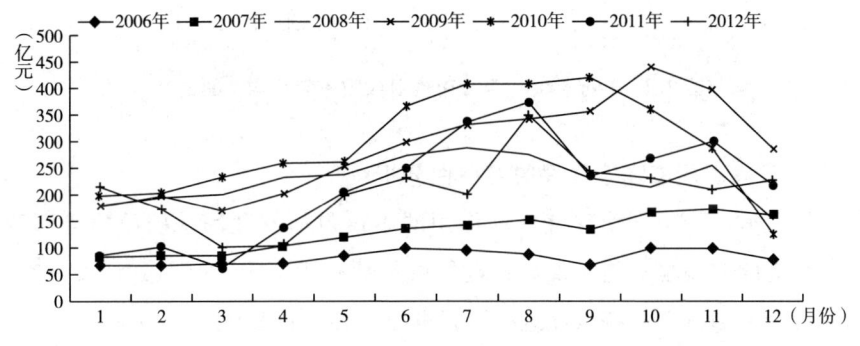

图 2.1　2006~2012 年云南省财政国库月平均余额的变化趋势

分析表 2.4 及图 2.1 的数据可以发现，云南省在 2006~2007 年不仅国库现金余额变动相对平缓，而且库底资金余额较少。具体而言，2006 年云南省财政国库月平均余额保持在 100 亿元左右，而 2007 年在 100 亿元和 200 亿元之间的变动也较为规律；但国库现金余额在 2008~2012 年不仅总额较大，而且波动也更为剧烈，在 2010 年与 2011 年月平均余额的变动尤其明显。由图 2.1 可知，库底资金预留最大余额的月份主要是每年的 7 月和 8 月，而 9 月和 12 月整体呈现库底资金预留余额减少的趋势。

2012年，云南省财政展开了十二期国库现金管理的行动，根据图2.1进行趋势分析，2012年的月平均余额与2008~2011年相比出现大幅下降，证明大额闲置资金的有效利用在国库现金管理中得到了实现，从图2.2 2006~2012年云南省财政国库年平均余额的统计中也可以得出同样结论。虽然如此，但从总体的国库现金余额规模来看，其仍保持在较高水平，还有较大的空间用来开展国库现金管理。如果仍有大额资金放置在国库中，那么地方财政的存款利息收益将受到损失。因此，为了满足云南省国库现金管理的现实需要，必须提高闲置库存资金的使用效率。

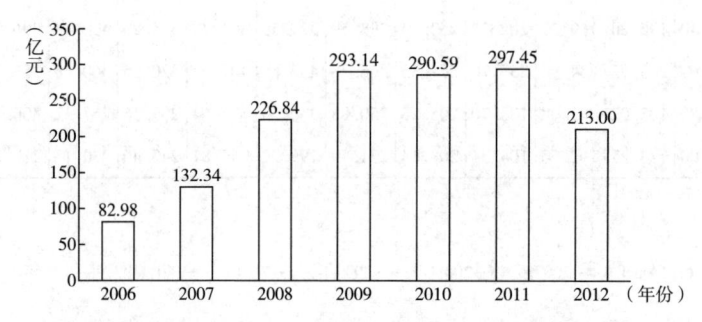

图2.2 2006~2012年云南省财政国库年平均余额统计

2. 云南省国库现金管理的可行性分析

对地方国库现金管理有推动作用的不仅包括制度和基础设施等因素，库存余额的波动也对国库现金管理的可行性有所影响。此部分将对云南省国库现金余额波动的特点和进行管理的可行性进行分析。

预算收支等项目进度的不平衡性必定会在地方财政预算执行的过程中体现出来，国库流入量一旦无法完全匹配流出量，结果就是库存余额产生波动。从客观的角度出发，预算执行的计划数与实际结果往往不会完全吻合，一旦出现超收、减支或收入进度超过计划、支出进度落后于计划的情况，那么库存余额就会提高。而包括12月库存集中支付期，如果减收、增支或收入进度落后于计划、支出进度超过计划，那么库存余额就会下降，甚至出现资金缺口。一旦大部分暂时性资金出现结余，那么开展国库现金管理就有了可能。

观察2006~2012年云南省财政国库月平均余额的变化趋势（见图2.1），

财政收支季节性波动产生的影响是有规律的。国库库存余额较低往往是在季度末，全年最低往往出现在1月或12月底；库存余额从3月开始逐步上升；7月、8月库存余额通常较高；但从10月开始库存余额则逐月下降。

总结国库余额的波动规律，国库现金管理操作可使用1~8月的库款余额，9月开始根据库款的结余情况酌情操作。

3. 云南省国库现金管理初探

云南省的国库现金管理改革主要从当地实际出发开展积极的探索和尝试。一方面进行偿债准备金营运管理改革。2011年，云南省省本级财政参照中央财政国库现金管理办法运用招投标方式探索省本级偿债资金的运行，并且改变部分财政专户资金的存款方式，因此变为协定存款后的收益明显提升，2011年综合收益率为活期存款的5.4倍。财政资金运行效益的提高，也为国库现金管理积累了宝贵经验。另一方面使国库现金管理的改革更积极稳妥。一是制定管理办法。在云南省人民政府审批通过后，制定印发了《云南省省本级国库现金管理暂行办法》和《云南省省本级国库现金管理商业银行定期存款业务操作规程（试行）》，其中明确规定了国库现金管理的概念原则、运行流程、责任分工、流程监督等。二是组织开展云南省省本级国库现金管理服务银行招标工作。2012年7月，设计方案经过组织专家论证通过后，将招标工作委托给云南省招标采购局，在与中标的12家代理银行签订了《云南省省本级国库现金管理入围协议》后，明确了各方的权利和义务。三是组织实施国库现金管理操作。截至2012年底，云南省省本级进行的国库现金管理操作共12期，为省级财政增加收益3.6亿元。国库现金管理工作的顺利开展，不仅提高了省本级的利息收入，还调动了各银行金融机构的积极性，推动了地方经济发展。

总之，云南省现阶段所取得的这些成绩有助于继续推进地方国库现金管理的改革，完善地方国库现金管理制度。

4. 云南省国库现金管理的相关配套政策建设

（1）国库集中收付制度改革基本实现"横向到边、纵向到底"

近年来，国库集中收付制度的改革范围不断扩大，州（市）的改革进度也不断推进。到2012年底，经过各级财政部门的努力，实现了云南省16个州（市）、129个县（区）国库集中支付制度的改革，基本实现

"横向到边、纵向到底"的改革目标。从纳入改革单位数和资金量看,云南省县级以上共有1.6万个基层预算单位实施了国库集中支付改革,占单位总数的92%。纳入财政直接支付和授权支付的财政性资金总量为1989.2亿元,增长25.6%。其中,财政直接支付893.3亿元,增长18.6%;财政授权支付1095.9亿元,增长31.9%。

(2) 非税收入收缴管理和分析利用水平进一步提高

一是改革覆盖的单位数占执收单位总数的94%,达到1.6万个,基本覆盖了县级以上的各级财政部门。二是建立非税收入收缴情况分析报告制度,按季分析,并以简报形式印发各州(市)及省级相关部门,对政府的非税收入来源等的动态变化的了解得到强化。

(3) 公务卡改革实施面进一步扩大,使用率进一步提高

一是印发《云南省财政厅中国人民银行昆明中心支行转发财政部中国人民银行关于加快推进公务卡制度改革文件的通知》(云财库〔2012〕192号),推动各州(市)的改革以保证公务卡的改革目标能够完成。截至2012年底,公务卡结算制度在省本级、16个州(市)本级以及129个县(区)已全面推开,全省1.7万个预算单位实行公务卡制度,累计发放公务卡54.4万张。二是督促各单位协调中国人民银行昆明中心支行、中国银联云南分公司加大POS机具布放力度,全面落实《公务卡强制结算目录》以提高公务卡使用率。2012年云南省的公务刷卡支出是2011年的1.5倍,累计达到27.6亿元,且交易金额居于全国前列,得到财政部的肯定。

(4) 财税库银税收收入电子缴库横向联网实现全省覆盖

一是与税务及相关部门的协调配合加强,做到了国税和地税部门(现已合并)全辖的横向联网全省覆盖。2012年使用横向联网办理了金额高达783.46亿元的116.39万笔业务,业务数量较2011年增长158.64%。二是着力开发系统接口软件实现财税库银横向联网,率先构建财税部门信息交换统一框架,以保证税收数据信息能够在有关部门及银行间实现共享。三是针对试点的有资本经营收益和规费收入采取有力的收缴措施,为云南省财税库银横向联网信息化建设拓展了空间。

(5) 抢先搭建预算执行动态监控体系

在提出施行方案、明确行动流程、制定示警规则等一系列前期基础工

作完成后，2012年9月11日预备试运行省本级预算执行动态监控系统。系统设置了账户管理、大额提现及转账、资金用途、支付信息等四类共10条监控规则，实现对所有纳入"一体化"系统管理的省级预算单位资金信息的动态监控，一旦出现问题，立马终止预算单位的工作流程，有效地预防和减少了违规情况。

5. 实施国库现金管理对云南省地方经济的贡献

要提高财政资金的流动性，应加强对国库现金的管理，一旦财政资金开始流通，就能够盘活资金以提高使用效率。国库现金管理不仅能够取得收益，还能够促进当地经济的发展。

首先，国库现金管理推动了云南省金融业的健康发展。国库资金存款数量多且稳定，银行对公存款的规模得到了扩大，且推动了金融业的负债结构调整，是当之无愧的优质负债来源。银行业的服务水平与竞争力在良性竞争的情况下不断提高，当地的金融环境也有所改善，且财政资金还能够有效扶持地方银行。

其次，国库现金管理与地方政府投融资平台有效配合为投融资创造了条件。财政投融资利用低成本的政府信用实现民间闲散资金向社会投资的转化，实现经济增长。政府信用最直接的体现就是国库现金，通过有效利用分布在各银行的国库现金等有形资源，将国库现金的存款与金融机构的融资、银行的贷款联系起来，调动各金融机构与政府合作的积极性，推动了地方政府投融资的发展。

最后，国库现金管理吸引更多资金投入，以加强当地的经济建设，提高就业率。营商环境一旦改善就会有大量资金涌入，不仅有利于当地的基础设施建设、重要产业发展，还推动了区域经济中心逐渐形成，进一步拉动内需和就业，形成一个良性循环。

二 地方国库现金管理与中央国库现金管理的比较

地方与中央的国库现金管理存在共同点，即都建立了一个高效支付系统，所有闲置现金都由国库进行管理；还建立起一个基础数据库对将来某个时段的国库现金流向进行预测；操作的基础都是对国库现金流量进行预测，一旦出现资金缺口可以采取行动；如果出现季节性财政资金盈余，也能够在把控风险的条件下通过一定手段取得收益。在实践中，地方国库现金管理不同于中央国库现金管理。一是地方国库现金管理只有单一目标，而中央国库现金管理不仅要保证现金使用效益提高，还得减小资金变动可能对货币政策造成的影响，实现财政政策与货币政策的协调，这就要求中央国库现金管理的操作必须与中国人民银行配合。而货币政策的有关问题与作为一个独立市场参与体的地方政府无关，地方财政部门在独立运作的过程中仅为了获取利润，并不需要与银行进行沟通协调。二是在操作方式的灵活性上也有所差异。地方国库现金管理的操作方式更加灵活，作为一个独立的市场参与者，地方政府可以采用的方法不仅只有中央国库现金管理使用的同业拆借、国债回购与逆回购等，还能进行债券买卖等更复杂的操作。

因此，地方国库现金管理不能仅简单照搬中央国库现金管理的经验，更重要的是从当地的实际情况出发。

三 地方国库现金管理存在的问题

（一）地方国库现金管理的普遍问题

我国地方国库现金管理还存在一些问题，在这里主要从制度层面、配套政策层面和具体操作层面来进行叙述。

1. 制度层面

①地方开展国库现金管理缺乏具体法律法规依据。目前，国家尚未在法律意义上对国库现金管理的各要素和财政部门与中国人民银行的定位进行明确界定。大部分地方的国库现金管理工作还处在起步探索阶段，地方财政具体操作过程无法可依，在操作方式、资金规模、期限确定和商业银行的选择等方面也没有明确的制度规定。不仅如此，实践证明，缺少政策依据会导致管理工作的主体模糊，难分权责。国库现金管理对财政部门和中国人民银行的协调合作是一个不小的考验。

②利率招标方式在地方难以操作。参照荷兰采取的单一价格方式（荷兰式），我国中央国库现金管理商业银行使用定期存款招标利率设置招标

标的物，边际中标利率为当期中央国库现金定期存款利率。在利率招标中，利率的高低直接与这部分国库现金的存款收益有关，中标利率越高，国库现金的存款收益也越高。但是，由于质押等方式难以落实，地方国库现金管理商业银行定期存款只能接受商业银行当期公布的存款利率。因此，用其他招标方式来挑选代理银行成为地方国库现金管理的唯一办法。云南省在省本级国库现金管理的银行投标的办法就是对多项指标进行提前设置，再按综合评分的高低来选择中标银行。这些指标包括存款安全性（资产质量与经营状况、银行信用等级）、对地方经济社会发展的贡献程度（银政合作协议履行情况以及对地方经济建设的支持介入程度）、存款综合收益率（不同期限存款综合收益承诺情况）、银行服务水平（服务内容、信息反馈、服务承诺、参与经验）。这几项指标的权重依次为45%、30%、20%、5%，综合评分=存款安全性得分×45%+对地方经济社会发展的贡献程度得分×30%+存款综合收益率得分×20%+银行服务水平得分×5%。

2. 配套政策层面

①地方政府尚未完善国库现金管理的信息系统建设。网络信息技术是现代国库现金管理不可缺少的工具和手段，也是国库单一账户顺利运作的保障，因此，国库管理信息系统建设是必需的，全省财税库银之间横向联网有助于加强与税务、银行等有关部门的协作，完善预测信息系统。预测信息系统的完善有利于提前获取收入预测数据和主要支出部门的支出预测数据，以实现信息互通、资源共享，提高效率。

②缺乏科学合理的国库资金安全监测预警机制。随着国库现金管理制度的进一步发展，再加上现代化支付系统的推广运行，国库服务地方经济的能力进一步提升，与此同时控制资金风险的难度也会增加。系统风险、制度风险、操作风险、道德风险和其他风险等在国库资金的运转过程中都有所涉及。各类风险的强关联性都可能导致国库资金有所损失，在应对国库资金管理中的风险时，由于防范难度不断提升，传统的预警机制已经无法很好地确保国库资金的安全。

3. 具体操作层面

①理财观念有待加强。过去人们把财政国库定义为一个仅对财政收支进行会计核算和出纳的机构，注重收入的及时入库和支出的严格约束，但

几乎没有对国库现金管理过程进行控制,真正意义上的国库现金管理定义尚未建立,对与国库资金有关的时间价值或机会成本缺少认识。并且从一定意义上来说,把商业银行存款利益和国库现金管理等价,对国库现金管理的价值与本质缺乏正确的理解。

②尚未健全财政风险防范手段。开展国库现金管理不仅可以减少国库沉淀资金,还可以改善政府现金的流入、流出情况,采取推动资金流动的方式取得投资收益。不仅要获得收益,还要将风险降到最低,才能在一个合理、合规的框架下获取地方利益,特别是在容易因为投资冲动造成损失的地方国库现金管理初期。

③难以解决银行有效质押问题。一是选择质押物的问题。对地方国库现金管理的商业银行定期存款质押物的参考品种划定需要参考目前的各类记账式债券的信用资质水平,不同种类的质押面值比例可以参考质押物的信用资产级别或者流动性状况。二是获得质押物的问题。目前,只要是在中央国债登记结算有限责任公司(以下简称中登公司)有挂牌流动的债券,都是由各商业银行的总行持有的,那么各分支机构提供合格质押物的前提是商业银行所实施的存款操作。三是中国人民银行债券托管账户设置问题。当前,在中登公司的系统里只有中国人民银行设置了债券托管账户,要解决的是中国人民银行的各省级分支机构用一级托管账户划转质押债券份额的问题。在推进地方国库现金管理的过程中,安全性是首要考虑的。中央国库现金管理有所规定,银行接受国库存款时保证国库现金安全的前提条件是可以把可流通国债现券做质押。所以,保证地方国库现金及时拥有优质足额的抵押品是顺利开展地方国库现金管理的前提。

(二) 云南省国库现金管理存在的问题

除了以上这些地方国库现金管理中普遍存在的问题外,通过对云南省国库现金管理的运作进行分析考察,可将该省在国库现金管理中还存在的问题归纳为以下几个方面。

1. 缺乏预算单位大额支付用款计划报备制度

自 2010 年 11 月起,云南省财政厅优化了省级财政资金的使用流程,目的是加快预算执行速度并提高资金利用效率,各级预算单位申报流程被取消，各部门的审核环节也被精简，由省财政厅直接下达指令支付资金，大大方便了各省直单位直接利用资金，虽然提高了资金支付效率，却使控制现金流出的力度有所减小，对国库现金流造成了消极影响。

2. 缺乏有效现金流预测与监控体系

一方面，准确预测现金流、开展国库现金管理首要考虑的是国库最佳现金持有量。准确及时地预测国库现金流会对国库现金管理的绩效产生显著影响。另一方面，在现金流预测体系的完善和国库现金透明度方面，现金流监控体系的构建有着重要意义。但是云南省由于实施国库现金管理的时间不长而且还不完善，目前仅有一些大概的预测，对国库最佳库存资金的判断缺乏科学性，仅依据经验判断会造成误差，因此对现金流的监控也有所缺失。

3. 国库现金管理操作方式单一，期限结构不合理

由于我国开始进行国库现金管理的时间较晚，金融市场也不够成熟，仅有商业银行定期存款和买回国债两种操作，开始实施商业银行定期存款操作主要是在地方开展管理工作的初期。云南省在开展国库现金管理中操作比较单一，仅采用了7天通知的商业银行定期存款一种方式。除此之外，实施国库现金管理的商业银行定期存款，期限一般在1年以内，具体包括7天通知以及3个月、6个月和12个月定期存款组合。云南省开展国库现金管理多是以短期商业银行定期存款为主的原因主要是缺乏有效的预测机制和期限结构不合理。

4. 现有的人员结构、队伍状况不能完全适应改革的需要

一方面，由于人员配备不足，难以适应改革发展需要；另一方面，地方国库资金规模不断扩大，因而对从业人员的职业素质提出更严格的要求。目前大部分的从业人员对国库现金管理的理论理解还不能达到实践所需的广度和深度，尤其是在财政和金融业务中，运用统计分析、计量分析方法的水平较低，严重阻碍了国库现金流量分析预测水平和实务操作质量的提高。

第四节　小结

近年来，美国、英国、澳大利亚等发达国家一直在实行国库现金管理，这些国家无论是在理论方面还是在实践方面，都取得了比较丰硕的成果。而我国于 2006 年 12 月开始了国库现金管理的第一次业务操作，与西方发达国家进行比较，我国国库现金管理的开始时间比较晚。我国自开展国库现金管理以来取得了不错的成绩。例如，我国不但建立了单一账户管理体系，而且建立了现代化支付清算系统，为国库现金管理打下了坚实的基础；对国库现金流进行了很大程度的控制；第一次建立了国库现金的预测系统，预测水平向前迈进了一大步；协调了财政部与中国人民银行两部门之间的运行，从而在很大程度上避免了财政部制定的财政政策与中国人民银行制定的货币政策之间的矛盾，有利于国库现金管理的进一步开展。然而，我国尚未形成一套有效的国库现金管理制度，制度建设和操作工具等方面都不健全，还有许多方面是需要提高和完善的。因此，在考量我国特殊国情的基础上，应对国外的国库现金管理经验取其精华、去其糟粕，助推我国国库现金管理的发展。

根据以上发达国家国库现金管理运营模式的分析，可以为我国国库现金管理带来一些启示，主要包括三个方面。

一 国库现金管理体系

（一）健全和完善相关法律法规体系

想要改善国库现金管理的现状，首先要做到有法可依。一是要修订《中华人民共和国中国人民银行法》《中华人民共和国预算法》《中华人民共和国国家金库条例》的有关规定，研究制定财政资金支付条例，把行之有效的国库集中支付的做法以行政法规形式确定下来，增强对资金支付行为的约束力；为确保国库现金管理受到法律法规的约束，应健全法律法规体系，从立法层面入手，确定国库现金管理的目标、方式等。二是要确立有关地方国库现金管理运作的指导方针，以确保国库现金管理合法有序运行。三是要修改、健全和完善国债管理等与国库现金管理相关的法律法规。

（二）继续完善国库单一账户体系

为实现所有财政资金集中统一管理的目标，我国应全面实行财政资金统一账户管理，并且研究预算单位实际拨付资金账户管理办法。为确保财政部门拥有国库集中收付的实时信息，我国应加强对国库集中收付的规范化管理，着力优化国库集中收付的方式，确保收入及时全额缴库，并将支出及时全额支付给商品和服务的供应商或收款人，使财政资金的支付更加科学、规范和有效。

（三）建立完善的国库现金流预测体系

改进国库现金流预测体系，对我国实施国库现金管理至关重要。近年来，随着国库管理制度改革的不断推进，我国在国库现金流预测方面进步显著，并在现金流预测工作中积累了一定的经验，然而与现代国库现金管理的要求和发达国家的管理水平相比仍有较大差距，我国应不断在组织管理、基本制度、机制运行和技术支持等方面做出努力，进而提高对国库现金流的预测水平。

第一，完善基础数据库系统，一方面要注重历史数据的积累，另一方面要掌握定量的分析方法。为了实现按季分月预测，有必要进一步积累国库现金收支的日常数据，丰富国库现金收支的基础数据库。

第二，构建并完善财政收入预测体系。加快财税库银横向联网系统的建立，加强财政部、税务局、中国人民银行国库局、各商业银行等部门之间的沟通与协调，实现各部门财政收入征收全过程的信息共享，财政部门要动态把握全口径财政收入征收的实施情况。

第三，进一步强化用款计划管理。资金用款计划的实施具有重要作用，一方面有利于财政部门精准掌握预算单位的用款需求，另一方面对顺利开展国库现金管理意义重大。要加强对用款计划的科学化管理，并对其实施情况进行评价及监督。对每月的现金流量进行预测，并定期更新，准确预测财政支出。

（四）建立国库现金管理与政府债务管理的协调配合体系

国库现金管理在政府理财活动的范围之内，政府债务管理同样处于范围之内。国库现金管理重点在于解决财政库款的投资和融资，且这种投融资是中短期的；政府债务管理的主要任务是解决财政赤字的筹资，这种筹资是中长期的，二者之间在融资方面存在交叉关系。厘清二者运行之间的关系、注重合作，具有重要意义。为此，借鉴发达国家经验，第一，对国库现金流进行预测时，要对国库现金管理与政府债务管理的情况进行衡量；第二，当安排国库现金管理融资时，需要与政府债务管理的债务规模运行状况相联系；第三，双方都需要密切关注金融市场形势，掌握资金供求状况，及时做出科学有效的操作决策和有关管理活动的安排。

（五）建立国库现金风险管理防范体系

国库现金管理是一项制度层面的创新，又是一把"双刃剑"，一方面会带来收益，另一方面也可能会面临资本风险、市场风险和信用风险等，这些都不是人的意志所能转移的。因此，有必要加快建立国库风险防控长效机制，从而减少财政资金在运行过程中出现的风险。

二 国库现金管理方法

（一）继续加大国库现金的商业银行定期存款操作力度

各发达国家的实践经验表明，当一个国家的市场经济发展到一定水平时，想要发挥公共财政的经济功能，必须研究与市场的有机结合。因此，通过实施国库现金管理来提高管理效率是现代财政管理的主要趋势。市场经济国家的国库现金管理总体上经历了三个发展阶段：第一阶段，建立现代国库制度，主要任务为建立国库管理机构，进行国库单一账户改革，在中央银行开立国库单一账户，对财政资金进行集中管理；第二阶段，主要任务为开展国库现金流量的预测，为国库现金余额设定初步目标，利用商业银行定期存款、国债交易等其他投资方式获取投资收益；第三阶段，对较长期的国库现金流进行预测，开展每日的滚动预测，且在进行国库现金头寸的投融资管理时，需要运用大量的货币市场工具。

近年来，我国的财政国库管理制度改革取得了重大进展和显著成效，但由于受到经济环境、制度等约束，国库现金管理只处于初步阶段。目前，我国国库拥有庞大的资本存量，资本收益问题十分突出。然而，在现有条件下,为了体现国库现金管理的三大要求,可供选择的资金投资渠道很少。在目前的中国国债发行中,短期国债的发行规模相对较小,国外较成熟的国库现金操作工具因时机问题在我国未能应用,因此,我国大部分的国库资金只能通过定期存款的方式在商业银行进行滚动操作。商业银行定期存款招投标操作几乎没有转换成本,并且其中标利率比质押式债券回购的加权平均利率高。因此,选择商业银行的定期存款操作从目前来看具有实用与理想的双重价值。从 2006 年开始,我国在商业银行开展国库资金的定期存款操作,但是到目前为止,国库资金余额仍然很大且机会成本较高。因此,加强商业银行国库现金定期存款的操作是非常有必要的。

(二) 不断完善各类国库现金管理市场操作工具

发达国家国库现金管理的实践经验告诉我们,国库现金管理工作的顺利开展离不开国内发达完善的金融市场。我国需要在商业银行定期存款、购回国债等投资操作的基础上,增强综合运用各种金融市场操作工具进行投资和融资的能力,积累国库现金的投资、融资管理经验。

第一,对其操作的科学决策机制进行研究。由于受中国宏观调控的政策目标以及相关政策、财政赤字程度和金融市场发展等要求的影响,应对国库现金市场操作与国债管理之间的机制进行优化,达到共同协作的目的,以年为期,对操作工具、规模、结构等方面进行科学的决策。

第二,丰富国库现金的投融资路径。在投资路径上,应在商业银行定期存款和回购国债等操作的基础上尝试其他货币市场工具,在建立相关法规和操作程序的前提下逐步形成科学合理的国库现金投资工具体系。在融资路径上,为建设短期融资工具的市场,需要拓宽融资的工具,并对其进行完善。

三 国库现金管理的实现步骤

我国国库现金管理改革目标可分为四个阶段(见图 2.3),四个阶段逐步推进,进而实现国库现金管理的现代化。

(一) 第一阶段:着手制度建设

在第一阶段需要做到:设立专门的现金管理单位;重视现金管理的有

效性；建立国库单一账户；限制预付现金；提高政府的会计结算水平；对法律体系框架做进一步修改。

（二）第二阶段：编制现金规划和提高现金管理技能

在第二阶段要做到：对短期的现金流进行预测；使用现代网络技术建立信息共享平台，确保在国库现金预测时必要的信息交流，编制国库现金管理规划；提高现金预测水平。

（三）第三阶段：实现更高要求的现金管理

在第三阶段要做到：应对具有季节性和波动性的现金流入；评估正在考虑中的支出计划对现金预测产生的影响；对支出的审批进行审核，提高支付效率；支出过程的计算机化；对现金余额实施最低限度的管理；进一步扩大国库单一账户的覆盖面积；广泛运用银行设施，通过直接的电子支付来取代纸质支付；财政部门与中央银行的关系需要进一步确立。

（四）第四阶段：引入积极的日常现金管理

在第四阶段要做到：更加积极地管理现金余额；每天清算银行账户；提高国库短期存款的安全性；由于预测重心转移到每日现金流入和流出，现金预测的精确度和大额交易时间的确切性也要随之提高；现金管理者、债券管理者、货币当局三者之间需要加强协作与交流。

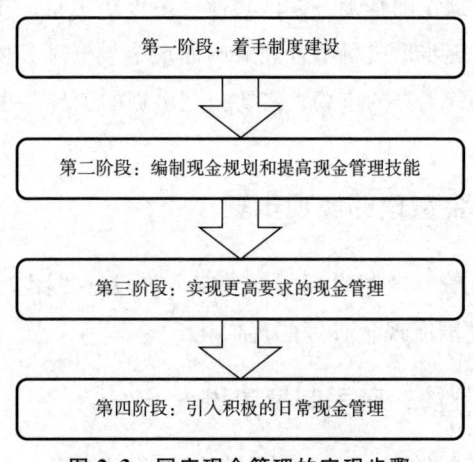

图 2.3　国库现金管理的实现步骤

第三章

国库现金管理与政府债务管理和央行货币政策协调机制

国家宏观调控是指政府通过财政政策或货币政策，运用财政或货币管理手段，改变和干预国民经济运行中的通货膨胀、失业、资本形成及经济增长等因素，从而实现国民经济发展的最终目标。通常情况下，财政管理与货币管理由债务管理和国库现金管理联结，债务管理和国库现金管理是财政与货币政策的交叉点，越来越多的人开始强调债务管理和国库现金管理的统一，债务管理和国库现金管理已经成为协调财政政策和货币政策的有效途径和重要手段。

因此，国库现金管理和政府债务管理的效率以及为财政管理和宏观经济决策提供预算执行报告的准确性和完整性，成为当前衡量国家国库管理水平的两个关键指标。另外，在建立国库现金管理机制过程中，协调配合国库现金管理与中国人民银行货币政策管理，对完善国库现金管理也具有重要的现实意义。

第一节 国库现金管理与政府债务管理关系

我国现代财政国库管理制度，是在国库单一账户体系之上，借助现代化信息技术，涵盖资金收付运行控制、国库现金管理、政府核算体系及债务管理等一系列预算执行制度的统称。可见，国库现金管理与政府债务管理二者都是国库管理的重要内容，也是财政政策手段的有效组成部分。

一 国库现金管理与政府债务管理职能的协调

国库现金管理是指在确保国库现金支出需要的前提下,财政部和中国人民银行遵循安全性、流动性、收益性的原则,通过发行政府债券和运作国库现金等方式,减小国库现金波动,以期实现国库现金余额最小化和投资收益最大化的一系列管理活动。

政府债务管理是指政府根据整体现金流情况,通过灵活的国债发行与兑付,调节国库资金的盈余和短缺,进而实现债务成本最小化和效益最大化的目标。

国库管理包含国库现金管理和债务管理两个方面的重要内容,分析两者职能的协调,应从分析国库现金管理开始。从国库现金管理流程上看,从财政资金进入国库到发生现金支付,再到现金资源最终流出国库,整个国库现金管理流程应该包含现金流分析预测、现金流控制管理以及现金余额投资运作三个方面。其中最关键的是国库现金余额的操作,即根据国库现金的剩余情况,使用金融工具和投融资工具对国库现金进行调节。

我国国库现金除在中央银行保留一定的满足正常支付需要的余额外,其余部分或以定期存款的方式存放在商业银行,或投入货币市场进行短期投资以获取投资收益。在国库现金出现短缺或盈余时,可以利用不同的工具和手段进行现金管理。一般情况下,政府通过以下四种方式融资,以应对国库资金的短缺:一是发行短期国债,精准调整国库现金流;二是改变库底资金目标余额,从商业银行调入资金弥补中央银行账户的不足;三是在货币市场上进行交易,利用拆借、回购等方式筹集资金;四是在应对突发事件造成的资金不足问题时,通过与中央银行、清算银行签订临时借款协议等方式,解决紧急资金短缺的难题。反之,当国库现金出现盈余时,也可以通过国债逆回购、同业拆出资金等方式,调节国库现金的盈余。

通过对国库现金管理操作工具的说明可以看出,国库现金管理与国债的发行和回购、逆回购等操作紧密结合在一起,想要有效地进行国库现金管理,必须对国债进行合理的操作和正确的管理。国库现金管理与政府债务管理作为国库管理的重要内容,同时也是财政政策手段的有效组成部分,需要得到充分的协调配合,才能使国库现金得到有效利用,达到国库管理的目标。

二 国库现金管理与政府债务管理的关系

国库现金管理和政府债务管理有着不可分割的紧密联系,在国库现金管理中,政府债务管理是一个不可回避的重要问题,两者的效率是衡量一个国家国库管理水平的关键指标。资金不足时要发行国债、回购国债以进行融资,出现盈余时可以进行国债逆回购等操作。为了更好地实现国库管理、协调好国库现金管理和政府债务管理的关系,需要了解两者之间具体的影响作用。

(一) 政府债务管理对国库现金管理的影响

1. 政府债务的变化影响国库现金总量

国库现金是财政收支相抵后的余额,而政府债务收入包含于政府财政收入之中,是一种特殊的财政收入。在其他条件不变时,国债总量的增加必定会带来国库现金总量的增加;反之,国债总量的减少则会使国库增加库存。

2. 国债结构的变动对国库现金管理产生重要影响

国债的期限结构是国债发行结构中的一项重要内容,按照偿还期限的不同,可将国债分为短期、中期和长期。国债期限的合理性对政府国债发行规模、债务收支政策、宏观调控手段都发挥着重要作用。国债发行期限与国债资金用途的适应性,对政府资金使用计划、债券发行成本、国债市场流动性以及资源配置效率也有着至关重要的作用。

3. 国债管理方式影响国库库存波动

传统的国债管理采用总量控制的方式对年度发行额进行管理,通常采用少发中短期国债、多发长期国债的方式控制国债增速,这种方式造成国债存量每年滚动增加数量较大。若采取国债余额控制的管理方式则会大大改善这种状况。国债余额关注政府历年预算差额之和,即政府今后年度里必须偿还的价值总额,国债借新还旧不会改变国债余额。我国目前国债管理采取的正是国债余额控制管理模式。

4. 国债利率对其他货币市场基准利率产生影响

国债是公开市场业务的主要交易工具，国债现券买卖或国债回购是一国央行实施公开市场业务的主要操作方式，对央行通过调控利率和社会资金流动性水平以实现货币政策目标具有重要意义。以国债为基准利率，可以较合理地体现不同期限的利率水平，为金融市场的定价和估值提供参考依据。

（二）国库现金管理对政府债务管理的影响

与上述内容相对应，国库现金管理也会对政府债务总量、债务结构、国债发行成本及利率等产生影响，具体如下。

1. 国库现金管理对政府债务总量的影响

首先，国库现金管理通过预测国库现金流量为债券发行提供依据。其次，国库现金管理通过商业银行存款和在货币市场的短期资金筹措活动，提高国库资金使用效率，进而抑制国债增长。同时，通过对国库现金结构的调整，以短期国债和其他融资替代中长期国债，从而缩小年度借债净规模。

2. 国库现金管理对政府债务结构的影响

国库现金管理下政府滚动发行短期国债、适时回购或提前赎回长期国债，使债限期结构得到极大的改善。同时，实施国库现金管理后，大量的短期国债将主要由机构投资者持有，机构投资者将成为国债尤其是短期国债的投资主力。

3. 国库现金管理对国债发行成本的影响

实行国库现金管理后，滚动发行的短期国债将替代大量长期国债，而由于短期国债的发行成本小于长期国债的发行成本，从而使得国债发行的整体成本降低。另外，国库现金管理通过货币市场运作，增强了市场流动性，为货币市场提供基准和参照，既可以增强市场参与者的信心，也可以降低国债的发行成本。

4. 国库现金管理对国债利率的影响

中长期国债利率一般是基于人民币存款利率来拟定的，国库现金管理可以减少人为干涉,使市场供求关系成为决定国债利率的重要因素,促进国债利率的市场化。

三 国外国库现金管理与政府债务管理实践

现金和债务管理这两种功能之间紧密协调配合的重要性被普遍强调。政府为满足总借款需求而进行融资时需要在各工具间进行选择,如短期还是长期,固定利率还是浮动利率,零售还是批发等。政府通过权衡成本和风险,进行债务投资组合来实现未来发展。这些策略选择会对短期工具和长期工具的混合产生直接影响,也就是短期国债和长期国债之间的混合。关于发行哪种工具、何时发行的决定应该由债务管理者做出。这些决定依赖市场需求、市场波动以及预期利率。因此,债务管理者不得不在做出发行决策时努力考虑所有的工具。他们不得不每天、每周、每月地进行权衡,考虑策略的要求和市场的需求。

关于短期、长期国债发行的选择,要考虑需求、供给和价格因素。

其一,关于需求,中介机构和最终投资者需要长期国债的稳定流量来满足债务要求,或借助短期工具进行流动性管理。它们的需求变动会改变整个年度中自己的现金流和市场的发展情况。

其二,在供给方,政府在融资流动状况下决定融资选择。大多数国家按季度、月度和年度对现金流进行统计。并且,年度内的债务赎回会强化这种融资方式。如果在不发达的货币市场,这种模式将会反映在债券发行模式中。为谨慎起见,一些国家通过减支发债来构建现金缓冲区。这并非总是可行的,并且当盈余现金所得的利息远低于额外借贷的成本时,代价是高昂的。

其三,价格因素由收益曲线进行了总结,它显示了不同政府债务工具的收益率。收益曲线的形状由流动性偏好、预期利率和首选投资者到期选择共同决定。它也受经济条件的影响:当出现经济不景气时,预期利率会下降,曲线向下倾斜。市场分割也起到了一定的作用,供给和需求在不同阶段是不同的,每个市场领域只是与其他市场有着不紧密的联系。货币市场收益曲线和债券曲线之间经常会出现反常现象。如果这些价格因素要纳入融资决策中，那么相关的政策制定者能够在整个收益曲线上理解并控制政策交互是很重要的。

一些其他的日常协调需求包括以下3种。

①将发行日期和赎回日期相联系。

②到期日应该选在非大量现金流出（如支付工资）的星期，特别不选择现金大量流出的当天，甚至应该以现金流入（税收的到期日）的日期为目标。

③当大量债务即将到期时，债务管理者可以协调可能会发生的现金管理问题（见专栏1）。

专栏1　处理大量债券赎回问题

当发生大额现金支出时，财政部门可以不必采取重新配置现金的方式来管理政府的现金流。债务偿还是可以完全预料到的，因此采取一些预测行为是可能的。

大量债券赎回随着时间的推移而进步。虽然不同国家的表述不尽相同，但都具有如下的共同点。

• 转化：把大量现存的债券转化为新债券。选择合适的时机通知零售商，保持对市场开放供应。价格比率（在新旧债券之间的）通常由产出曲线决定。

• 转移拍卖：把现存债券的一部分通过拍卖转移到其他现存的或新的债券中。源债券的价格固定了，投资者在拍卖中对目标债券进行叫价。转移拍卖一般针对专业的批发市场。它的一个目标是要留下足够多的源债券以保持流动性。

这两项技术在增强基准债券流动性和增加存量方面很有用。

另外一个办法是在偿还之前回购即将到期的全部或部分债券。这种办法的步骤看似更简单但成本效率低下。它依赖于财政部门拥有的更多的可用资源，而且这也需要给投资者更多的激励。这有两个合适的技巧。

• 逆向拍卖：投资者对愿意出让债券的潜在收益或者价格进行叫价。

• 市场双边购买：在这个机制下，债务管理者向市场发出准备买进债券的信号，比如说买进六个月的到期债券。

当面临迫在眉睫的现金短缺问题时，债务管理者更倾向于以稳定、可预测的模式发行短期债券。定期发行降低了市场的不确定性，使投资者能够更好地提前制订计划。利用流动性较大的货币市场，债券的销售时期可以不用考虑政府净现金流量，从而利用短期国债和其他货币市场工具有效地应对短期波动，这在一定程度上也提升了债务管理效率。

随着与市场的交互作用不断发展，债务组合和现金管理的功能变得越发重要。这保证了政府与市场相适应。当政府的两个部门都同市场互动时，很有可能会给出相互冲突的信号，这会提高市场的不确定性并且扰乱货币市场。财政部或债务管理部门的官员，即那些直接管理市场交易的人，有时会因为现金管理而干预债务市场，或者因为债务管理而干预货币市场。为减小大型到期债券的影响，财政部门应干预回购债券市场，以消除债券市场的扭曲。专栏2归纳了英国是如何安排这些工作的。

> **专栏2　英国债务管理办公室的固定回购操作机制**
>
> 英国债务管理办公室实行自动的、非全权委托的"固定回购操作机制"，任意市场参与者都可以要求债务管理办公室回购任意英国政府债券（金边债券，Gilt-Edged Bond）。
>
> 这种机制使市场参与者能够以一定的价格在任意时间获取和转手任意债券，从而维持其在二级市场上实行双向价格的能力。参与者可以每日进行操作，而债务管理办公室不能调节进行中的操作。
>
> 债务管理办公室提供一个比当前英格兰银行一般银行利率低300点的隔夜利率。同时，债务管理办公室坚持以银行官方利率进行逆回购，以抵消回购和现金管理对资金需求的影响。关于回购的数量和事项等将在债务管理办公室网站上以尽可能快的速度公布。
>
> 如果债务管理办公室有足够的证据证明会出现严重的市场混乱，它会向市场参与者提供不同类别的债券。

面对市场干预的复杂变化，单个政府如何面对市场变得越来越重要。一线的管理者们需要与单个金融媒介建立起关系，无论他们是卖出债券或者票据，还是介入或投资于回购债券市场或其他货币市场，或者因任何理由干预市场。

国库券是在进行积极的现金管理时常用的工具。可利用国库券进行粗调与微调。粗调与微调有所不同。粗调是国库券的发行或者其他短期借入的一种工具,用于抵消对银行部分政府账户净现金流入流出的影响。国库券的净发行忽高忽低,取决于该星期的预期流入比流出更高还是更低。微调对现金管理人员来说更复杂,他们利用广泛的可选工具或制度来减小短期的央行财政单一账户余额的波动。微调更细致、更精确,它不像粗调关注一个星期,而是关注一天。就时间和系统要求来讲,微调的要求也更高。虽然有许多国家粗调它们的现金流动,但很少有国家准确地微调单一账户余额。做得好的话,微调的过程可以让一周内或一月内的波动被积极的金融工具所吸收,进而得到一个更少的总体现金余额。

①国库券。国库券是国内金融市场中一种大众熟知的工具,它有很多角色,如债务管理的工具、现金管理的工具、货币政策的工具。现金管理所关注的时间比债务管理更短。如果国库券市场具有流动性并且金融机构有很大的潜在需求,那么国库券市场年复一年微小的变化能够与年内大幅变动的股票市场保持一致。

短期国库券对现金管理的用处比长期债券更大。其发行数量的多少能轻易抵消现金状况的峰值和流动。美国发行两周的票据被称为现金管理票据。巴西则特意将现金管理票据同传统国库券区别开来。

②回购。对于微调或者普通的国库券发行计划之外的借入和借出,回购是一种较好的工具。回购具有很大的优势,因为借出是有抵押的,这样能减少对信用危机的顾虑。回购也具有灵活性,这体现在其实施速度和可利用到期债券的范围上。许多结算系统能够在一天内清算交易,也能够自动处理抵押品。

③其他工具。其他工具也会经常用到,特别是借出或投资短期盈余。人们通常直接在银行间市场借出现金,但小型隔夜市场是不被推荐的,因为这使得信用风险转移到了借款方银行。另外,如果回购市场没有充分发展,那么只能进行普通的银行存款,坚持用抵押品偿还剩下的存款也是可能的。这对没有发达回购市场的国家来说是一种工具选择。另有一种选择许多欧元区负债国都会采取,即互相之间借贷盈余现金。

四 国库现金管理和债务管理的整合

(一) 现金管理部分的角色转变

现金管理一直被看作财政职能的一种，通常由财政部门负责。不管现金管理部门是作为财政部门的一个主要部分，还是独立代理机构，现金管理是现金管理部门将政府收入转入国库单一账户和其本身的支付管理行为。

现金管理部门的核心职能较为集中，即确保政府能够在任何时刻履行其义务、现金支出必须与其现金能力相符。在低收入国家，现金管理实际上与预算执行是紧密联系的。那种只有在保证现金的流动性或者支出部门有秩序的时候才会进行支付的做法，是现金的定量配给而不是现金管理。实际上，真正的预算应该与公共预算相联系，而定量配给是消除实际财政可利用资源和政策预期之间差距的一种武断的、破坏性的行为，它很难有足够空间形成现金缓冲流来应对税收的波动问题。

目前，现金管理的定义更加宽泛，需要做出事前计划。现金流动的预测和现代支付系统的整合使从支付计划到实际现金给付之间形成了一定的时间间隔，支出部门不需要进行提前融资。最重要的是让主要账户（如国库单一账户）中的可流动性现金在某一时间点的支付是出清的。

(二) 整合债务和现金管理部门

有效的现金管理消除了对现金定量配给的需要，提高了政策的有效性与财政收益。这反过来促进了债务和现金管理职能的综合一体化，而整合也越来越规范。在欧元区国家，政府不能向中央银行借钱并且它们的国库单一账户余额必须保证为正。这种安排促进了现金管理部门和债务管理部门更加紧密地合作。

整合的债务现金管理相较半独立的代理机构，更倾向于通过财政部来实施。因此巴西的财政部拥有债务和现金管理的职责，哥伦比亚已将其国库和公共债务部门进行整合，保加利亚开发了一种对债务和现金管理同时负责的财政职能。

这种整合并非必要,关键问题是债务和现金管理之间的有效协调,通过执行层面的配合,同一个组织的两个单位可以高效运作。有很多这样的例子,在这些例子中,财政部的不同部分可能存在一个现金管理单位和债务管理单位,通过上级管理部门来进行协调。这种设置一般是没有效果的,因为信息不能及时得到反馈。一个现金管理委员会或者类似的组织能帮助这些单位整合。无论怎样,在政策执行层面紧密的日常互动是至关重要的,组织性的整合是保证这种互动的方法之一。

(三) 实际中的整合

一个综合的债务和现金管理单位具有管理、风险控制和后勤三种职能。管理职能的潜在工作量更大,特别是日常的市场交易数量随着有效现金管理水平的提升不断增加,这反过来需要更加有效的系统来完成交易并获得市场数据。

一个精细的债务管理单位要求债务管理者在二级市场进行交易时,应该围绕一个有效的现金管理功能以及风险管理来进行相关操作。潜在交易对手的债务风险分析变得更加重要。现金管理的目标并不是利润最大化,它关注的是成本效益以及流动性,并能够在某种程度上支持其他的政策,其管理方式比私人部门财政管理更加谨慎。

该管理单位一个主要的持续性要求就是提高对短期现金流的预测能力。尽管没有单一的模板,但是图 3.1 说明了预测的大概情况。

图 3.1 区分了四种预测程序,预测编译者会利用来源于消费和税收部门的信息(当他们有进行支付的责任时)对线上项目进行预测。这些信息很快就会被上传到另一个计算线下项目交易的管理人员那里。这项职能往往存在于财政部,也可能存在于债务管理办公室。数据往往从债务或者货币市场交易中直接产生。

预测协调者要和管理部门紧密合作,也就是说,债务管理办公室直接面对市场。协调者要能够获得最新的资金流动情况,通过国库单一账户(TSA)来管理实际交易。

在人员方面,现金管理需要一个或两个与管理部门关系较近的人来负

第三章 国库现金管理与政府债务管理和央行货币政策协调机制

责监管和收集最新的信息,这些信息要与政府现金流动和国库单一账户的现金流动相关联。他们还需要针对之前的预测来分析过去的结算数据,不断地积累经验以减小预测误差。

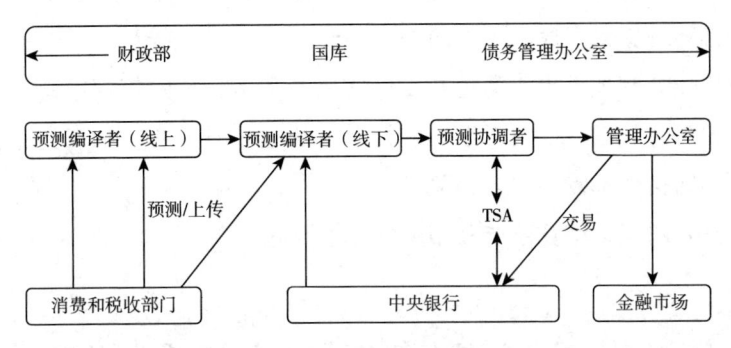

图 3.1 预测的组织性职责

大多数国家都为现金流动预测建立了数据库,该数据库是从政府的综合财政管理信息系统(IFMIS)中分离出来的,并且有着不同的宗旨。现金流动数据是即时的操作决策所必需的,而且这些数据不需要被高质量准确地录入会计账户,但是,该数据库必须是非常灵活且在现金管理者的控制之下的。有效现金管理水平的提高意味着根据预测和假设计算结果,该数据库可能拥有一个包含现金流动管理模板的交易系统。

该系统的主要要求如下。

①运用能够处理大量资源、覆盖多时段数据的传送专线(直接的、倾向于电子化的),同时还可能包括税款收入代理的机构在内。对于一些处于经济转型期的欧盟成员国来说,流入资金是至关重要的。

②在这些数据被存入数据库之前,向使用者提供新数据的验证信息。

③在用户使用报告中汇总数据,包括用能够立即更新的图形显示,并按照要求输出。

④记录一份关于不同文件的历史概要。

⑤让用户能够生成预案以及基于这份总体资料的假设储存预案。

⑥有效现金管理水平的提升是资源财力上的需要,在某个时刻,交易的执行程序会有扩大交易空间的需要。增加员工人数必须谨慎,技术上的

要求会变得更加有意义。旨在缓和政府现金管理灵活性的微调变得更具挑战性。

⑦灵活完善的市场。

⑧能够在管理强度大的情况下，留住在金融市场有交易能力的员工。

⑨必要的交易程序和其他的 IT 系统。

⑩比债务管理更重要的是开发信贷风险和运营风险管理系统。这是基于额外的交易数量，以及对手和发行者（通过校对）更高的曝光率。法律文件和合同文件都需要与之相关联。

⑪有效的当地结算系统和相关的基本设施。

第二节　国库现金管理与央行货币政策关系

货币市场操作与国库现金管理紧密相连，货币市场操作是国库现金管理的重要内容，通过国库现金管理，可以扩大中央银行货币政策的调控范围，还能进一步改善财政部门与中央银行在货币市场运行中的协调与配合，提高货币政策调控的完整性和有效性。所以，在研究确定国库现金管理的操作战略和实施步骤时，要注重与货币政策的协调，充分考虑货币政策的调控目标。

一　中央国库现金管理与货币政策关系研究

（一）国库现金管理模式

一个国家的国库现金管理模式与其经济发展阶段、国库资金充裕程度、政策环境以及金融市场条件密不可分。从经济发展历程来看，目前我国国库现金管理大致可以分为三种模式。一是单一的央行存款模式——中央银行完全经（代）理国库（模式一）。在这种模式下，财政部门将国库资金存放在中央银行，虽然保障了国库资金的安全性，但资金收益率很低。二是商业银行存款模式——国库现金余额存入商业银行（模式二）。

其特点是政府在中央银行保留一定额度的国库资金后,将剩余部分存放至商业银行,其存款收益相对模式一更高,同时为了保证资金安全,存款的商业银行须经过严格的招标产生,并要求银行提供高信誉度的抵押、质押产品。三是货币市场调节模式——国库现金余额直接进入货币市场进行短期投资(模式三)。其特点是财政部门在中央银行保留了一定余额的库底资金后,不将资金存入银行而是把剩余财政资金投放进货币市场进行短期投资,以获取短期投资收益。到目前为止,我国已初步形成了以商业银行定期存款为主、以买回国债等货币市场投资为辅的国库现金管理模式。

(二) 货币政策简述

货币政策是指中央银行为实现其特定的经济目标,运用各种货币政策工具,通过调控货币供应量和利率等经济变量,影响宏观经济的一系列方针和政策的总和。常用的货币政策工具有以下三种。

一是公开市场操作,即中央银行在金融市场上,通过公开买卖有价证券,调整货币供应量和利率水平。公开市场操作对市场的影响较为适中,且由于其特有的灵活性与连续性,成为中央银行最常使用的货币政策工具。

二是再贷款和再贴现制度,即中央银行通过对再贷款率和再贴现率的调整,改变其他金融机构从中央银行获取资金的成本,从而达到调节货币供应量的目的。但是在这种情况下中央银行不能主动调整货币供应量。

三是存款准备金制度,存款准备金制度是作用力度最大的一种货币政策工具,中央银行通过调节存款准备金率,改变商业银行在中央银行的法定存款与信用创造能力,通过影响货币乘数控制货币供应量。

(三) 中央国库现金管理与货币政策的关系

对经济的宏观调控有两种政策工具,货币政策就是其中之一,它的重要目标是保持币值稳定和金融稳定。为了实现币值和金融的稳定,中央银行要依靠公开市场操作对货币市场进行调节,提供市场所需的合理的基础货币数量,用于保持货币流量的合理性与稳定性,努力形成一个竞争、高效和接近帕累托最优的货币市场。货币作为交易的媒介在政府、银行、企业等各个微观主体间流动,当国库现金增加或者减少时,将会使基础货币发生变动，对其他主体所持有的货币数量产生影响，此时货币就如石子落入水池所产生的涟漪，将扰动水池的所有角落。因此当国库现金发生变化，将不可避免地对货币市场产生影响，进而造成货币政策难以实现预期的目标。

1. 三种模式下国库库存资金的变动对货币政策产生的影响

（1）单一的央行存款模式下，对货币政策的影响分析

中央银行是国家的银行，对国库进行经营和管理。中央银行基础货币的主要来源之一就是财政国库现金。当国库现金余额增加时，财政在中央银行的存款余额发生净增加，社会中的基础货币向中央银行净流入，导致社会中的基础货币数量减少，在货币乘数效应的作用下，社会中货币供应量呈现多倍数的减少，进而产生银根紧缩效应。当国库现金余额减少时，财政在中央银行的存款余额发生净减少，中央银行的基础货币向社会净流入，导致社会中的基础货币数量增加，在货币乘数效应的作用下，社会中货币供应量呈现多倍数的增加，进而产生银根松动效应。正是由于货币乘数效应的影响，中央银行对资金运用发挥着特殊的功效。在货币市场中，中央银行成为货币供给的调控主体。因此，在单一的央行存款模式下，国库现金管理中产生的国库现金余额增加或减少，就等同于对基础货币的回笼或投放，经货币乘数效应的放大，将导致流通中创造的货币供应量发生成倍的减少或增加。

（2）商业银行存款模式下，对货币政策的影响分析

国库管理部门会对库底资金进行管理，对库存余额的时间系列数据进行总结，得出规律，并用来预测未来一段时期的库存余额，计算得出一个安全的库底资金数额。通过招投标的方式，将超过安全库底资金的现金投放到商业银行之中。当前我国主要选择商业银行定期存款方式对中央国库现金进行管理，通过公开招标，将国库现金投放至商业银行，商业银行需要提供质押物，一般使用国债作为质押物，按照 1∶1.2 的比例获得这笔资金并且需要向财政部支付相应利息，定期存款方式的存款期限一般在 1 年（含 1 年）以内。在一定范围内，商业银行可以使用这部分存款，例如作为贷款资金发放给企业或者进行短期投资，在这种情况下，政府存款相当于在货币市场中投放基础货币，并导致货币供应量发生变化。

(3) 货币市场调节模式下，对货币政策的影响分析

当货币市场与国库资金相结合时，我们主要分析的内容是国库现金管理会如何影响货币市场，以及如何影响货币政策的实施。

国库现金管理与货币市场紧密相连，当大量的国库资金投入货币市场后，资金流动性被释放，这会改变货币市场的供求关系，进而影响市场利率。从长期角度出发，不断释放的流动性将使货币市场处于供大于求的状态，逐渐拉低市场利率。同时，随着短期债券的滚动发行，其基准收益率将逐步确定，经过一段时间后将形成长期浮动利率债券的利率基准，从而奠定了利率市场化的基础。

国债工具的使用会对货币政策产生影响。国债也是对货币市场进行调节的一把好手，中央银行使用国债对流动性和利率进行调控，以达到其实施货币政策的目的。合理地发行国债，可以让国库现金余额波动对基础货币供给的影响得到减小甚至消除，进而缓解货币市场受到的冲击。当然任何工具都具有两面性，国债可以调控货币市场，但国债的不断累积将形成巨额的国库库存，若要消化这些库存将会不可避免地冲击现行的货币政策。

2. 三种模式下国库现金管理与货币政策关系的比较

通过上述分析，我们可以得出以下结论。

在单一的央行存款模式下，将国库资金存放于中央银行中，此时可以得到最高的安全保障，也无须高度发达的金融体系，但资金的获利能力最低。国库现金管理中产生的国库现金余额增加或减少，就等同于回笼或投放基础货币，经货币乘数效应的放大，将导致流通中创造的货币供应量发生成倍的减少或增加，这会对货币供应的稳定性产生影响，增大央行货币政策的执行难度。

在商业银行存款模式下，商业银行需要向财政部支付略高于活期存款的利息，边际收益比前一种模式更高，而且需要质押物，其安全边际也很高，但是要想选出最佳的存款组合需要一定的技术水平。此外，质押物不可以通过回购等方式在债券市场上融通资金、创造信用货币，所以可以认为提高了存款准备金率，相应的货币乘数效应减弱，货币创造规模小于前一种模式。

在货币市场调节模式下，与前两种模式相比，此时资金的获利能力最强，但需要与完善的金融体系相配合。当大量的国库资金投入货币市场后，资金流动性被释放，货币市场的供求关系受到影响。从长期角度出发，持续的供大于求现状会逐渐拉低市场利率，随着短期债券的滚动发行，其基准收益率将逐步确定，经过一段时间后将形成长期浮动利率债券的利率基准，从而奠定了利率市场化的基础。金融工具为中央银行开展公开市场操作提供了便利，也可以让基础货币的投放更有效率，保持货币市场的稳定。

（四）国库现金管理与央行货币政策关系的国际经验

西方发达国家的国库现金管理起步较早，积累了许多经验，为我国国库现金管理发展提供了许多有益的启示。通过认真、细致地比较主要发达国家的国库现金管理体系，发现各国做法有所差异，但也表现出一定共性。就国库现金管理与货币政策关系的国际经验进行总结，可以看出各国普遍弱化了国库现金管理与货币政策的关系。

各国在国库现金管理实践的历史过程中，特别是设定目标现金余额后，主要通过国库现金管理投融资市场操作平抑政府现金流的波动。而且，从央行独立确定和执行货币政策需要的角度来看，各国不断弱化了国库现金管理与货币政策的关系，以便央行在假定政府每天净现金流为零的前提下开展自己的公开市场操作。英国债务管理办公室在2000年接管国库现金管理职责之前，英格兰银行不得不在其预测中考虑政府和商业银行之间的净现金流。此后，为了确保英格兰银行可以在假定政府每天净现金流为零的前提下开展自己的公开市场操作，英国债务管理办公室通过在金融市场上的资金借入或贷出等操作确保政府每天的净现金流为零，财政部与英格兰银行曾经每季度召开协调会议，但在2004年后协调会议正式取消。美国1917年设立税收与贷款账户的主要目的就是，促使政府总的存款资金和发行债券引起的银行储备资金的波动最小化，减小国库现金余额波动对美联储执行货币政策的影响。1978年11月美国计付利息的法案实施后，财政部使纽约联邦储备银行的国库资金余额保持在一个稳定的规模，政府收支的净现金流变动主要反映在银行体系的存款中。每日的国库现金余额为 50 亿~70 亿美元，美联储只需在合适的时候通过公开市场对冲操作，平抑其与 50 亿美元现金余额目标之间的差额。

(五) 财政部门与中国人民银行之间的协调

为了更好地促进国库现金管理与货币政策相协调，财政部门与中央银行之间应建立一定的协调机制，这种协调应该包含政策和操作两个方面。在政策方面，确保财政政策和货币政策的一致性，这是高层次的协调。在操作方面，这种协调主要围绕国库单一账户的运行、债券和票据的发行以及市场开发。

财政部和中央银行的总体关系需要在高层次水平上进行明晰。这反过来依赖它们各自的角色和职责，这可以通过立法的形式制定。同时有以下问题需要上级管理层处理解决。

1. 如何确保政策一致性

这需要不危害中央银行独立性操作的正式机制，可以通过货币政策委员会或者通过一些其他债务财产管理机构来完成。债务财产管理机构由部长或者高级官员担任主席，制定债务（和现金）管理策略，将政府的资产负债表整合到更广泛的宏观经济框架中，并监督策略的实施效果。这样的机构可以咨询所有相关的同行和专家（财政部和中央银行中大量的财政团队），并就策略达成一致意见。

2. 解决威胁任一机构有效性的政策冲突或其他误解

在必要的情况下，这些问题应该纳入中央银行负责人和财政部负责人的定期会议议程中。

一些协定、职责范围、双边谅解备忘录应覆盖所有可能的操作。财政部门应制定相关的政策。

①针对货币市场发展的联合计划。

②中国人民银行应该从市场和投资者的角度报告未来一段时期内关于债务与现金管理项目的观点（尽管这部分信息可能在债务财产管理机构的报告中已经涉及）。

③中国人民银行公开新一轮现金管理操作过程中自己的做法，这可能会对流动性产生影响。

④发行票据的政策和操作要考虑到为票据市场的发展制定统一的策略需要以及中央银行票据和国债各自的角色。

⑤中国人民银行和财政部之间关于一级交易商或者拍卖交易对手的常用协议。

⑥中央银行的国库余额需获得利息。这必须得到政策层面的认可，但是利息的基础（到期利率、市场化利率等）应该被确定。

⑦关于现金流预测的信息交换安排（各自职责及频率）。

⑧交流机制及涉及的问题（例如未来拍卖计划）。

⑨关于各自拍卖或投标的日交易量或周交易量、相关市场公告以及事先预警等问题的决定。

⑩在财政部可能借款的国家中，需要有相关限制（金额、期限、贷款展期等）的协定。

在实践中，上面列出的问题可能在多个协议中涉及。关于拍卖的操作安排往往是在政策或者法规中被单独制定的。

一些国家建立了现金协调委员会（CCC）或者流动性委员会。它每周或每月对未来一段时间内的现金管理要求及后续活动进行考察。现金协调委员会成为一个在未来一段时间内与央行交换现金流预测并检验现金管理操作的部门。

（六）总结

在国库管理中，财政部门负责国库现金管理和政府债务管理，中央银行负责货币政策的执行。在保证资金安全性、流动性的前提下，财政部门追求的是资金的收益率，而中央银行在实施具体操作时更关注其对货币政策可能造成的冲击，可见，两个部门所侧重的方面并不相同，因此在进行国库现金管理时，财政部门与中央银行应及时沟通，协调双方各自的目标。

有效的国库现金管理，特别是中央政府的国库现金管理，可以合理调节市场中的流动性，避免剧烈的流动性波动，防止货币市场受到剧烈冲击。利用国库现金管理机构准确预测的国库现金流量，促使财政部门发行结构合理的债券，促进货币市场和债券市场的有效发展，消除国库现金余额波动对基础货币供给的影响，减轻对货币市场的冲击，从而促进货币政策的有效实施，配合实现中央银行实施货币政策的目标。换句话说，国库现金管理可以提升货币政策的质量，是协调配合财政政策和货币政策实施的重要工具。

二　地方国库现金管理与货币政策关系研究

近年来，快速增加的地方预算收入，使国库现金余额不断积累，地方国库开展现金管理会令数千亿元的国库现金进入金融市场。国库现金管理的实施既可以带来可观的收益，又能够为本地区信贷资金增加来源，还能使货币政策的执行效果得到提高。

（一）在与货币政策配合方面，地方与中央国库现金管理不同

根据以往总结的经验，国库现金管理是货币政策的辅助，两者要打好配合，以实现更好的效果。但是地方国库现金管理与中央国库现金管理也存在一定的差异性，参考这方面的国际研究和经验，实现成本效益和政策效果是中央国库现金管理的目标。国库现金管理操作受制于上述两个目标，在金融工具选择上也会存在更多的局限，中央政府会尽量选择便捷性高和可行性高的工具。对于地方政府而言，其自身往往是市场价格的被动接受者，更像货币市场和资本市场中企业这个角色。

（二）地方国库现金操作对货币政策的影响有限

目前普遍存在这样一种看法，即国库现金管理如果走向市场运作，可能会大幅提高金融体系的流动性，从而给货币调控和通货膨胀带来压力，但这种看法值得商榷。

首先，在使用市场化方式运作国库现金管理时，其主要方式大致可以分为两类：第一类偏重于市场，第二类偏重于银行。当前中国金融体系的现状是资本市场欠发达但银行体系较为发达，这限制了国库现金管理市场化运作中的投资方式。受此限制，只能选择商业银行定期存款作为主要的投资工具。

其次，将国库现金转存至商业银行，不能和贷款直接画上等号。存款银行接受定期存款，但需要提供高于定期存款20%价值的高信用等级的质押品。国库现金流入商业银行，提高了银行的流动性，但因质押品不能再用于从拆借市场上融资，所以通过提供质押品的方式反向回收了银行的流动性。因此，在此种方式下，银行体系的贷存比才是影响市场流动性的重要因素。

再次，使商业银行贷存比产生变化的关键影响因素是中央银行的信贷限额和银行体系的全部存款来源。国库现金转存的资金规模相较于银行体系所吸收的企业和居民的存款并不大。即便单独拿居民储蓄这部分与之比较，地方国库现金余额及其每年增量也仅大约只有居民储蓄余额和增量的10%。银行贷款能力的增强与否，首先取决于中央银行控制信贷规模的力度大小，然后取决于银行体系吸收的企业和居民的存款多寡，最后取决于国库现金管理中定期存款数量的多少。因此，从规模上看，地方国库现金操作对金融市场的冲击和货币政策的影响是有限和可控的。

从次，在使用市场化方式运作国库现金管理时，利率所受的影响也是相对有限的。短期资金供求决定着金融市场的短期利率，中长期通货膨胀决定着中长期利率。我国国库现金管理的操作，直接在金融市场上买卖债券的占比较少，并且将国库现金转存至商业银行业时，需要有质押品，并且都是以一年期左右为主的短期存款，因此公开市场操作和市场中长期利率受国库现金操作的影响是相当有限的。

最后，国库现金余额随着经济的发展而增加，这也通常被作为国库现金的市场化运作对货币政策和市场流动性造成持续冲击的一个借口。但同样作为银行体系的资金来源方的企业和居民，其存款增量规模更大，波动性也更强，因此国库现金余额的增量会对流动性造成持续冲击的说法也同样令人难以信服。

因此，如果国库现金管理以商业银行定期存款为主，上述操作既不构成基础货币的投放，也不直接构成市场流动性的提高，其实质是增加了商业银行以超额质押为代价的短期存款，超额质押的要求本身就已基本吸收了"流动性提高"的问题；而由地方国库现金市场化运作导致的存款增长能否形成贷款增长，更取决于央行信贷总量控制、银行存贷比变动等一系列复杂因素。把地方国库现金管理的市场化运作直接等同于基础货币投放、等同于注入流动性的看法,无论从理论还是实践层面上看,都缺乏可信度。一个可以观察的现实是,居民储蓄往往因为楼市和股市的大幅波动,在数月之间产生数千亿乃至更大规模的季节波动,但对信贷总量并无同样规模的巨大影响。因此,国库现金管理小规模的质押转存,对市场产生的冲击很小,对中央银行货币政策执行效果的影响也非常小。

(三) 地方国库现金管理对货币政策的影响机制——从商业银行存款模式角度出发

当前开展地方国库现金管理的大部分省份由于受到政策、法规、体制等方面的限制,进入货币市场直接进行操作的方式还没有实现,地方国库现金管理的模式还是只能以商业银行存款为主,所以本部分通过研究商业银行存款方式对货币政策的影响来分析地方国库现金管理与货币政策的作用机制,可以从货币政策的中介目标即货币供应量和利率两个方面来进行分析。

1. 传导机制(途径)

基础货币和货币乘数共同决定了货币供应量。计算公式为 $M = k \times B$,M 为货币供应量,k 为货币乘数,B 为基础货币。货币供应量有狭义、广义之分,M_1 为狭义货币供应量,M_2 为广义货币供应量。相应地,货币乘数也有狭义、广义之分。狭义、广义货币乘数的计算公式分别为 $k_1 = (1+c_1)/(c_1+r_1)$、$k_2 = (1+c_2)/(c_2+r_2)$,其中 c_1、c_2 分别为狭义、广义现金漏损率,r_1、r_2 分别为狭义、广义准备金率。狭义、广义现金漏损率的计算公式分别为 $c_1 = M_0/D$、$c_2 = M_0/(D+TD)$;狭义、广义准备金率的计算公式分别为 $r_1 = R/D$,$r_2 = R/(D+TD)$。其中 M_0 为通货,R 为存款准备金,D 为活期存款,TD 为准货币即定期存款等。现金漏损率 c 和准备金率 r 的改变通过影响货币乘数从而改变货币供应量。

我国的利率体系可以分为三个层面。一是由中央银行直接调控的利率体系,包括存款准备金率、再贴现率、央行公开市场回购操作利率以及央行票据利率。二是市场化下形成的公允利率,包括三类:第一类,货币市场利率,包含银行间同业拆借利率、债券回购利率、商业票据的发行利率和贴现利率等;第二类,债券市场利率,包含国债发行利率、金融债的发行利率和两者在二级市场上的收益率、企业债的二级市场收益率;第三类,股票市场收益率，包含一级发行市场和二级交易市场利率。相应市场上的供求关系决定了这些利率。三是半管制的利率体系，即利率水平主要由中央银行决定，但在一定范围内，允许其根据金融市场的供求情况进行波动，如存贷款利率。国库现金管理会对完全市场化及半管制的利率产生影响。

在进行地方国库现金管理时，通过招投标的方式，将资金存入商业银行，此时，国库现金余额减少，商业银行体系中基础货币增加，对市场化下形成的公允利率产生冲击，银行贷款、企业债券、股票、国债市场、同业拆借市场都会受到影响，贷款利率、企业债券利率、股票收益率、国债回购利率以及同业拆借利率也会发生改变，进而导致现金漏损率和准备金率发生改变，货币乘数发生改变。最终的基础货币量和改变后的货币乘数对货币供应量产生影响，该过程伴随货币市场利率、债券市场利率和股票市场收益率的变动。

根据柳建光和李子奈（2007）的研究可知，能对货币政策产生影响的具体传导机制有以下四条途径。途径一是原始存款变化会导致企业债券利率发生变化，企业债券利率变化导致现金漏损率发生变化，现金漏损率变化导致准备金率发生变化。途径二是原始存款变化直接导致准备金率发生变化。途径三是原始存款变化导致短期国债回购市场资金供给发生变化，短期国债回购市场资金供给变化导致短期国债回购利率发生变化，短期国债回购利率变化导致准备金率发生变化。途径四是原始存款变化导致同业拆借市场资金供给发生变化，同业拆借市场资金供给变化导致同业拆借利率发生变化，同业拆借利率变化导致准备金率发生变化。商业银行存款模式下地方国库现金管理对货币政策的传导机制如图3.2所示。

途径一：原始存款D → 企业债券利率i_{EB} → 现金漏损率c → 准备金率r

途径二：原始存款D → 准备金率r

途径三：原始存款D → 短期国债回购市场资金B → 短期国债回购利率i_B → 准备金率r

途径四：原始存款D → 同业拆借市场资金IBM → 同业拆借利率i_{IBM} → 准备金率r

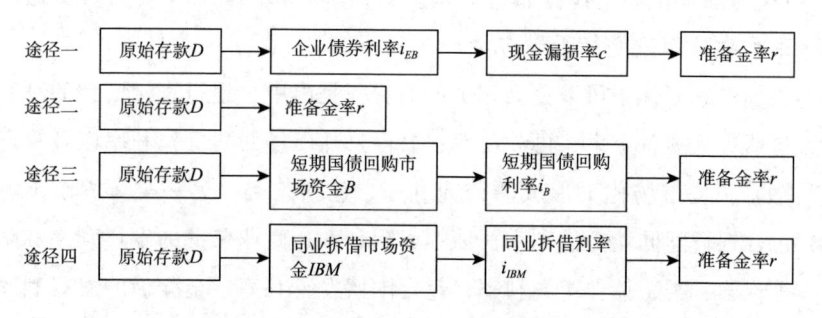

图3.2 商业银行存款模式下地方国库现金管理对货币政策的传导机制

2. 对传导机制的具体分析

由货币乘数的公式可知，货币乘数由现金漏损率和准备金率确定，国库现金管理操作中进入商业银行的货币量是基础货币的变动量，所以分析货币供应量就要分析现金漏损率和准备金率两个变量。

公众对通货的需求会产生现金漏损，根据货币需求理论，货币需求与收入水平（Y）和市场利率有关，市场利率主要与存款利率（i_D）和企业债券利率（i_{EB}）有关，那么现金漏损率可以表示为 $c=f(Y, i_D, i_{EB})$。

银行的准备金是商业银行为了满足存款客户提取现金的需要而在中央银行准备的流动性资产。现金漏损和银行的准备金共同构成基础货币，公众对通货的需求会影响到银行的准备金数量，所以准备金率会受到现金漏损率的影响；准备金率是存款准备金在银行存款中的占比，所以银行存款（D）也会影响准备金率；商业银行将会在短期国债回购市场及同业拆借市场上进行操作，相应市场上的资金量（B、IBM）以及利率（i_B、i_{IBM}）都会对准备金率产生影响，例如当同业拆借市场资金不足、拆借出现困难时，银行就会准备更多的资金，所以准备金率也受到短期国债回购市场及同业拆借市场上的资金量及利率的影响。准备金率可以表示为 $r=f(c, D, B, i_B, IBM, i_{IBM})$。

在此基础上，分析途径一还需要了解企业债券利率是如何决定的。从企业角度出发，企业债券发行利率的确定要考虑一定时期内的存贷款利率，银行储蓄和债券是投资者的两种选择，企业债券利率应根据银行存款利率（i_D）、贷款利率（i_L）合理定价，才能保证企业债券的顺利发行；企业债券二级市场收益率是市场化的利率，受到企业债券市场上资金供给（EB）以及企业投资需求（I）的影响；此外，企业债券利率也与企业经营效益（pf）以及股票收益率（r_{stock}）相关，所以企业债券利率可以表示 $i_{EB}=f(i_D, i_L, I, EB, r_{stock}, pf)$。公式中的贷款利率是半管制的利率，它受到商业银行的贷款供给（L）和企业投资需求的影响，即 $i_L=f(L, I)$。

分析途径三需要了解短期国债回购市场上的资金量和回购利率是如何决定的，分析途径四需要了解同业拆借市场上的资金量和同业拆借利率是如何决定的。债券回购交易是指证券交易双方在成交时附加了一个合同，合同约定在未来的一个时间节点以一定价格进行反向交易，是一种以有价证券为抵押品的拆借资金的信用行为。国债回购市场是国债持有者可以便捷地进行短期融资的场所。同业拆借市场形成的实质原因是资金在银行间分布不均匀，它主要用来对商业银行的短期流动资产进行调节。上述两者都是银行间货币市场的一部分，银行等金融机构的资金都能从这些重要场所中获得。债券市场在功能和作用机制上和同业拆借市场是一致的，两者在一定程度上可以相互替代。

本部分以短期国债回购市场为例说明市场资金量和利率是如何决定的。一般企业作为微观主体可以通过向商业银行贷款或者发行企业债来进行融资，而商业银行等金融机构可以通过进入票据贴现市场、进行短期融资、同业拆借等方式来完成融资。这样进入债券回购市场的资金就与其他市场的情况息息相关，即短期国债回购市场资金量受到银行存款、准备金率、贷款利率、企业债券利率的影响，还受到相关市场上利率的影响，如债券回购利率以及同业拆借利率。此外，短期债券回购市场作为货币市场与股票等资本市场也是有关联的，当股票价格上升时，资金会从货币市场流入资本市场，反之亦然。所以短期国债回购市场资金量 $B = h_1(D, r, i_L, i_{EB}, i_B, i_{IBM}, r_{stock})$，短期国债回购利率 $i_B = h_2(B, i_{IBM})$。同理，同业拆借市场资金量 $IBM = g_1(D, r, i_L, i_{EB}, i_B, i_{IBM}, r_{stock})$，同业拆借利率 $i_{IBM} = g_2(IBM, i_B)$。

综合以上分析可知，地方国库现金管理商业银行存款模式可以通过四种途径影响现金漏损率和准备金率，在这个过程中，有现代商业银行的货币创造，也有商业银行、企业等主体在各类金融市场上的互相作用。当国库现金管理规模达到一定水平以后，就会通过上述机制对货币供应量、相关金融市场利率乃至整个金融货币体系产生影响。具体要多大规模的国库现金管理才能对货币政策的实施产生影响以及对相应变量产生多大的影响，需要通过定量分析来说明。

（四）当前地方国库现金管理与货币政策关系的实证分析

1. 选用模型

根据柳建光和李子奈（2007）的建模，采用国库现金管理商业银行存款模式，银行存款数量每提高1%，狭义现金漏损率的上升幅度为0.27%，狭义准备金率的下降幅度为0.79%；广义现金漏损率的上升幅度为0.27%，广义准备金率的上升幅度为 0.12%。若将国库现金 a 元存入商业银行，则基础货币增加 a 元，新的狭义货币乘数为：

$$k_1^1 = \frac{1+c_1^0(1+a\times 0.27\%/D^0)}{c_1^0(1+a\times 0.27\%/D^0)+r_1^0(1-a\times 0.79\%/D^0)} \tag{3.1}$$

新的广义货币乘数为：

$$k_2^1 = \frac{1+c_2^0(1+a\times 0.27\%/D^0)}{c_2^0(1+a\times 0.27\%/D^0)+r_2^0(1-a\times 0.12\%/D^0)} \tag{3.2}$$

狭义货币供应量的变化量为：

$$\Delta M_1 = B^0 \times (k_1^1 - k_1^0) + a \times k_1^1 \tag{3.3}$$

广义货币供应量的变化量为：

$$\Delta M_2 = B^0 \times (k_2^1 - k_2^0) + a \times k_2^1 \tag{3.4}$$

狭义货币供应量的增幅为 $\frac{\Delta M_1}{M_1}$，广义货币供应量的增幅为 $\frac{\Delta M_2}{M_2}$。

据此可以计算，将规模小于 586 亿元的国库现金进行商业银行存款操作，会导致狭义、广义货币供应量的增幅小于 1%。当国库现金管理规模达到 1000 亿元时，狭义、广义货币供应量增幅分别为 1.85%、1.70%。当国库现金管理规模达到 3000 亿元时，狭义、广义货币供应量增幅分别为 5.26%、5.09%。由此可以发现，国库现金管理采用商业银行存款模式时，对货币供应量的影响程度主要取决于国库现金操作的规模，国库现金操作的规模越大，对货币供应量的影响也就越大。

然而，对于地方财政来说，省级国库现金管理尚处于探索的初级阶段，国库现金操作规模普遍较小。2007 年，甘肃省率先开展地方国库现金管理试运行，向市场投放了期限为 3 个月、总额为 10 亿元的商业银行定期存款。2008 年，宁夏回族自治区开始国库现金管理试点，投放 10 亿多元财政资金（其中国库资金 6 亿元）。2008 年，天津市选择部分代理银行投放了期限为 3 个月、总额为 15.6 亿元的定期存款。2012 年，云南省进行国库现金管理的总量为 0.14 亿元。相对于 2012 年我国的货币供应量 373.9 万亿元，地方国库现金管理规模还普遍较小，操作量占整个货币供应量的比例非常低。

因此，从当前来看，国库现金管理以商业银行定期存款为主的操作模式不直接造成市场流动性的提高，其实质是商业银行短期存款的增加。按照发达国家国库现金管理的经验，商业银行要以 1∶1.2 的比例提供质押，超额质押的要求可以基本吸收"流动性提高"的问题。而且由地方国库现金管理操作所导致的银行存款增长最终能否形成贷款增长，会受到央行信贷总量控制、银行存贷比变动等一系列复杂因素的影响。当前地方国库现金转存的资金规模相较于银行体系所吸收的企业和居民的存款规模并不大。即便单独拿居民储蓄这部分与之比较，地方国库现金余额及其每年增量，也仅大约只有居民储蓄余额和增量的10%。一个可以观察的现实是，居民储蓄往往因为楼市和股市的大幅波动，在数月之间产生数千亿乃至更大规模的季节波动，但对信贷总量并没有形成同样规模的巨大影响。因此，国库现金管理小规模的质押转存，对市场产生的冲击很小，对中央银行货币政策执行效果的影响也非常小。

2. 云南省国库现金管理对货币政策的影响分析

根据云南省国库现金 2013 年前三季度的货币政策执行报告中的相关数据，计算得出狭义现金漏损率 c_1=22.2%，广义现金漏损率 c_2=5.72%，存款准备金率以中央银行 2012 年 5 月公布的法定准备金率为准，数值为20%。狭义存款量（D）为 2542400 亿元，广义存款量（$D+TD$）为 9853200 亿元。则可以计算初始状态下狭义货币乘数 $k_1^0 = \dfrac{1+c_1^0}{c_1^0+r_1^0} = 2.89$，广义货币乘数 $k_2^0 = \dfrac{1+c_2^0}{c_2^0+r_2^0} = 4.11$。

2013 年，云南省国库现金管理累计操作金额为 0.2446 亿元（$a \approx 0.24$ 亿元），则进行国库现金管理后，可计算新的狭义和广义货币乘数。

新的狭义货币乘数为：

$$k_1^1 = \dfrac{1+c_1^0(1+a \times 0.27\%/D^0)}{c_1^0(1+a \times 0.27\%/D^0)+r_1^0(1-a \times 0.79\%/D^0)} \tag{3.5}$$

新的广义货币乘数为：

$$k_2^1 = \frac{1+c_2^0(1+a\times 0.27\%/D^0)}{c_2^0(1+a\times 0.27\%/D^0)+r_2^0(1-a\times 0.12\%/D^0)} \tag{3.6}$$

经过计算,由于国库现金操作量占存款总量的比例仅为 9.43×10^{-8},新的货币乘数没有发生变化,即 $k_1^0=k_1^1$, $k_2^0=k_2^1$。

狭义货币供应量的变化量为:

$$\Delta M_1 = B^0\times(k_1^1-k_1^0)+a\times k_1^1 = 0+0.24\times 2.89 = 0.6936 \tag{3.7}$$

广义货币供应量的变化量为:

$$\Delta M_2 = B^0\times(k_2^1-k_2^0)+a\times k_2^1 = 0+0.24\times 4.11 = 0.9864 \tag{3.8}$$

狭义货币供应量的增幅为 $\frac{\Delta M_1}{M_1}=3.1\times 10^{-7}$,广义货币供应量的增幅为 $\frac{\Delta M_2}{M_2}=9.47\times 10^{-8}$。

可以看出,由于国库现金管理操作总额相对于存款总额来说规模非常小,基本对货币供应量不造成影响。

(五) 未来地方国库现金管理需与货币政策相互配合

可以预见的是,在经济不断发展的过程中,地方财政预算收支的规模会持续扩张,地方国库现金余额也会相应地持续增加。一方面,地方可以参考和借鉴中央国库现金成功运作的经验,在一定程度上避免"盲目过河";另一方面,地方在自身国库现金管理的探索中也会不断积累经验,结合自身实际情况和实践经验"摸着石头过河",而且随着国库集中收付制度改革的进一步深化,现金流预测准确度将进一步提升,金融市场将进一步完善和成熟,这些有利因素都将提升地方国库现金管理的质量和效率。综合以上情况,地方国库现金管理的规模一定是逐步扩大的。在地方国库现金管理规模达到一定水平以后,国库现金管理就会通过上述几条传导途径影响货币市场中的货币供应量、利率等,从而影响货币政策的实施。

地方国库现金管理可能会与货币政策发生冲突,冲突的原因可能在于地方政府是地方国库现金管理的主体，主要目标是追求库存资金效益最大化或者以最低的成本、最便捷的方式来筹集资金以弥补地方财政缺口；而货币政策的实施则有赖于中央银行，主要目标是从整个宏观经济层面保持货币供应量和市场基准利率与国民经济发展相适应。由于地方政府和中央银行存在追求目标上的不同，可能导致地方国库现金管理与货币政策出现相互矛盾的操作。因此，若全国各地仍旧采用无配合的分散操作方式，那么当地方国库现金管理运作增长到一定规模时，必然会影响货币供应量的稳定性，削弱货币政策的执行效果，最终会导致中央银行实施货币政策和实现宏观调控目标的难度增加，弱化货币政策调控的全局效应。

国库现金管理处在财政政策与货币政策的结合点上，国库现金管理是货币政策的辅助，两者要打好配合，以实现更好的效果，这样既有利于扩大中央银行货币政策的调控范围，也有利于财政部门与中央银行步调保持一致，提升货币政策调控的完整性和有效性。

在地方国库现金管理的开展过程中，可在以下方面做出尝试与推进。首先，应及时归纳总结地方国库现金管理的实践经验，形成值得推广的管理模式，完善相关制度建设，建立地方现金管理的制度标准和操作标准，以这些标准来规范和指导地方国库现金管理工作。其次，可尝试建立针对地方国库现金管理的监测指标体系，对地方国库现金操作规模、操作频率、中标利率和地区货币存贷比等指标进行监测，及时了解情况，这既便于中央对地方国库现金管理进行监测、统筹和规划，提高政策协调性，又可以提高地方人民银行和财政部门国库现金管理的分析水平和操作能力。总之，在进行地方国库现金管理时，要统筹各方利益，建立有效的部门协调和信息交流机制，合理组织安排各部门之间的工作职能，提高地方国库现金管理和宏观货币政策的协调性，促进整个经济体系平稳运行。

第三节　小结

国库现金管理配合债务管理，通过财政政策和货币政策的紧密衔接，对调节宏观经济具有重要作用。现金管理如何与其他功能进行配合对一系列广泛的宏观政策有重要影响。

一方面,国库现金管理与政府债务管理相互配合,结合国库现金管理机构有关国库现金流量的数据,以此为依据,确定科学合理的债券发行量,促进货币市场和债券市场的高效有序发展,为中央银行的公开市场业务操作提供所需的流动性。

另一方面,在中央层面分析了三种不同的操作模式下国库现金管理与央行货币政策的关系,科学合理的国库现金管理特别是中央政府的国库现金管理,可以合理调节市场中的流动性,避免剧烈的流动性波动,防止货币市场受到剧烈冲击。促使财政部门发行结构合理的债券,促进货币市场和债券市场的有效发展,配合实现中央银行的货币政策目标。

第四章

国库现金管理模型与云南省国库现金管理核心模型

本章总结分析了主要的国库现金管理模型，根据云南省国库集中收支数据，测算出云南省国库现金最佳持有量，并通过分析多种投资工具的风险和收益特性，对如何运用国库现金余额进行投资提出操作建议。

第一节 国库现金最佳持有量模型

国库部门的最佳现金持有量问题是现金管理中的基本问题，过量或者少量的现金留存都不能充分体现国库现金的优势。具体而言，一旦国库持有的现金过多，就将导致国库的资金出现闲置；反之，如果国库持有的现金过少，政府部门在完成相关的财政支出任务时就会缺乏现金支持。因此，确定国库现金的最佳持有量是政府部门进行现金管理的重要内容。这个最佳的现金持有量既能使政府部门在保证流动性充裕的条件下利用现金管理的手段对盈余资金进行适当的投资规划，还可以在需要偿还政府债务和支付工资的时候提供充足的现金支撑。

一 国库现金管理原则

就国库现金管理的模式设计来说，政府部门应该做到在极力保证国库资金安全性的同时，尽量使其操作简便。

国库资金的安全性应该被地方政府放在考察的首要位置，这是因为地方国库现金管理的资金主要来源于地方政府预算执行中的间歇资金，其中，大量的资金与民生息息相关。要确保国库资金的安全性，首先，要关注国库现金的投资流向，严禁政府部门在不能保证国库现金流动性的条件下追逐收益高、风险大的项目投资；其次，地方国库部门应该积极加大检查和监督的力度，构建和落实相关的资金安全保障制度，进而保证操作管理的规范性和资金的安全性，并取得最优的投资收益。

二 可选择的测算国库现金最佳持有量的模型

依据国库现金的存量和流量的测度来探究国库现金的最佳持有量，再利用这个国库现金最佳持有量来进行相关的管理和规划。基于国库现金管理的一致性，政府部门既能灵活调节国库资金的收支盈余，还能规划国库资金投资的调度使用。

通常用于测度国库现金最佳持有量的模型方法有经验分析预测法、成本分析模型、现金周转模型、鲍莫尔模型及其扩展模型、米勒-奥尔模型、ARMA模型等。

（一）经验分析预测法

经验分析预测法的主要原理是在已有的政府部门国库现金流量的基础数据库上，通过整合往年同一时期的主要数据和相关政策，再结合政府每年实际预算情况和管理人员的经验，对相关的年度收支数据进行分析，从而达到在一定时期内对主要项目的国库现金流量进行判断预测以及确定年末国库余额的目的。经验分析预测法具有的优势即在于其操作便捷、目标性强且对操作人在信息技术方面的要求并不严格等。在对国库现金流进行预测时，我国大部分地方政府都采用该种方法。

显然，经验分析预测法也存在许多致命的缺点，比如这种方法通常依靠人的主观经验和相关知识，在大方向上具有很强的主观性。另外，在具体数值方面，这种方法的科学性较弱，预测准确性存疑。目前对国内外而言，经验分析预测法逐渐从主流变为辅助。具体地，目前主要操作方式是首先采用计量经济模型对政府部门国库现金流进行预测，再使用经验分析预测法对其结果进行校准和更新，以达到对国库资金的预测更加准确的目的。

（二）成本分析模型

所谓的成本分析模型方法主要是通过分析和判断国库现金的诸如投资、短缺和管理等多个方面的具体成本，从而得到最佳现金持有量的方法。这些成本的概念如下。

投资成本是指资金持有人在为企业提供资金时要求的资本收益，又可以称为机会成本、资本成本。投资成本一般随着现金数量的增加而增加。

短缺成本是指因出现资金的暂时性短缺而造成的损失，例如，当不能按时支付相应货款而导致供给暂停从而造成供应链中断；或者因资金短缺不能偿还银行贷款而造成失信，影响未来贷款等。

管理成本是在对国库现金持有量进行管理时所产生的固定成本，既然是固定成本，在管理层面上定义的国库现金显然是固定的，即其成本大小不随现金数量的变化而变化。

以上提到的三种现金成本可用图形的形式描绘如下，从图 4.1 中可以求出其总成本。

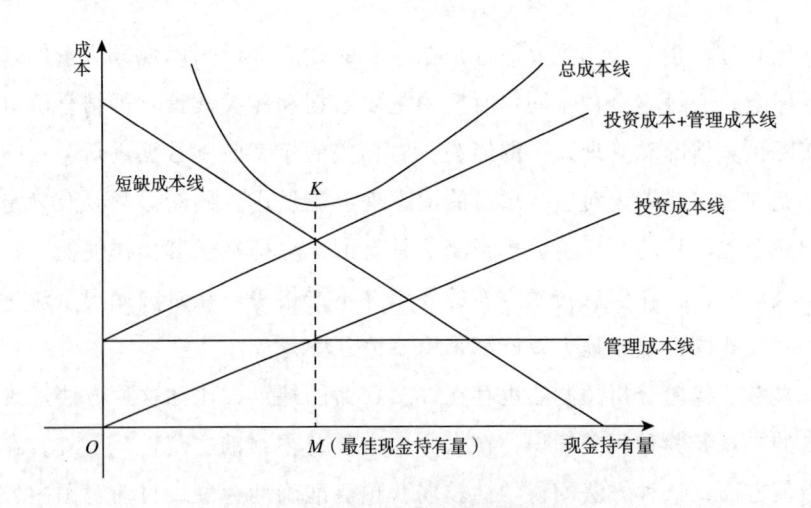

图 4.1 成本与最佳持有量关系

根据以上三种成本可以构建如图 4.1 的成本分析模型以确定现金的最佳持有量，但该模型只考虑投资成本和短缺成本之间的关系，没有将管理及转换成本纳入进来。这是因为管理成本通常可以看作不随现金持有量变化而变化的固定成本，在形式上表现为管理成本与现金持有量水平不相关。就短缺成本而言，其与现金持有量呈负相关关系，即随着现金持有量的增加，短缺成本相应减少。另外，投资成本往往与现金持有量呈正相关关系，即随着现金持有量的增加，投资成本也增加，用公式可以表示为：投资成本＝资本收益率×现金持有量。

综上所述，一个企业的管理成本是固定的，在形状上呈现的是水平状，投资成本也即企业的机会成本随着持有现金数量的增加而增加，因为持有的现金越多，这笔现金可能在另外的投资方向获得的收益也就越大。企业的短缺成本随着现金持有数量的增加而减少，向右下方倾斜。所以，三种成本加总起来的成本曲线就是一条开口向上的"U"形曲线。此时存在一个最佳的现金持有量 M（由以上三个成本共同构成）。当现金持有量小于 M 时，总成本减少；当现金持有量大于 M 时，总成本增加。

（三）现金周转模型

现金周转是从源头切入，从原始的现金投入生产开始，经过经营和资本转化，最终变为现金的一个过程。其主要涵盖以下几个阶段：存货周转期，即厂商从购入原材料开始将其制造成最终产品并完成销售过程的总时间段；应收账款周转期，表示进行销售时形成的应收款项得到完全回收的总时间段；应付账款周转期，表示从收到未付款材料到对其进行现金支付的总时间段（见图 4.2）。

现金周转期可用下列公式表示：

$$C = V + B - P \tag{4.1}$$

其中，C 表示现金周转期，V 表示存货周转期，B 表示应收账款周转期，P 表示应付账款周转期。在求出具体的现金周转期 C 后，就可以继续确定目标最佳现金持有量。可用如下公式表示：

$$D = \frac{TD}{360} \times C \tag{4.2}$$

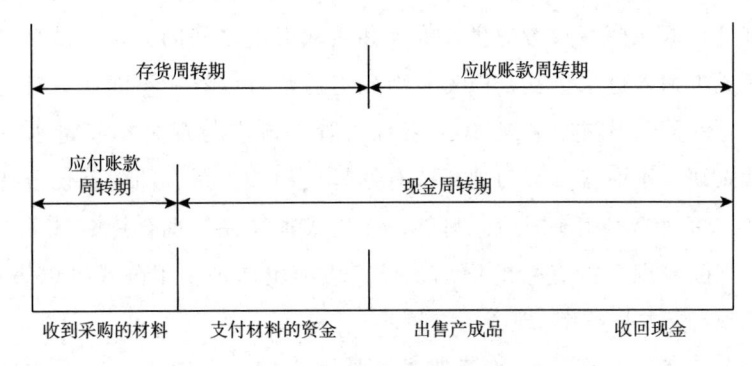

图 4.2 现金周转期示意

其中，D 表示最佳现金持有量，TD 表示单位年现金总需求量。但是现金周转模型也存在缺陷，即一旦现金周转期的测算不确定，就会对此模型得到的结果造成严重干扰。

（四）鲍莫尔模型及其扩展模型

美国著名经济学家 William Jack Baumol 于 1952 年提出了鲍莫尔模型，该模型解释了最佳现金持有量在存货模式下的确定，其最早被用于企业现金管理，在 1970 年之后逐渐被美国联邦政府采纳，用于求解其部门现金管理的最优解。鲍莫尔模型的基本原理是当现金持有余额变动时，根据机会成本和转换成本呈现反方向变动的关系，将使这两者成本之和最小的现金余额数量作为最佳现金持有量。

鲍莫尔模型假设条件如下。

其一，假设现金支出流量持续均匀、规则且确定。

其二，有价证券投资收益率固定不变。

其三，现金与证券组合之间的转换在任何时候都可以进行，而且转换费用固定。

其四，企业具有无限大的借款成本，无法在市场上进行融资活动。

其五，在支付前，出售资产来支付现金等。

若在求解国库现金最佳持有量时采用鲍莫尔模型，则需要考虑由持有现金余额产生的机会成本和将资产转置为现金余额时产生的转换成本，用公式可以表示为总成本 TC = 机会成本 + 转换成本。可构建如下模型：

$$C = M/t \times Ti + Y/M \times b \tag{4.3}$$

其中，C 表示国库现金余额的总成本，T 通常表示 1 年的财政年限，用 t 表示在一个财政年限里月度、季度或者半年等，M 和 Y 分别表示在一个财政年度里的最大国库现金持有量和总支出，i 为单位机会成本，b 表示政府部门将资产转变为现金持有时的转换成本。因此，M/t 为平均的国库现金持有量，Ti 为一个财政年度的总机会成本。式（4.3）即为在单位财政年限内国库现金余额的总成本。

对 C 关于 M 求导，根据最大化条件（即 $t=2$）可得：

$$dC/dM = Ti/2 - Yb/M^2 = 0 \tag{4.4}$$

国库现金最佳持有量为：

$$M = \sqrt{\frac{2Yb}{Ti}} \tag{4.5}$$

根据鲍莫尔模型的给定假设可知，该方法用于确定国库现金最佳持有量的假设过于严苛，在实践操作中很难实现。例如，第一个假设条件就很难满足，因为国库现金的支出数量和支出时间具有很强的随机波动性和不确定性。因此，基于实用性原则，通常认为利用鲍莫尔模型来确定国库现金的最佳持有量意义不大。

因为模型存在以上种种缺陷，学者们又对鲍莫尔模型进一步重塑，通过放宽模型的假设，构建了鲍莫尔扩展模型。具体而言，该模型增加了一项借款时所产生的融资成本，顾名思义，即国库现金管理部门在现金余额短缺时能够利用外部市场进行借贷补充。鲍莫尔扩展模型具体描述如式（4.6）所示。假设 Y 表示国库现金余额，B 表示转换成本，Tr 表示单位融资利息率，Ti 表示机会成本，M 为国库现金最佳持有量。

$$M = (2YB)/Ti \times Tr/(Tr + Ti) \tag{4.6}$$

但是，由于我国地方政府不能发行债券，所以该模型对我国地方政府进行现金管理操作的参考价值不高。

（五）米勒-奥尔模型

著名的经济学家默顿·米勒（Merton H. Miller）和丹尼尔·奥尔（Daniel Orr）于1966年共同提出了米勒-奥尔（Miller-Orr）模型，该模型是一个求解最佳现金持有量的随机扰动模型，它考虑了现金持有余额流入和流出的情况。模型假定单日现金流量近似可用正态分布代替，因为单日现金流量的随机性，所以其实际值在期望值上下浮动。该模型允许现金持有数量在规定的上下限之间随机波动，只要在该范围内变动，行为主体的财务就能够在该现金数量上进行正常运转。

米勒-奥尔模型同样也是对鲍莫尔模型的一种改进，具体地，在实践中可将国库现金持有作为政府部门的一种特殊存货，根据理性人假设，政府部门应该选择最佳现金持有量来实现最低的成本。其中，在所有应该考虑的成本中，因为管理成本的稳定性和短缺成本的不确定性，所以这两者一般不予考虑，而只是重点关注投资成本（机会成本）及转换成本。但是，无论是就政府部门还是企业而言，许多突发性事件将会导致现金持有余额的不确定性增加，具有较强的随机性和波动性。米勒-奥尔模型是通过国库现金收支情况，在其存在波动的假设下，在波动率服从正态分布时，利用历史数据规定一个可控的上限值和下限值。其中，从模型的外部条件来规定下限值，即政府部门所必须持有的最低现金数量 L；上限值表示政府部门根据历史数据和概率分布所测算的最大现金余额 H，上限值比下限值大 $3Z$ 个单位（见图4.3）。若持有的现金余额大于上限值，那么可以看作国库现金管理部门对现金持有的管理有明显的缺陷，存在不管理、不作为的行为，资金管理效率低下，行为主体必须为超过上限的现金持有量支付机会成本。另外，若库存现金余额触底下限值，那么行为主体将会陷入流动性匮乏的困境，其会通过出售有价证券的方式补充现金余额。M 表示模型的均衡值即最佳现金持有量，也就是现金余额机会成本和转换成本之间的均衡值。最终，库存现金余额会通过上下限的不断调整逼近最佳现金持有量。

假定固定的有价证券的每一单位转换成本为 F，现金余额的投资成本为 K，也可以表示为证券的利息率。现在需要根据统计数据计算净现金流

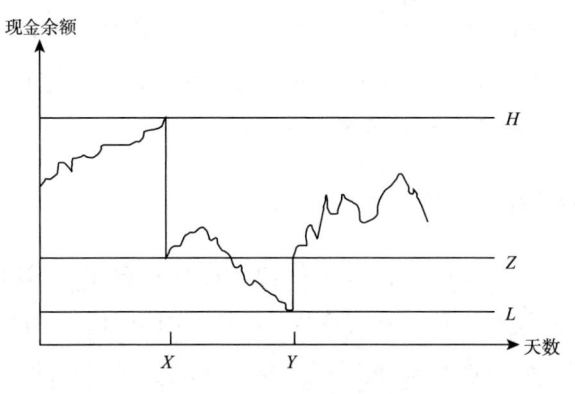

图 4.3 米勒-奥尔模型

量方差 σ，需要注意的是，虽然模型时间可以任意确定，但是有价证券的利息率及现金流量方差必须是在同一时间内决定的。根据先前设定的下限值 L，米勒和奥尔证明上限值 H 和使得现金持有余额总成本最低的均衡现金余额持有量 Z 及平均现金余额可表示为：

$$Z = \left[\frac{3F\sigma^2}{4K}\right]^{\frac{1}{3}} + L \tag{4.7}$$

$$H = 3\left[\frac{3F\sigma^2}{4K}\right]^{\frac{1}{3}} + L = 3Z - 2L = 3Z^* + L \tag{4.8}$$

$$\text{平均现金余额} = \frac{4Z - L}{3} \tag{4.9}$$

米勒-奥尔模型纳入了现金流动的随机性和波动性，并且和国库现金的流动管理相协调，充分体现了在考虑国库现金管理时应该着重注意的效益性、安全性和流动性问题。国库资金流动性是确保财政收支正常运转的基础，这恰好在一定程度上满足了库存管理的需要，具有很强的借鉴意义。但其仍然存在两个缺点：首先是在确定上限值和下限值时存在很强的主观性，理论和实际会有较大的差别；另外就是由该模型确定的国库现金最佳持有量比实际值大，流动性好但是效益性仍存在改进的空间。

王俊霞等（2006）基于陕西省 2003~2005 年国库资金持有的每日余额进行分析，得到了陕西省政府部门持有现金的最佳量和最优区间。他们通过继续研究还发现了陕西省政府的最佳现金持有量和最优区间都在不断增大,这个波动远超出本地的自然经济增长速率。严亮(2007)通过使用米勒-奥尔模型对重庆市2007年6月底的国库现金持有量进行度量,最终发现大概有85亿元的资金出现闲置。

(六) ARMA 模型

ARMA 模型是由 Box 和 Jenkins 一同构建的常被用来解决时间数据问题的随机时间序列模型,是一种预测准确度较高的短期预测方法。

ARMA 模型的原理是某些时间序列是依赖于时间 t 的一族随机变量,即使形成这个时间序列的单个变量存在一定的随机性,但是对于整个时间序列的变动而言,却存在较强的规律性。于是经济学家通过相关的数学模型对该时间序列的变动进行近似刻画,以期从根本上了解该时间序列的特点和结构,以在最小方差值的条件下实现对相关变量的最佳预测。具体地,ARMA 模型可以分为以下三种:自回归模型(AR)、移动平均模型(MA)和自回归移动平均模型(ARMA)。

假定变量 y_t 为时间序列变量,且是其本身的滞后项和随机扰动项的各滞后期的线性组合。

$$y_t = \phi_1 y_{t-1} + \phi_2 y_{t-2} + \cdots + \phi_p y_{t-p} + u_t + \theta_1 u_{t-1} + \theta_2 u_{t-2} + \cdots + \theta_q u_{t-q} \tag{4.10}$$

将变量 y_t 描述为自回归移动平均序列,这个线性组合为 (p,q) 阶的 ARMA 模型,记为 ARMA (p,q),其中线性组合中的待估参数 ϕ_1,ϕ_2,$\cdots$,ϕ_p 为自回归系数,θ_1,θ_2,$\cdots$,θ_q 为移动平均系数。特别地,如果自回归系数阶数等于零,那么该模型可以转化为 MA (q),即 q 阶移动平均模型;如果移动平均系数阶数等于零,那么该模型可以转化为 AR (p),即 p 阶自回归模型。对模型进行变形,则存在一个滞后算子 D,可以将该模型简单记为:

$$\phi(D) y_t = \theta(D) u_t \tag{4.11}$$

通常自回归移动平均模型的做法是 L 步前向预测法,即利用已知 n 个时刻的序列观测值 y_1,y_2,$\cdots$,y_n,对未来的 $n+1$ 时刻序列值做出相应的估计，线性最小方差估计是最常用的一种方法。其主要思想是使预测误差的方差达到最小。如果 $\hat{z}_n(L)$ 代表通过上述模型得到的 L 步平稳线性最小方差预测，那么预测误差 $e_n(L) = y_{n+1} - \hat{z}_n(L)$ 使得 $E[e_n(L)]^2 = E[y_{n+1} - \hat{z}_n(L)]^2$ 的值最小化。

自回归移动平均模型方法是相对而言较为完整的利用数据序列构建模型及进行相关分析的方法，该方法对短期时间序列预测具有较强的适用性。

从根本上来说，自回归移动平均模型指的是通过数据本身进行分析，在不先验确定变量间结构的条件下，寻找数据间的变动关系和变动规律，让数据自己说话，从而达到模型预测的目的。就地方国库现金收入的数据而言，这些数据是由许多方面的混合因素共同构成的，这也决定了其在具有规律性的同时也会受到政策因素及随机性的干扰，进一步加大了利用分析数据进行预测的难度。这时，我们可以通过对初始数据进行诸如去除季节调整或者趋势调整等预处理，以期达到提高精确度的目的。

相应地，国内很多学者也通过自回归移动平均模型即 ARMA 模型进行相应研究。杨保华等（2011）在对 2010 年前三个季度的国库现金持有量进行预测的时候就采用了 ARIMA 模型的方法，最终通过对比可得，ARIMA 模型对收入、支出的预测效果优于库存预测，原因是收入、支出所受的不确定因素影响会综合反映在库存上，产生累积效应；由该模型本身的结构方式可以发现，其对长期或者中期的预测效果要弱于对短期的预测效果。为了研究国库资金变化对货币供给的影响程度，王旭祥（2010）分别建立了以广义货币供应量 M2 和狭义货币供应量 M1 的增长率 $GM2$、$GM1$ 为被解释变量，以财政存款增长率 GGL 为解释变量的模型，选择 2001～2008 年的环比数据进行分析，同时采用 EG 两步法分别对序列进行协整检验，同时建立误差修正模型。潘义群等（2011）选取 2006～2011 年河南省地方国库收入数据样本，采用自回归移动平均模型对其相关国库收入数据进行分析对比和预测。结果表明，自回归移动平均模型是相对比较完善的处理方法和建模技术，通常应用于对时间序列的短期预测。该模型的实质是以数据为出发点，通过让数据自己说话，找到其中的变化规律，然后利用该特性进行数据预测。地方国库现金收入的数据是由许多综合因素共同组成的，这就决定了这些数据在存在规律的同时也会受到很多因素例如政策因素的影响，具有较大的随机波动性，使对这类数据进行分析预测具有较大的难度。所以，要预先对原始数据进行处理，例如季节调整或者趋势调整。

在美国学者的实践中，Anderson 等（1965）假定一个有效的边际税率是 10%，一个区域收入乘数在 1 和 3 之间，犹他州在 1961~1962 年的存款膨胀系数在 1 和 2.5 之间。这些假设参数显示了每年直接税在公共存款中的收益在 2.4 美元和 1440 万美元之间。基于当时主要的利率差，预测犹他州的闲置余额相较于美国政府证券更倾向于投资定期存款。

Anderson 等分析中的乘数模型已被 Dobson（1968）正式规定，被 Hollenhorst（1969）详尽说明。Dobson（1968）描述了税收收入和公共存款之间的关系。

$$\frac{dT}{dP} = \frac{\partial T}{\partial Y}\left(\frac{dY}{dL}\frac{dL}{dP}\right) + \frac{\partial T}{\partial S}\left(\frac{dS}{dL}\frac{dL}{dP}\right) \tag{4.12}$$

假设公共存款产生的贷款收益直接支付、收入的接受者在滞后一期支付，Hollenhorst（1969）对存款收入的关系表示如下：

$$\Delta Y = [\Delta XZ(1-d)]\sum_{i=0}^{n}[aZ(1-d)(1-b)+b]^2 \tag{4.13}$$

Hollenhorst 方程详述了当地系统银行充分贷款的条件以使 Dobson 方程中 $\frac{dL}{dP}$ 值为正。该方程区别了一般消费倾向、区域内商品和服务的边际消费倾向。Hollenhorst 方程进一步指定变量 Z，即在利息收入中贷款收益用于支付商品和服务的比例。Anderson 等和 Dobson 的研究都隐含地假定了问题中的比例有一个正的值或是接近 1。最后，Hollenhorst 方程明确地加上了综合乘数，在指数方面，收入、支出大概与年度收益率的评估有关。

由此可知，银行部门的公共存款在匮乏时并不太会产生消极作用，可能还会满足对贷款的需求。针对具有较高比例的抵押的证券投资组合而言，资金流动性会受损。同时，银行部门贷款额、政府部门存款额和据此产生的收入的综合乘数不能用来表达一个地区的基本特征，它依赖地方银行部门之间存款数额分配量的大小。值得注意的是，就抵押品的要求而言，政府来自地方银行的抵押品（即非美国政府部门的证券或其他相关替代品）的收益为零，甚至在当前信贷条件非常短缺的条件下会变为负数。

三 云南省国库现金管理方法比较与选择分析

根据上文所提到的经验分析预测法、成本分析模型、现金周转模型、鲍莫尔模型及其扩展模型、米勒-奥尔模型和 ARMA 模型，表 4.1 列出了每个模型方法的优缺点及国内部分省市通过该模型所得的结果，从对比中找到符合云南省的国库现金管理模式。

表 4.1 国库现金管理方法优缺点及适用性分析

名称	优点	缺点	国内已采用实例分析
经验分析预测法	1. 操作简单，目标明确；2. 对信息系统要求较低，易于实现	1. 预测方法粗糙，主观性强，科学性和准确性较差；2. 国外部分发达国家和地区已用新方法取代经验分析预测法	1. 已逐渐成为国库现金流量预测的辅助方法，即先运用经济计量模型预测出国库现金流，再运用经验分析预测法对预测结果进行调整和修正；2. 便于国库现金管理更高效率地运行；3. 目前国内多数地方政府仍采用此方法进行预测
成本分析模型	1. 直观，易于判断和计算出最佳现金持有量；2. 在能够确定机会成本和短缺成本且管理成本既定的情况下，比较易于求出国库最佳现金持有量	1. 因为国库资金运作方式的多样化，机会成本的准确测定较难实现；2. 国库现金支出受突发性和临时性影响较大，测算短缺成本的难度大	该模型用于对重庆市国库现金余额的预测。通过预测，发现重庆市 2007 年第二季度有 95 多亿元的闲余资金投入投资运作
现金周转模型	1. 符合国库收支的周期运转；2. 能够反映国库现金的流入、流出情况	一旦周期长短不能准确测定，将直接影响预测结果	该模型用于对重庆市国库现金最优存量的预测。2007 年第二季度重庆市将会有超过 100 亿元的闲余国库现金需要对外投资运作

续表

名称	优点	缺点	国内已采用实例分析
鲍莫尔模型	引入证券组合模式进行测算	1. 模型假设条件过于严格，在实际操作中难以实现； 2. 在国库现金管理方面，用于估计最佳持有水平的实用性不大，参考价值低	1. 该模型用于对重庆市地方级国库现金最佳持有量的分析，发现国库现金闲置严重，需要提高国库现金管理水平； 2. 对陕西省汉中市2009年国库现金月余额进行测算，发现全年库底资金余额均超过最佳现金持有量，2010年有6个月超过最佳现金持有量
鲍莫尔扩展模型	对鲍莫尔模型的改进，使该模型的实用性增强	由于我国地方政府不能发行债券，所以该模型对我国地方政府进行现金管理操作的参考价值不高	该模型用于对广东省汕尾市地方级国库现金最佳持有量的分析。分析结果表明，2007年以来汕尾市地方级国库现金闲置严重，地方级国库现金管理的效率较低，迫切需要提高国库现金管理水平
米勒-奥尔模型	1. 该模型将经济学中的厂商存货理论引入政府现金管理实践中，为省级政府现金管理研究提供新的思路与视角； 2. 对国库现金管理的进一步开展提供数理支持； 3. 对在后续研究中建立更符合实际情况的国库现金管理模型起到了抛砖引玉的作用 4. 模型充分考虑了现金流转的不确定性	1. 参数的确定具有变化性，难以完全准确把握； 2. 对现金余额进行区间测度带有一定主观性，可能与实际情况产生偏差； 3. 由模型所确定的国库现金持有量通常偏大，流动性有余而收益性欠佳	1. 运用该模型对2006年全国银行间债券回购市场交易情况进行统计，针对我国国库现金存款余额较小及较大的情况提出操作建议； 2. 运用该模型对陕西省汉中市国库现金管理进行实证分析，通过对月余额的测算，建议对闲置资金进行商业银行存款操作
ARMA模型	1. 该模型是精度较高的一种较完善的时间序列模型和分析方法； 2. 可对时间序列进行短期预测	1. 地方国库现金变动受多方面影响，随机性和政策因素的影响导致数据分析预测的难度增加； 2. 由于余额变动的不规律性，进行回归分析的相关性较弱，预测准确度低	运用该模型对河南省2011年1~7月地方国库收入数据进行预测，结果表明整体预测效果良好，为地方国库现金管理提供了数据支持，有助于进一步推动地方国库现金管理进程

第四章　国库现金管理模型与云南省国库现金管理核心模型 • 093

结合云南省实际情况，通过对以上模型对比分析的综合考虑，我们选择使用米勒-奥尔模型对云南省国库现金最佳持有量进行测算，具体测算过程将在下文列示。

四　基于米勒-奥尔模型的云南省国库现金最佳持有量实证分析

本部分采用米勒-奥尔（Miller-Orr）模型对云南省国库现金最佳持有量进行测算。首先，构建国库现金管理总成本公式为：

$$f(C) = H\frac{f(N)}{T} + K \times f(R) \tag{4.14}$$

其中，C 表示进行国库管理的总成本，H 表示转换成本，R 为平均现金余额，N 表示转换次数的均值，K 为投资成本。如果将一天分为连续的时间间隔 $x_1, x_2, \cdots, x_n$，D 为国库资金分布的均值，T 为固定的计划期间，有：

$$f(x_1+x_2+\cdots+x_n) \leq T < f(x_1+x_2+\cdots+x_{n+1}) \tag{4.15}$$

根据 Wald（1947）的证明，则有：

$$f(x_1+x_2+\cdots+x_n) = f(x)f(N) = Df(N)$$

继而可得：

$$Df(N) \leq T < Df(x) + D \tag{4.16}$$

当 $T \to +\infty$ 时，$\dfrac{f(N)}{T} \to \dfrac{1}{D}$。

令 $D(Z,U) = Z(U-Z)$，对式（4.14）关于 Z、U 分别求偏导：

$$\frac{\partial f(C)}{\partial Z} = -\frac{Hm^2 t}{Z^2(U-Z)} + \frac{2K}{3} = 0$$

$$\frac{\partial f(C)}{\partial U} = -\frac{Hm^2 t}{Z(U-Z)^2} + \frac{K}{3} = 0$$

求解得：

$$Z^* = \sqrt[3]{\frac{3Fm^2t}{4K}}, U^* = 3Z \tag{4.17}$$

加上现金存量下界 L，有 $\sigma^2 = m^2t$，为国库现金余额的标准差，则可得：

$$Z = \left(\frac{3F\sigma^2}{4K}\right)^{\frac{1}{3}} + L, U^* = 3Z^* + L \tag{4.18}$$

根据云南省 2008~2012 年国库资金的每日余额数据分析可以得到如下结论，国库资金的日余额具有较强的随机性，上下波动的情况较为强烈。同时，由于法律体系的不健全、金额体系的不完善和当前技术手段条件的限制，我国还不能够完全模仿西方国家采取国库现金持有余额见底的方式对云南省的现金持有余额进行操作。相应地，云南省应该通过分析将现金持有余额固定在一个相对合适的比例上，然后确定以月为单位的现金持有余额，再进行库底的现金池管理，最终在可操作的众多金融工具中选择合适的工具进行组合，得到最优的投资组合模型。

云南省 2012 年国库现金部门的总操作数和规模大小如表 4.2 所示，云南省于 2012 年一共操作了现金定期存款 21 次且总计获得利息收入 36514.11 万元，其中 3 个月以内的定期存款占操作总金额的比重在 80% 以上，模型将按照操作次数比例及相应的存款利率（见表 4.3）进行测算。

表 4.2 2012 年云南省国库资金操作次数及规模分析

参数	7 天	14 天	21 天	1 个月	3 个月	6 个月	1 年
操作次数（次）	2	1	3	7	5	2	1
操作次数占比（%）	9.52	4.76	14.29	33.33	23.81	9.52	4.76
累计操作总金额（万元）	2500000	360000	3100000	5640000	2356637	133000	45564.23
操作金额占比（%）	17.69	2.55	21.93	39.90	16.67	0.94	0.32
操作获利（万元）	721.88	229.35	2604.35	5982.65	18271.96	7109.18	1594.74

资料来源：云南省财政厅相关统计数据。

表 4.3　2012 年国库资金存放银行的年利率

单位：%

	活期	整存整取			1 天通知存款	7 天通知存款
		3 个月	6 个月	1 年		
年利率	0.38	2.73	2.93	3.17	0.83	1.485

资料来源：云南省财政厅相关统计数据。

根据相关资料，对米勒-奥尔模型中的变量进行测算。

F：通过对 2012 年的总操作数量和具体操作金额进行分析可以发现，云南省对国库现金持有数量的操作以定期存款为主，且没有进行时限为 1 天的货币现金持有管理。根据云南省 2012 年国库现金管理操作分析进行测算，假设平均每笔交易花费成本为 50 元，则全年花费 7800 元，平均每月花费 650 元。

K：以中国人民银行 2012 年公布的银行间债券回购市场的交易情况统计数据为基期数据，通过对有价证券以投资份额为权重进行加权，得到银行全年平均利率为 2.0227%，则 $K=0.1698\%$。

σ^2：通过 2012 年云南省国库现金持有的每日余额可以分析得到国库现金持有的月度加权平均数据，国库资金月余额的标准差为 6464880274 元，则 σ^2 为 4.18×10^{19} 元。

将测算值代入上述公式后，得到 $Z=228949984.20+L$，根据所得到的国库资金余额数据，可以得到 2012 年 3 月国库资金的月度余额为 4658623684.29 元且为全年最低值，所以将 L 设定为 4658623684.29 元，可以将 L 直接设定为约等于 46.6 亿元。另外，云南省国库最佳现金持有量为 $Z=228949984.20+4658623684.29=4887573668.49$ 元，约 48.9 亿元。则政府现金持有量最高限额为 $H=L+3Z^*=5345473636.89$ 元，约 53.5 亿元，即现金最佳持有量区间应为 46.6 亿~53.5 亿元，在此范围内的资金应该是比较合理的，超过上限的现金应该进行现金操作，而低于下限的则可以认为在这个阶段政府部门因为缺乏资金而陷入困境，使其运转困难加剧。

第二节　国库现金流量预测模型

我国财政国库管理制度正在朝越来越深入的方向改革，所以国库现金流量的预测工作对各方面的发展都起着越来越重要的作用，国库现金流量预测具有准确性、及时性的特征，这对实施有效的国库现金管理起着重要作用。与有关财政部门预算执行分析的财政收支预测、年度预算编制相比，虽然两者在很多方面的预测设置科目上有相同性，但由于它们的目标有不同的侧重点，所以它们在科目设置的细化程度、口径、预测方法和预测周期等的选择上存在的差异比较大。两者比较而言，国库现金流量预测更能满足国库现金日常收支管理的需要。所以，依照国库现金流量预测的目标，建立一套独立的、符合我国管理实况的国库现金流量预测体系是十分必要的。

一　基础数据库的建立与维护

（一）构建基础数据库的意义和目的

在国库现金流量预测工作中，基础数据库的建立与维护不仅是一项基础性工作，而且还是一个非常重要的组成部分。若想掌握国库现金流量变化规律，提高对未来国库现金流量预测的准确性，建立一个完善的、能为国库现金流量预测工作提供准确数据信息的基础数据库系统具有十分重要的意义。

上述基础数据库的建立工作，主要基于以下两方面的考虑。一方面需要对国库现金流量预测分析的数据（主要是国库现金收支及相关数据）进行收集。根据对国库现金流量往年数据的分析，总结出现金流量的历史变化规律及其特征；通过对当年国库现金流量的分析，可以对年度预算执行情况进行及时的跟踪分析工作，从而对当年国库现金流量的总体状况和发展情况进行研究和判断；当收支政策出现较大改变时，可通过与往年历史数据的比较，对重大收支政策会给国库现金流带来的影响进行量化分析。另一方面要对国库现金流的计量经济预测模型的日常运行起到支撑作用。从发达国家的经验来看，构建科学的计量经济预测模型对于国库现金流量预测来说是一种有效的手段，而以信息系统为基础，建立一个完善的、能提供准确的有关国库现金流量及相关数据的基础数据库，是建立计量经济预测模型并支持其正常运转的前提和基础。

（二）基础数据构成及数据来源

从基础数据库在国库现金流量预测过程中发挥的作用看，完善的基础数据库应包含以下两方面内容：一方面是国库现金收支流量数据（月、周和日数据），这些数据不仅是构成数据库的主体部分，还是预测未来国库现金流情况、分析当前财政收支情况的主要依据；另一方面是国库收支相关数据，主要包括应税信息和支出用款计划、用于计量经济回归分析及在预测工作中与国库收支有紧密关系的相关经济指标等，是国库现金流量预测的重要参考数据。

1. 国库现金收支流量数据

国库现金收支流量数据是基础数据库的主要组成部分，它以政府收支分类科目设置为基本依据，反映一定时期内国库单一账户相关科目的现金流入流出情况。它还是在国库现金预测工作中获取国库现金收支流量数据的来源，主要是由国库单一账户开户银行（中国人民银行）在确定的时期向有关部门提供的中央预算收入年报、月报、日报，以及财政国库管理信息系统自动生成的支出数据和中国人民银行定期提供的支出报表组成。从资金流向看，国库现金收支流量数据主要包括两大类，即现金收入流量数据、现金支出流量数据。

（1）国库现金收入流量数据

从资金性质以及 2007 年实施的新的政府收支分类来看，国库现金收入被分为四级，分别是类、款、项、目。其中主要包括税收收入、非税收入、债务收入、转移性收入以及其他现金流入。其含义如下。

①按照政府收支分类科目设置，从全口径税收收入的角度来说，税收收入又可分为增值税、营业税、消费税、船舶吨税、企业所得税、资源税、个人所得税、土地增值税、耕地占用税、固定资产投资方向调节税、城市维护建设税、房产税、印花税、城镇土地使用税、车船税、车辆购置税、关税、契税、烟叶税以及其他税收收入等，共 20 款。

②非税收入主要是指，除税收收入以外的其他由各级政府、国家机关、事业单位、代行政府职能的社会团体及其他组织依法利用政府权力、

信誉、国家资源、国有资产或提供特定公共服务并用于满足社会公共需要的财政资金。全口径的非税收入又可以分为政府性基金收入、国有资产（资源）有偿使用收入、行政事业性收费收入、国有资本经营收入、罚没收入、专项收入、其他收入等，共 7 款，但由于非税收入的特殊性质和历史沿革等原因，目前仍有部分非税收入未纳入预算管理，因此，国库现金流入中非税收入仅是指被纳入预算管理，并且按规定收缴至国库单一账户的非税收入。

③根据目前我国关于各级政府发行债务的有关规定，地方政府并没有直接发行债务的权力，需由中央政府负责并代地方发行债务，所以一般情况下，来自债务收入的国库现金流入仅适用于中央财政国库单一账户，此类债务收入并不在地方财政国库现金流入的范围中。需要说明的是，按照目前的管理方式，中央财政国库单一账户中的债务收入只包括以人民币面值发行的国内债务收入，外债收入则统一被纳入了中央财政在商业银行开设的中央财政外汇专户进行核算管理。

④转移性收入主要反映的是各级政府之间或者不同性质资金之间的资金往来收入情况，其中有 5 款属于国库现金流入，包括专项转移支付收入、返还性收入、政府性基金转移收入、财力性转移支付收入和调入资金。

⑤其他现金流入是指一些特殊的资金流入，例如国库现金管理开展后商业银行定期存款到期时的本金流入，以及采取其他国库现金管理方式（除商业银行定期存款以外）所获得的现金收益流入等。

需要说明的是，收入退库虽然从资金流向看属于现金流出，但由于其最终通过在每日国库预算收入日报表中以负数形式冲减当日预算收入予以反映，所以我们将其归入国库现金收入流量数据。

（2）国库现金支出流量数据

从 2007 年实施的新的政府收支分类来看，在政府支出方面，在原来按经济性质分类的方法上做出改变，采用了与国际接轨的方式：支出经济分类及支出功能分类并行的新的科目体系。与此相适应，国库现金流量预测基础数据库也将采取两套支出科目设置体系并行的方式，分别收集、汇总相关支出数据。考虑到两套支出科目设置体系同时达到有效运转需要一个逐步完善的过程，改革初期的资金拨付和总预算会计核算将以支出功能分类为主，支出经济分类只起辅助作用。为此，现阶段国库现金支出基础数据的收集整理也将主要按照支出功能分类进行，随着各方面条件在未来的发展中变得越来越成熟，再进一步对支出经济分类信息部分的数据库建设进行完善。

按照资金性质的不同，国库现金支出主要是由对下级财政的补助支出、国债还本付息支出、本级一般预算支出、基金支出以及其他现金支出等组成。根据政府的活动功能及其政策目标之间的差异性，新的政府支出按功能所属重新被分为类、款、项三级，主要包括一般公共服务、外交、转移性支出等17大类支出。在新的政府支出科目体系下，一般预算支出将改变原来的方法（按基本建设支出、行政管理费、事业费支出等经费性质分类），采取在类级科目中，设置综合反映相关政府职能活动的科目（主要包括一般公共服务、外交、国防、教育、科学技术、医疗卫生等）；同样，基金支出也将改变原来按类集中反映的方式，转变为按照功能归属在相应的支出功能类级科目下单独设置项级科目，反映政府性基金的支出情况；国债还本付息支出将会在一般公共服务支出下设置相关科目，达到反映中央财政还本付息支出的目的；对下级财政的补助支出将会在转移性支出下分别设置相关科目予以反映。此外，其他现金支出主要是指未纳入以上四类支出的一些特殊现金流出，比如国库现金管理中的商业银行定期存款现金流出、提前赎回国债的现金流出，以及其他国库现金管理方式形成的现金流出等。

2. 国库收支相关数据

从国库现金流量预测的方法与数据需求的角度来看，工作人员不应该只关注国库现金流量的时间序列历史数据，大部分与国库现金流量有关系的宏观经济指标数据、与收入相关数据（应税信息等）、与支出相关数据（用款计划及用款额度等），同样对国库现金流量预测的准确性具有较大影响。工作人员可凭借实践经验或使用计量经济回归模型，对此类数据进行一定的分析，加以判断国民经济的运行情况及其对财政收支的影响，并对其未来发展走势进行展望。

（1）国库收入相关数据

国库收入相关数据主要包括经济指标数据和主要税种的应税信息等，前者主要用于国库税收收入年、月流量的计量经济回归预测分析，后者主要用于预测分析国库税收收入日的现金流量。

在影响财政收入的因素中,经济因素以及部分非经济因素(制度性、政策性、征管性等)为主要因素。其中,影响财政税收收入最重要的内在因素为经济因素,它是我们分析预测税收收入流量变化趋势的重点考虑因素。一般来说,税收收入和经济运行状况之间有着非常紧密的联系,在经济繁荣期,政府税收收入相对较高,反之,随着经济衰退期的到来,税收收入也会减少;而经济因素和国债收入以及行政事业性收费收入、罚没收入等非税收入没有必然的联系,它更多的是受政策性、社会性因素的影响。因此,在进行税收收入预测时,要选择与主要税种的税基具有较大关联性的宏观经济指标为主要指标,在直接影响税基的经济指标不容易收集时,也可以选择某些替代经济指标。比如,国内增值税可以选择工业增加值、批发零售商业销售总额等与其具有紧密关系的经济指标;进口环节增值税和消费税、出口退税增值税则可以选择一般贸易进出口额作为参考指标。相关数据主要来自国家统计局、国家税务总局、海关总署等国家宏观经济部门。为此,反映国民经济运行状况的相关经济指标将是运用计量经济模型进行国库税收收入流量回归预测分析的重要选择变量。

应税信息主要来源于财税库横向联网后的信息共享系统,并且是国库日现金收入流量预测的重要指标之一,其具体基础内容为税务部门开具但尚未缴款的电子缴款书,也就是实行税收收入电子缴库后,原纸质缴款书的电子形式。并且根据各种税种进行分类统计,主要作为对未来数天内税收收入现金流量的预测工具。

(2)国库支出相关数据

从支出总量和支出进度的角度看,大部分国库支出受年度财政支出预算和用款计划的安排情况影响,这与国库收入之间存在较大的差异。所以,当我们进行国库现金流量预测工作时,选择国库支出相关数据,则会更倾向于收集对将来支出现金流量有较大影响的支出计划等相关重要数据。具体来说,根据当前预算执行的程序,对一般预算支出和基金预算支出预测产生影响的因素主要包含:财政部门已对用款额度、年度部门预算数、部门报送的分月用款计划、单位未支用额度等下达通知;年度一般性转移支付计划数、专项转移支付计划下达时间及频率等,主要是对补助下级支出预测产生影响的数据。影响国债还本付息支出预测的数据主要是年度及临时调整的还本付息计划。上述数据将主要来自预算单位和财政部门内部有关职能管理机构。

(三) 数据库数据筛选的基本原则

1. 准确性原则

准确性原则有两方面含义：一是基础数据必须准确反映相应收支科目的现金流量状态，即数据本身应该是准确的；二是必须是满足计量经济预测模型需要（满足模型对变量口径的要求）的数据。前者是显而易见的，但是后者在进行回归模型分析时，则往往比较容易被忽视，所以需要对反映相关税基的宏观经济指标的准确性做细致分析，并据此进行指标筛选。

2. 重要性原则

重要性原则主要是指在构建数据库的过程中，选择同一期间内现金流量相对较大、对整个国库现金流量变化趋势具有较大影响的有关科目历史数据作为基础数据库中现金流量时间序列历史数据的主体部分，对资金量相对较小的有关科目数据可合并处理。重要性原则满足了运用时间序列计量经济模型预测相关收支大项未来变化趋势的数据需求，同时又能理清基础数据库构建思路，不仅能大幅减少不必要的数据收集工作，而且能提高数据收集和预测工作的针对性。

3. 规律性原则

规律性原则是指在构建数据库的过程中，选择现金流量变化具有时间规律性的有关科目历史数据，或者将其从有关大类科目中单列出来，细化基础数据库中现金流量数据科目设置。这样做一方面有利于深入分析国库现金流量数据的变化特征，另一方面也是适应细化现金流量预测科目的需要以及提高现金流量预测准确性的一项重要措施。

4. 可比性原则

可比性原则，即数据口径问题，这也是运用计量经济模型进行分析预测时经常遇到的问题，价格口径和统计范围的变化是形成该问题的主要原因，有关数据也必须进行某些相关处理工作之后，才能用于接下来的相关模型参数的估计。

（四）数据库与信息系统建设

构建一个完善的基础数据库，不仅仅需要从数据内容上对相关数据进行细致的筛选、分类和整理，与此同时，以一个现代化的信息管理系统作为支撑也是必不可少的。从基础数据库的建设与维护角度看，完善的信息系统至少应包括两方面的内容：一是财政部门与宏观经济部门（主要指中国人民银行、税务部门、统计部门等）及相关预算单位之间的横向联网系统，比如目前正在建设的财税库横向联网系统，有关工作人员将通过它对每日的国库现金流量状况进行及时监控，不仅实现财政、税务、国库之间的信息共享，而且还要最大限度地争取现金流量预测所需的基础数据，对数据收集的工作效率、数据的准确性和完整性进行较大程度的提高；二是数据的内部存储管理以及数据处理系统，以实现对基础数据的进一步分析，并支撑计量经济预测模型的运行。

（五）基础数据库建立与维护过程中应注意的几个问题

1. 关于数据库科目设置及数据的收集

从目前的实际情况来看，由于受各方面条件的制约，基础数据库建设将是一个随各方面条件逐步完备和预测方法逐步改进、分阶段不断完善的过程。因此，在各阶段数据库的设计规划过程中，应充分考虑现金流量预测方法的发展战略，在满足预测方法各阶段发展需要的同时，兼顾下一阶段预测需求，避免出现预测方法更新后（例如，预测周期从按季分月滚动预测向按月逐日或按季逐日滚动预测过渡，或者政府收支分类改革等重大政策性调整）缺少历史同期可比数据的情况，这一点在预测方法发展的初期阶段以及有关重大收支政策调整时期显得尤为重要。为此，应该努力做到以下三点：第一，合理筛选数据库数据，按照重要性以及规律性原则尽量细化主要收支项目，避免出现数据库数据口径过宽的情况；第二，数据库收支数据在月或旬数据的基础上，尽量细化到日数据，为将来发展日现金流量预测提供较长期的历史数据；第三，在诸如政府收支分类改革等重大改革实施前期，应充分做好有关国库收支基础数据的转换及衔接工作。

2. 关于对影响国库收支特殊因素的分析

在数据库的日常维护中，需要加强对政策变化及一些临时性因素等外部因素对现金流量影响的分析，例如出口退税负担机制调整对出口退税的影响，以便在构建时间序列计量经济模型时考虑并剔除由此造成的误差项对模型结果的影响。

3. 关于数据口径的调整问题

因为财政总预算和中国人民银行国库在会计核算上存在一定的差异性，为了确保各时期时间序列收支数据口径的一致性，在数据库的日常维护过程中，需要对中国人民银行提供的支出报表中某些特殊款项进行必要的口径调整，如特殊的预拨款、暂收暂付款等，以增强数据的可比性，保证数据口径的一致性。

二 预测方法及其应用

（一）国库现金流量预测的一般方法

国库现金流量预测主要是为满足国库现金管理的需要而设立的，并且能达到构建一个对未来一定时期国库单一账户现金流入流出量进行预测并且根据此数据可以确定某个时间的国库现金余额的预测体系的目标。该体系应该至少能够预测将来一个月的每日国库现金流量，并且要尽力达到预测未来三个月或更长时期的每日现金流量并保持实时更新的目标，才能满足国库现金管理实施有效的要求。目前国际上已经基本达成了国库现金流量预测的要求、目标的共识，但是在某些细节问题（如预测方法）上仍然存在较大差异。虽然可以肯定准确的国库现金流量预测应该以现金收支流量的历史变化规律、预测者的经验和高效的信息网络系统为基础，但是从各个国家以往的实践经验来看，很难界定某个国家的某个国库现金流量预测工作是权威的。国库预测有关部门常用近期预算执行数据和历史经验数据作为基础数据，并且从某种制度安排中，从收入和支出等有关部门获取预测信息进行现金流量的预测工作，与此同时，还使用计量经济模型作为辅助工具进行分析工作。

1. 国库现金收入流量预测方法

国库现金收入流量预测方法主要有以下几种。

方法一：根据税收收入是基于一部分税基形成的一般原理（也就是课税基础，是指建立某种税或一种税制的经济基础或依据），税收收入和经济运行状况两者之间有着较强相关性，特别是在不考虑特殊政策因素及税收征管因素的时候，宏观经济因素对税收收入的变动有着较大的影响。与此同时，由于税收汇算清缴时间规定受到税法及其他相关制度的约束影响，税收收入的变化波动在一年当中就会形成一定的数据库，该数据库则可以为月度以上的国库现金收入流量的预测提供有关数据信息。

方法二：通过使用计量经济预测模型对时间序列进行回归分析，找到国库现金流量的历史变化规律与相关经济变量之间的数量关系，再对相关国库现金收入进行预测。历史数据的平稳性是采用计量经济模型进行预测的必要前提，所以就必须剔除一些对国库现金流量产生影响的临时性因素。博克斯-詹金斯预测法、时间序列指数法以及回归预测法等都可以作为国库现金流量预测的计量经济模型。计量经济模型的具体运用是一个把各种计量经济预测方法综合进行同步预测的过程，结合预测人员的经验判断并通过F检验、拟合度、方差等事先确立的择优标准，最终选取最优预测结果。与此同时，为了对计量经济预测模型的运行起到支撑作用，必须建立一个与之配套的信息系统。前文已指出，假定所有的时间序列数据都是平稳的，是运用计量经济预测方法的前提条件，或者通过适当的变换方法使其平稳。因此，预测人员在收集时间序列数据的过程中以及维护基础数据库的工作中，就需要特别关注对国库现金流量产生影响的临时性因素的分析量化处理工作，并选择性地将其剔除，同时这项工作也是计量经济预测模型运用中的主要难点之一。

从大部分发达国家对国库现金收入流量的预测工作实践来看，影响国库现金流量的临时性因素呈现复杂性的特征，并且对其进行量化处理存在较大难度，所以人们大部分是以经验和历史相结合的基础模式预测国库现金流量，其主要是根据相关预测人员的经验判断，计量经济模型仅作为辅助工具。预测的目标模式才是把计量经济预测模型当作对第一种预测结果进行校验的工具，继而对其预测结果加以补充，使之完善。

方法三：若想预测财政国库一段时期内每日现金收入流量，就要在财税库横向联网系统中收集有关应税信息。对于一般预算收入来说，要在月度现金收入流量预测结果的基础上获得每日现金收入流量预测的初步结果，比较理想的方法是收集各月中每日的现金流量数据，并且在每个预测周期初期将已有每月现金流量预测结果分解到其中的每一天，从而形成对每日国库现金收入流量的最初预测值。值得关注的是，对每日现金收入流量预测的重要技术条件支持主要依赖发达的信息网络系统。在此过程中，有关工作人员需对实际现金流量实行监控（可借助税务部门、中国人民银行等有关部门之间共享的信息网络系统），并对实际数值与预测值之间的误差进行比较分析。对于有关更新的未来应税信息的预测结果来说，随着预测目标期限越来越近，上述更新调整的过程对预测结果来说十分重要，部分发达国家（如英国）也主要实行上述的国库现金收入流量预测方法。

此外，诸如通过国库现金管理市场运作获得的其他现金流入预测值、国债发行收入，可以通过由财政部内部相关职能部门提供的计划进行预测，这在一定程度上可以提高预测的准确性。

以上所述的几种方法，都只是针对财政国库预测部门本身而言的，其他有关部门（税务部门、中国人民银行等）则直接负责税收及其他相关收入的征收管理，所以这些部门的预测信息在实际操作过程中也是十分重要的参考因素，虽然财政部门与其他部门相比掌握着更多的收入缴纳信息，但是这些部门的预测更具有针对性。基于此，财政部门与其他部门应积极共享有关信息，建立起更加紧密的沟通途径。

2. 国库现金支出流量预测方法

国库现金支出流量预测也照样可采用上述三种预测方法，但是由于国库现金支出自身存在某些特征，它对未来某段时间支出流量的预测，更多是以预测人员与主要支出部门的日常信息沟通以及预算单位上报的用款计划（月、日支出计划）为基础的，并且这种信息通报及日常沟通机制在日现金支出流量的预测工作中是非常重要的。在这方面，很多发达国家都根据各国情况构建了较为完善的沟通机制和支出计划上报机制，以达到提高国库现金支出流量预测准确性的目的。比如，美国各联邦政府机构在对未来三日的现金支出和未来六周的存款与支出进行滚动预测的工作中，不仅要向财政部提供各自存款、月报、周报与日报，还要向美国国会预算办公室提交本季度及未来两个季度的收支报告。同时，美国财政部专门制定了关于大额支出提前报备的制度，若单笔交易或于两天中交易总额超过5000万美元，就必须在交易清算日前向财政部提出申请，并且对于未来某时间段大于5亿美元的支出，必须至少提前五个工作日向财政部报告，这样做是为了达到提高对大额支出流量的监控和预测有效性的目的。同时，在每个工作日的上午9点，纽约联邦储备银行、财政部预测人员、财务管理局的有关人员会召开一个电话会议，会议内容主要是针对国库现金的余额、对未来一段时间（3～5天）的现金流量状况进行预测以及对当日的现金流量状况进行分析，最后决定其国库单一账户的目标余额、需要从贷款户转账的数额和税收的数额。需要说明的是，事后对支出计划数、实际执行数的分析比较也是预测工作的一个重要组成部分，有关预测人员与有关支出单位的财务人员可以采用电话或E-mail等线上方式进行信息共享，从而节约时间成本、对信息误差进行分析并且提高预测的准确性。

在制度保障方面，有关预测部门建立相关的规章制度和激励机制对提高支出单位所提供预测信息的准确性来说是很有必要的。比如，英国的有关财政部门为了达到鼓励支出单位提供准确预测信息的目的，构建了有关激励机制，并且财政部将在确定下年度支出预算时对预测信息准确度较差的支出部门相应扣减部分预算，依据财政部因其提供的不准确预测信息而在金融市场上付出的额外操作成本，得出具体扣减数额，同时这部分扣减的预算，将会被用于奖励提供准确支出预测信息的部门，相应增加其下年度支出预算。

对于一部分具有较强规律性的大额资金（比如用于维持政府部门日常运转的经常性支出、一般性转移支付资金等），尚缺乏完善的用款计划上报机制；对无用款计划，即规律性不强的某些资金，除了根据预算单位所提交的支出计划进行预测之外，还可以采用国库现金流入的预测方法，通过计算同比增长率以及采用图形分析等相关手段，综合分析年度预算以及对其有影响的临时政策性因素，根据比较法（对比以前年度同期历史数据)、参照法(参考当年实际执行数)进行预测,再以适当的计量经济模型为辅助进行分析和校验。

通过财政部门内部信息的交流分享渠道,可以提前获得一些支付信息,比如国债兑付支出和国库现金管理市场操作所带来的现金流出、补助下级财政支出等,主要是以相关部门构建的日常信息共享机制为基础,获得相关的支出预测信息。

(二) 云南省国库现金流量预测情况及发展战略

1. 预测方法

财税库银横向联网目前还在试点阶段,所以全面电子缴税的方式还没有完全开展,财政部门能够提前获取的收入信息有限,预测人员缺乏用于短期收入流量预测的必要的应税信息;同时,尚未建立起预测人员与支出单位之间日常的信息沟通机制。受上述两方面因素的影响,对于一般预算收支和政府性基金收支流量的预测来说,目前很难达到发达国家对每日现金流量的预测水平。主要还是根据中国人民银行国库报表收入数据和财政部门支出数据,采用漕渠统计图形分析的方式,综合考虑临时政策性因素及年度预算,与以前年度同期历史数据进行比较,并且参考本年度实际已执行数,计算出相关项目的同比增长率,对主要收支项目每月现金流量进行预测;部分财政厅能提前掌握收支信息的现金流(如国债发行收入、偿债计划、中央补助地方收入等),主要基于预算执行系统相关指标数据进行预测。最终,在国库现金收支预测的基础上,确定预测周期内各月底库款余额。

为了提高国库现金流量预测结果的科学性和准确性,在实际工作中,采取的主要措施有:建立财政资金收支基础数据库;对历史数据进行分析,结合各项改革工作,逐步细化并适当调整预测中考虑的主要收支项目;加强与各相关部门的联系,尽可能获取可能对国库现金收支流量产生较大影响的政策性信息,并在国库现金收支预测工作中予以充分考虑。

2. 预测与执行情况误差分析

影响国库现金流量预测的因素很多,并在不同程度上造成了预测与执行结果之间的误差,但直接产生影响且影响较大的因素主要是临时性政策调整以及预算调整和预算执行的不确定性。

影响国库现金收入流量预测的主要因素包括3种。一是税收征缴管理制度方面的因素。例如，企业所得税每年上半年对上一年度应缴所得税的清算汇缴制度以及按季集中预缴所得税的征缴管理制度，对企业所得税各月之间波动幅度影响较大并且具体波动幅度难以把握。二是政策性及其他临时性因素。上年末税收翘尾因素的存在，会在一定程度上增加本年初税收收入的不确定性。三是信息沟通交流方面的因素。预测人员从有关部门、处室获取相关信息（特别是收入计划变更信息）的时效性，会对预测的准确性产生直接影响。

影响国库现金支出流量预测的主要因素包括2种。一是国库集中支付改革带来的影响。由于已下达的用款计划与单位实际支出（特别是已下达授权支付额度的项目支出）存在较大差距，其执行进度及资金支用时间因缺乏及时信息沟通机制而无法提前掌握，致使资金流量变化无规律可循。另外，在国库集中支付改革逐年扩大和推进的过程中，上下年度间（甚至同年各月间）纳入改革的部门数量、资金量悬殊，往年基础数据缺乏参考性，即使是上下月份的基础数据也经常缺乏连续性，进而影响到支出预测的准确性。二是执行中预算调整变化的不确定性因素。在现行预算管理体制下，年末预算结转下年和执行中预算追加、追减较多且缺乏规律，不仅增加了一般预算支出和上级补助收入的不确定性、中央补助地方支出的不稳定性，还降低了预测的准确性。主要是专项补助支出，一旦专项补助指标的下达及拨付在执行中（如月、季、上下半年间）发生变化，就会形成预测误差。

3. 发展战略

将实施国库现金管理的要求、不同发展阶段的预测需要以及国库现金流量预测自身发展规律的特点结合起来，对逐步完善云南省国库现金流量预测的发展提出战略建议。

第一阶段：按季分月实行滚动预测。主要包括：进一步加强对预测与执行误差的分析，达到提高预测水平的目的；进一步完善整理国库现金流量基础数据库历史数据的措施；在国库现金流量预测中，利用好计量经济模型这一工具，对收支预测规律展开综合分析并进行校验；建立并完善财政厅与其他有关部门（税务部门、中国人民银行）之间的有效沟通机制，确保国库现金预测人员及时获取临时性政策及收支调整等信息。

第二阶段：按季分周实行滚动预测。主要工作包括：在分析国库现金收支运行规律的研究工作中，运用好计量经济模型；针对预算单位大额支付用款计划上报机制，不仅要建立相应的激励机制，还要建立约束机制，以确保有关工作人员能够及时掌握主要信息；完成上一阶段尚未完成的工作。后期工作主要包括：对按季逐日实行滚动预测做出尝试，采取按季逐日、按季分周滚动预测双轨运行的模式；财政部门与有关宏观部门（税务部门、统计部门等）之间协调并制定有关规定，建立线上交流机制，提高信息的共享效率，使预测人员能及时获取并更新有关预测信息；通过国库现金管理信息系统，建立财税库横向联网系统，以确保预测人员能及时获取相关应税信息。

第三阶段：以财税库横向联网系统提供的应税信息、预算单位提供的大额支付用款计划信息为主要依据，采取按季逐日滚动预测的方法，用计量经济模型等工具对预测结果进行校验，最终达到建立一个完善的云南省国库现金流量预测体系的目的。

三　云南省国库现金流量预测模型

（一）云南省国库现金收支变动分析

日常财政资金收入、支出在时间上的不同步导致了国库现金余额的形成。这部分现金余额要实现效益最大化，可以通过现金操作。下面将通过对2010~2012年云南省国库每月的收入和支出分类数据进行分析，寻找收入、支出上的规律特征，为进行国库现金操作提供参考依据。

1. 收入数据分析

由图4.4可以得出，从某一年的角度来看，云南省国库收入在全年中的占比呈现出不明显的规律，具有一定的波动性；从整体变化来看，2010~2012年收入的全年占比变化有增有减，并没有呈现出递增或递减等有规律可循的特征。

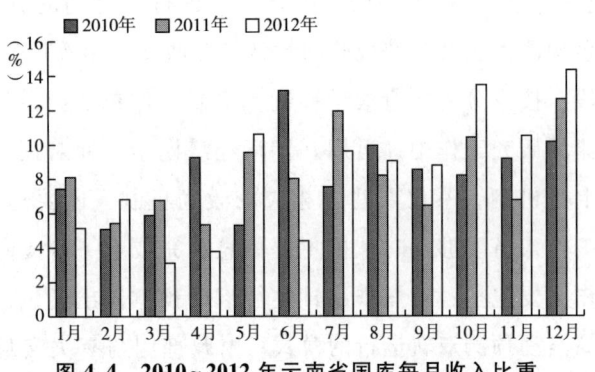

图 4.4 2010~2012 年云南省国库每月收入比重

由图 4.5 可以得出，2010~2012 年云南省国库的月度收入数据波动性比较大，并且每年的后半年收入都明显高于前半年，尤其是 12 月的收入达到全年最高；与 2010 年和 2011 年相比，2012 年的收入出现了较大幅度的增长。

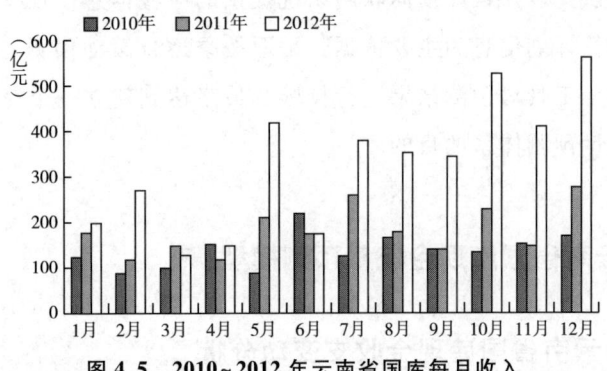

图 4.5 2010~2012 年云南省国库每月收入

由图 4.6 可以得出，云南省国库 2010 年只有 1 月、2 月、3 月、5 月、7 月和 10 月的收入低于月平均值，并且该年 6 月的收入最高，整体上表现出一定的波动性。

由图 4.7 可以得出，云南省国库 2011 年仅 5 月、7 月、10 月和 12 月的收入在月平均值之上，其他月份均低于月平均值，并且该年 12 月的收入最高，整体上各月收入围绕着平均值上下波动。

由图 4.8 可以得出，云南省国库 2012 年 1 月、2 月、3 月、4 月和 6 月的收入在月平均值之下，2012 年的收入有明显的逐月递增趋势，在 12 月收入达到全年最高。

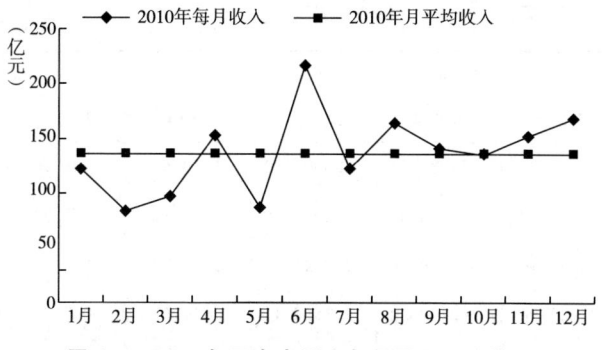

图 4.6　2010 年云南省国库每月及月平均收入

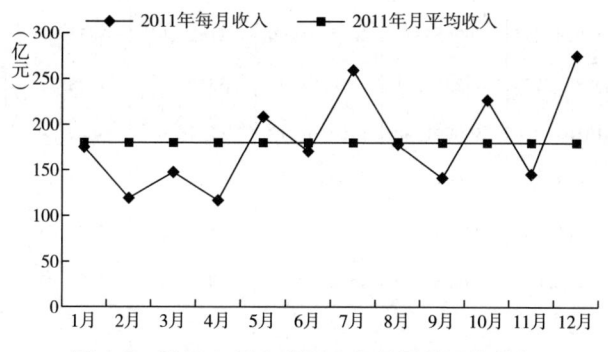

图 4.7　2011 年云南省国库每月及月平均收入

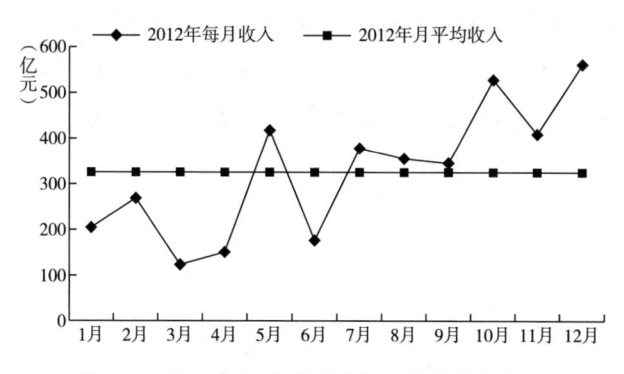

图 4.8　2012 年云南省国库每月及月平均收入

表 4.4 详细列出了 2010~2012 年云南省国库每月收入的最大值和最小值。由于记账的需要，一些科目被记为负值。因此在挑选最小值的过程中，负值被剔除掉，然后重新挑选最值。

表 4.4 2010~2012 年云南省国库每月收入最值

单位：万元

月份	收入最大值			收入最小值		
	2010 年	2011 年	2012 年	2010 年	2011 年	2012 年
1	382156.23	538982.37	686108.92	1130.41	704.76	109.44
2	242425.50	389173.05	882642.49	1823.12	778.31	4295.59
3	242368.90	830519.30	1236941.91	1464.02	3962.08	3978.18
4	382823.96	362102.32	313560.11	3421.62	9067.51	8153.87
5	476748.16	557488.89	847189.62	3442.38	4872.23	10013.47
6	804401.59	447873.18	708622.12	4163.58	8937.58	15194.61
7	545024.79	760655.79	1014175.66	2162.69	3835.58	4942.98
8	802888.75	632312.31	758302.40	3319.08	7148.19	5662.34
9	419504.51	566991.30	1769161.12	3131.24	5642.19	4352.34
10	464635.01	1055884.09	1095598.06	8346.75	12983.45	12361.92
11	797475.06	787658.38	1064800.55	5138.72	5475.63	12723.75
12	345292.01	698583.92	1594460.61	6987.62	7000.93	7977.06

由图 4.9 可以得出，2010~2012 年云南省国库每月收入的最大值在年度间呈现出较为明显的递增趋势。在这三年中，每月收入最大值并没有明显的变化规律，但是仍然可以看出有几个月份的数据相较于其他月份有明显的增加，同时有几个月份的数据相较于其他月份也很低。

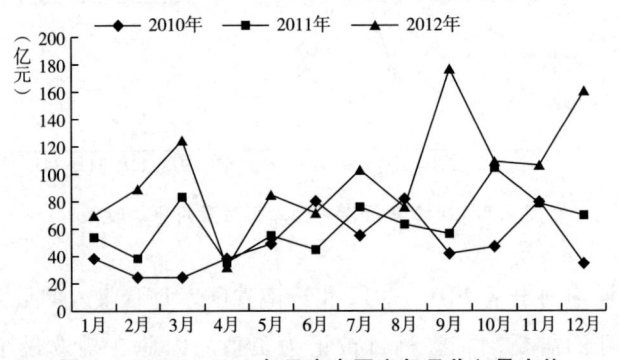

图 4.9 2010~2012 年云南省国库每月收入最大值

第四章　国库现金管理模型与云南省国库现金管理核心模型 • 113

由图 4.10 可以得出，2010~2012 年云南省国库每月收入的最小值在年度间有较为明显的递增趋势。从某一年的每月收入最小值的角度来说，其没有明显的变化规律，但是仍然可以看出有几个月份的数据与其他月份相比有明显的增加，同时也存在几个月份的数据与其他月份相比较低。

图 4.10　2010~2012 年云南省国库每月收入最小值

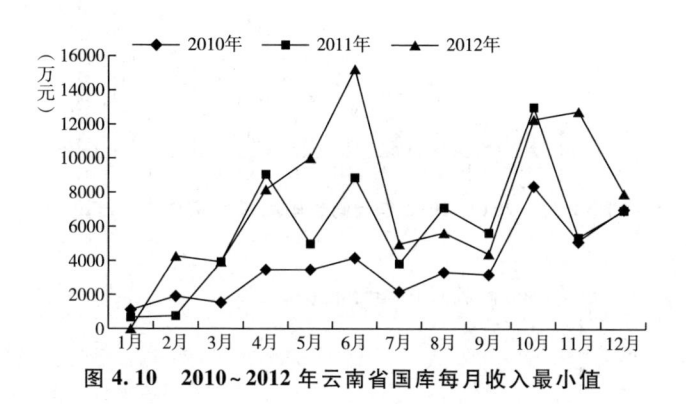

2. 收入分类数据分析

省本级现金收入主要包括税收收入、上级补助收入、政府性基金收入、非税收入、国有资本经营预算收入、暂收款和债务收入。由于数据具有可操作性，只对税收收入、政府性基金收入、非税收入及上级补助收入这四类进行数据分析；对于暂收款和债务收入以及国有资本经营预算收入来说，由于这些数据不是在每个月份都存在的，因此在分析时不予考虑。同时，在进行分析时，选取的数据是各项分类数据的执行数。

（1）税收收入

对于税收收入，主要考虑以下几个统计量：每月税收收入占全年税收收入的比重、每月税收收入的数量以及每月税收收入与全年月平均值的比较。

由图 4.11 可以知道，对于某一年来说，云南省国库每月税收收入占全年的比重随着月份逐渐递增，在 12 月税收收入比重达到最大值；同时，从整体上看，近三年的税收收入比重没有大的变化，只在小范围波动。

由图 4.12 可以知道，对于某一年来说，云南省国库每月税收收入随着月份逐渐递增，在 12 月税收收入达到最大值；同时，从整体上看，近三年税收收入的增长比较平稳，每年递增的幅度几乎相同，可以看出税收收入的平稳变化。

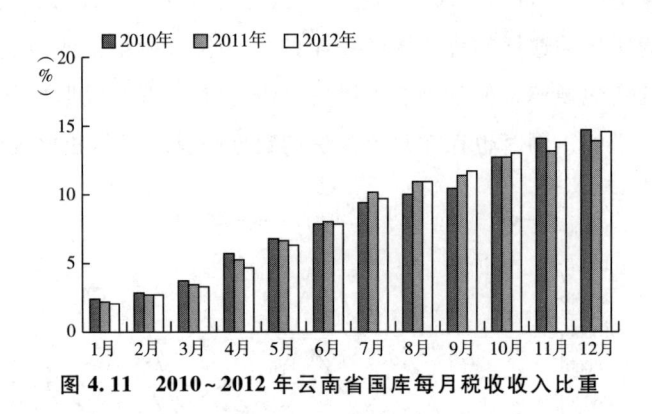

图 4.11　2010~2012 年云南省国库每月税收收入比重

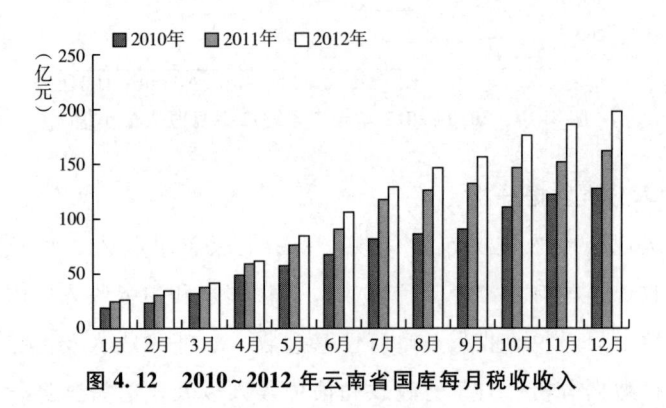

图 4.12　2010~2012 年云南省国库每月税收收入

由图 4.13 可以知道，2010 年云南省国库税收收入是逐月递增的，并且该年前六个月的税收收入低于该年的月平均值，后六个月的税收收入高于该年的月平均值。

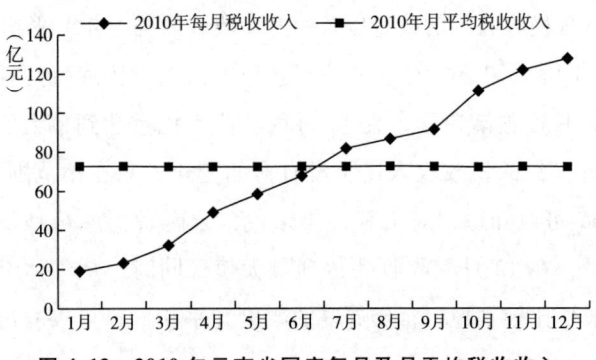

图 4.13　2010 年云南省国库每月及月平均税收收入

第四章　国库现金管理模型与云南省国库现金管理核心模型 • 115

由图 4.14 可以知道，2011 年云南省国库税收收入也是逐月递增的，并且该年前六个月的税收收入在该年的月平均值之下，后六个月的税收收入在该年的月平均值之上，与 2010 年税收收入的变化规律极其相似。

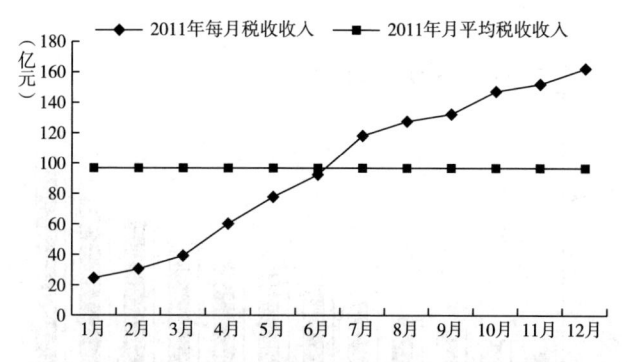

图 4.14　2011 年云南省国库每月及月平均税收收入

由图 4.15 可以知道，2012 年云南省国库税收收入的变化规律与 2010 年和 2011 年几乎相同，也是逐月递增的，并且该年前六个月的税收收入在该年的月平均值之下，后六个月的税收收入在该年的月平均值之上。

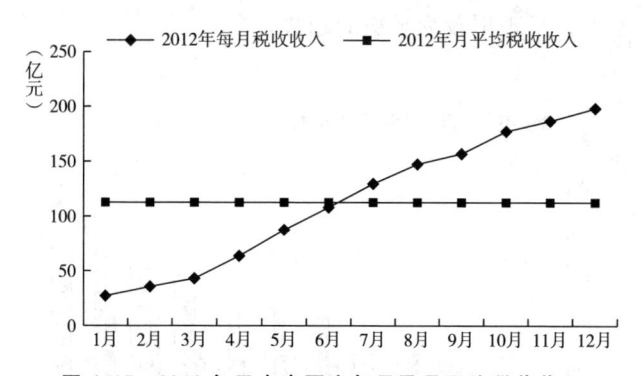

图 4.15　2012 年云南省国库每月及月平均税收收入

（2）政府性基金收入

在政府性基金收入方面，主要考虑以下几个统计量：每月政府性基金收入占全年政府性基金收入的比重、每月政府性基金收入的数量、每月政府性基金收入与全年月平均值的比较。

由图 4.16 可以知道，对于某一年来说，云南省国库每月政府性基金收入占全年的比重是逐月递增的，在 12 月达到最大值；同时，从整体上看，近三年每月政府性基金收入占全年的比重没有大的变化，只是在 12 月有较大的波动，可以单独进行考虑。

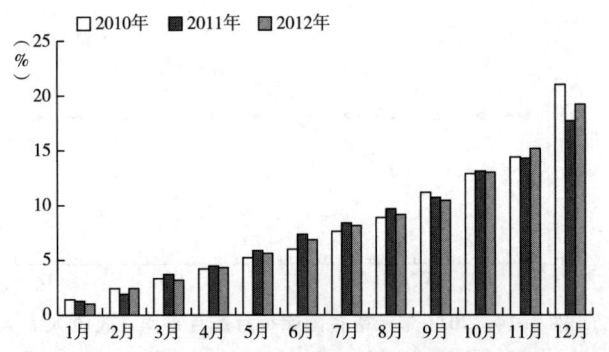

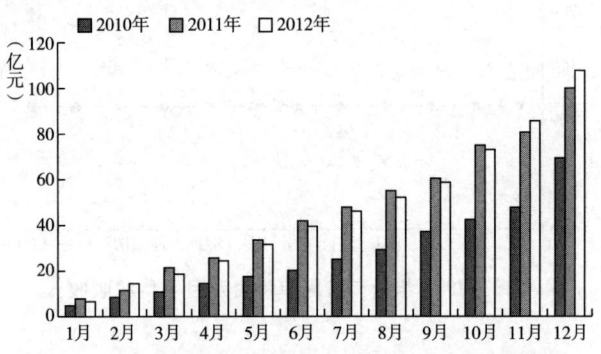

图 4.16　2010~2012 年云南省国库每月政府性基金收入比重

由图 4.17 可以知道，对于某一年来说，云南省国库每月政府性基金收入是逐月递增的，12 月政府性基金收入达到最大值；同时，从整体上看，2010~2012 年每月政府性基金收入增长均较为明显，但 2011 年与 2012 年的数值相差不大，呈现出较为平稳的趋势。

图 4.17　2010~2012 年云南省国库每月政府性基金收入

由图 4.18 可以知道，2010 年云南省国库政府性基金收入是逐月递增的，并且只有后五个月的政府性基金收入高于全年月平均值，其他月份都低于该年月平均值，这说明该年的政府性基金收入主要集中在后五个月。

图 4.18 2010年云南省国库每月及月平均政府性基金收入

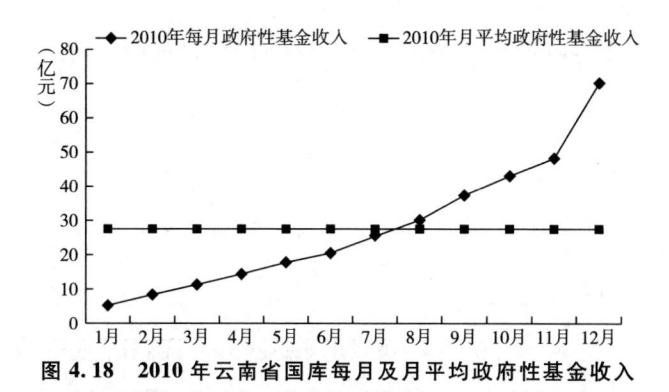

由图 4.19 可以知道，2011 年云南省国库政府性基金收入也是逐月递增的，并且只有后六个月的政府性基金收入高于全年月平均值，其他月份都低于该年月平均值，这说明该年的政府性基金收入主要集中在后六个月，这与 2010 年政府性基金收入的变化规律相似。

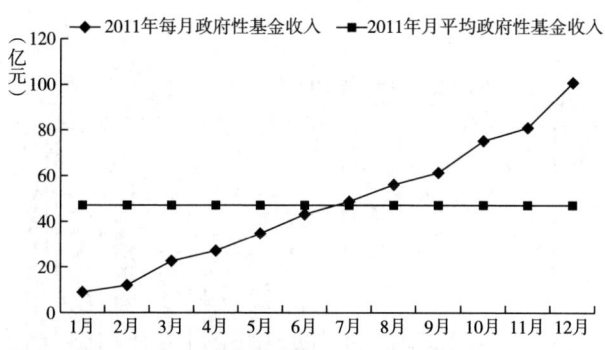

图 4.19 2011年云南省国库每月及月平均政府性基金收入

由图 4.20 可以知道，2012 年云南省国库政府性基金收入的变化规律与 2010 年和 2011 年几乎相同，同样是逐月递增的，并且只有后五个月的政府性基金收入在全年月平均值之上，其他月份都在该年月平均值之下，说明该年的政府性基金收入主要集中在后五个月。

（3）非税收入

在非税收入方面，主要考虑以下几个统计量：每月非税收入占全年非税收入的比重、每月非税收入的数量、每月非税收入与全年月平均值的比较。

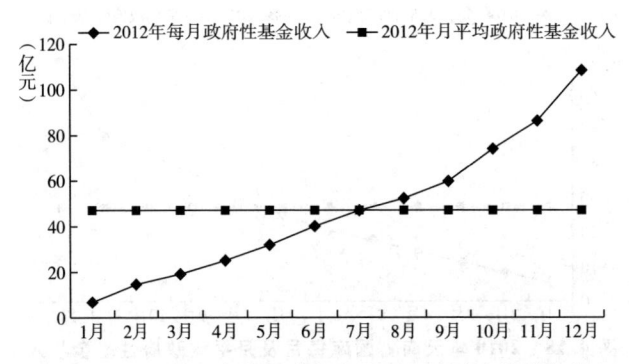

图 4.20　2012 年云南省国库每月及月平均政府性基金收入

由图 4.21 可以知道，对于某一年来说，云南省国库每月非税收入占全年的比重是逐月递增的，在 12 月达到全年最大值；同时，从整体上看，除 2010 年 12 月每月非税收入占全年的比重明显增长外，近三年均没有发生明显的变化，保持一种稳定的状态。

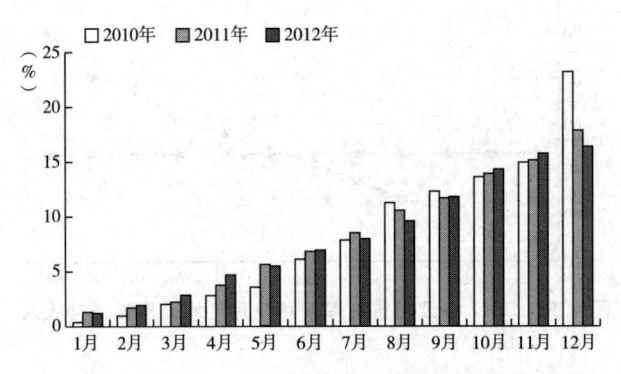

图 4.21　2010~2012 年云南省国库每月非税收入比重

由图 4.22 可以知道，对于某一年来说，云南省国库每月非税收入是逐月递增的，12 月非税收入达到最大值；同时，从整体来看，近三年非税收入增长趋势较为明显，特别是 2010~2011 年增长幅度较大。

由图 4.23 可以得出，2010 年云南省国库每月非税收入呈逐月递增趋势，并且只有后五个月的非税收入在全年月平均值之上，其他月份都低于该年月平均值，这说明该年的非税收入主要集中在后五个月。

图 4.22　2010~2012 年云南省国库每月非税收入

图 4.23　2010 年云南省国库每月及月平均非税收入

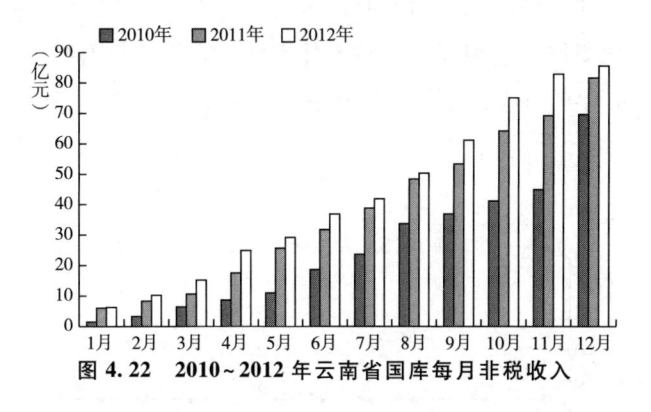

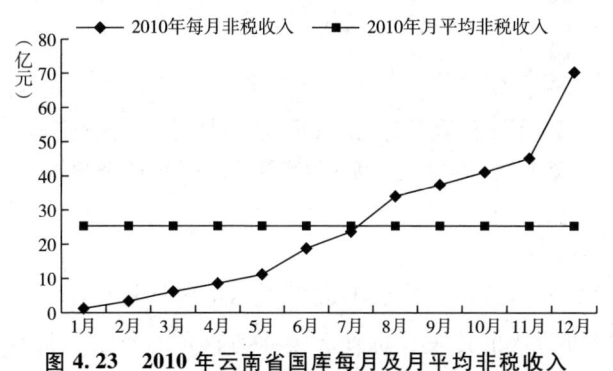

由图 4.24 可以知道，2011 年云南省国库每月非税收入是逐月递增的，并且只有后六个月的非税收入明显高于全年月平均值，其他月份都低于该年月平均值，这说明该年的非税收入主要集中在后六个月，这与 2010 年的变化规律相似。

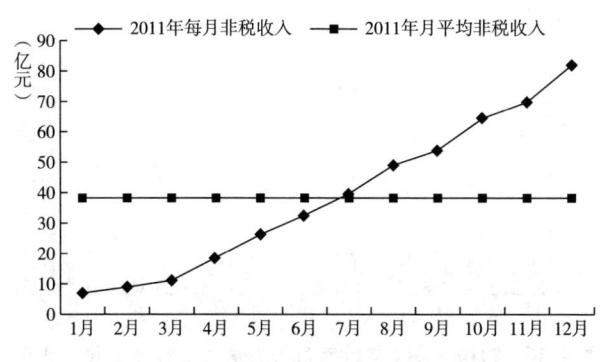

图 4.24　2011 年云南省国库每月及月平均非税收入

由图 4.25 可以知道，2012 年云南省国库每月非税收入与 2010 年和 2011 年的变化规律几乎相同，也是逐月递增的，并且只有后五个月的非税收入高于全年月平均值，其他月份都低于该年月平均值，这说明该年的非税收入主要集中在后五个月。

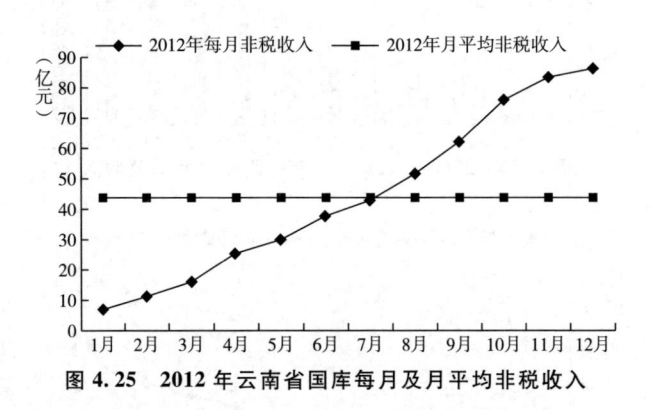

图 4.25　2012 年云南省国库每月及月平均非税收入

（4）上级补助收入

在上级补助收入方面，主要考虑以下几个统计量：每月上级补助收入占全年上级补助收入的比重、每月上级补助收入的数量、每月上级补助收入与全年月平均值的比较。

由图 4.26 可以得出，对于 2010～2012 年来说，云南省国库每月上级补助收入占全年的比重基本上是稳定的，但是这三年中都在 12 月达到全年最大值，并且相较于其他月份有很明显的增幅；同时，从整体上看，近三

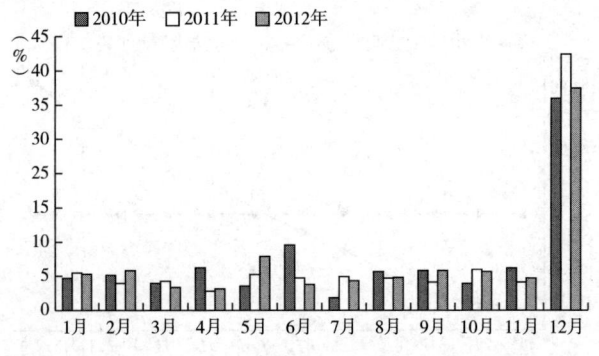

图 4.26　2010～2012 年云南省国库每月上级补助收入比重

年每月上级补助收入占全年的比重保持一种相对稳定的状态,除了12月并没有发生明显的变化。

由图 4.27 可以得出,2010~2012 年云南省国库每月上级补助收入基本上呈稳定的趋势,但是这三年皆在 12 月达到全年最大值,并且与其他月份相比有明显的增幅;同时,从整体上看,近三年每月上级补助收入表现出一定的波动,但是除了 12 月,其他月份没有发生明显的变化,保持一种相对稳定的状态。

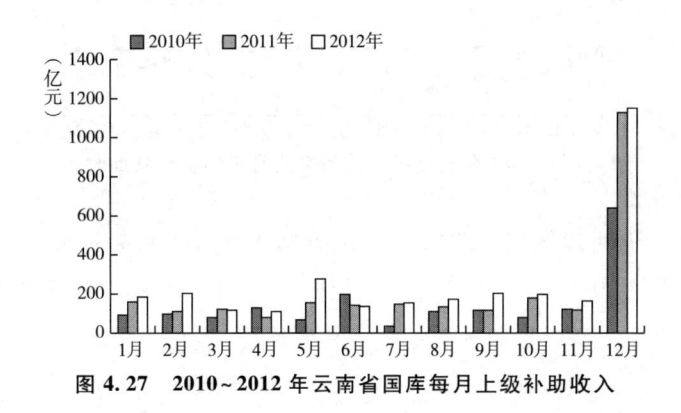

图 4.27　2010~2012 年云南省国库每月上级补助收入

由图 4.28 可以知道,2010 年云南省国库前 11 个月的上级补助收入波动不是特别明显,但 12 月上级补助收入远远高于其他月份。

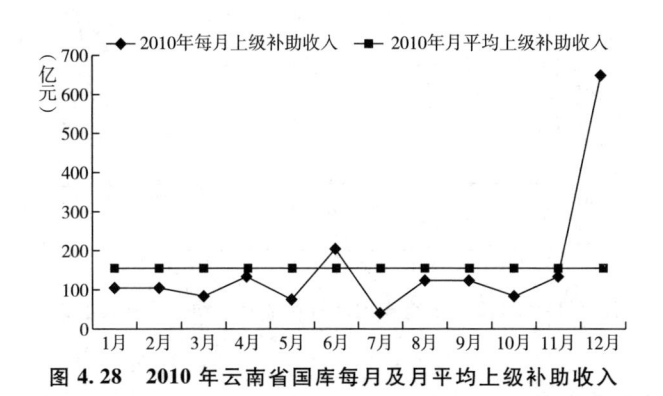

图 4.28　2010 年云南省国库每月及月平均上级补助收入

由图 4.29 可以知道,2011 年云南省国库每月上级补助收入表现出与 2010 年相似的变化规律,前 11 个月的上级补助收入波动不明显,12 月上级补助收入远远高于其他月份。

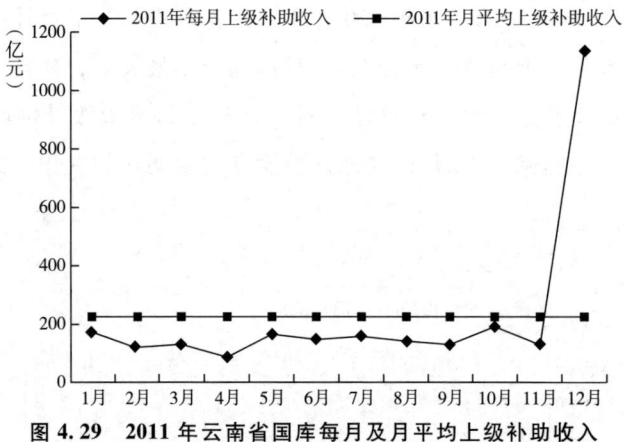

图 4.29　2011 年云南省国库每月及月平均上级补助收入

由图 4.30 可以知道，2012 年云南省国库每月上级补助收入表现出来的变化规律与 2010 年和 2011 年几乎相同，前 11 个月的上级补助收入波动不明显，12 月上级补助收入远远高于其他月份。

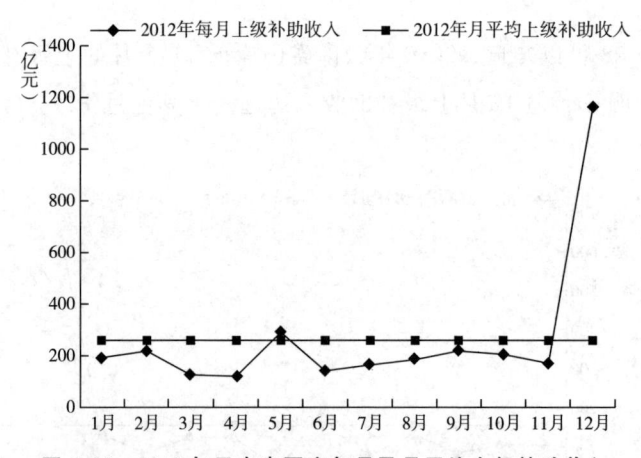

图 4.30　2012 年云南省国库每月及月平均上级补助收入

3. 支出数据分析

由图 4.31 可以得出，对于某一年来说，云南省国库每月支出在全年中的占比有增有减，并没有明显的趋势变化。从整体角度来看，2010~2012

年的支出占比变化波动较大,但无明显规律。

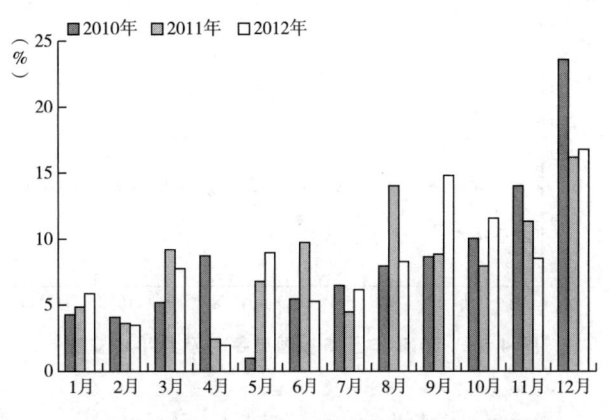

图 4.31　2010~2012 年云南省国库每月支出比重

由图 4.32 可以得出,2010~2012 年云南省国库每月支出数据波动性都比较大,但是也都缺乏较为明显的波动规律,在三年中每年前半年的支出与后半年相比明显较低,12 月的支出达到全年最高,也就是说每年的支出主要还是集中于后半年。

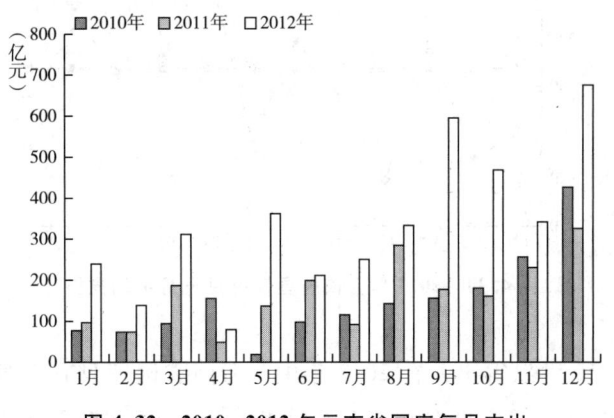

图 4.32　2010~2012 年云南省国库每月支出

由图 4.33 可以得出,在 2010 年中,云南省国库只有 4 月、9 月、10 月、11 月和 12 月的支出在本年月平均值之上,并且该年 12 月的支出最高,同时该年支出有明显的递增趋势,可见该年支出主要集中在后几个月份。

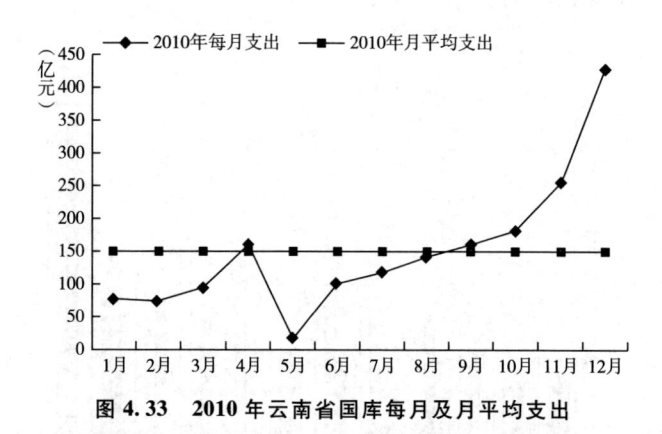

图 4.33　2010 年云南省国库每月及月平均支出

由图 4.34 可以得出，在 2011 年中，云南省国库只有 3 月、6 月、8 月、9 月、11 月和 12 月的支出在本年月平均值之上，并且该年 12 月的支出最高，可见该年支出较为分散，同时该年支出波动性较强。

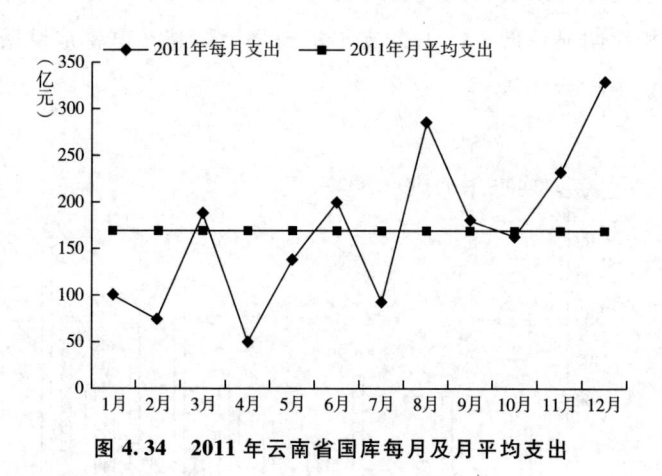

图 4.34　2011 年云南省国库每月及月平均支出

由图 4.35 可以得出，在 2012 年中，云南省国库只有 5 月、9 月、10 月、11 月和 12 月的支出在本年月平均值之上，并且 12 月的支出达到本年最大值，支出主要集中在该年的最后四个月。

表 4.5 详细列出了 2010~2012 年每月支出的最大值和最小值的数据。由于记账的需要，一些科目被记为负值。因此在挑选最小值的过程中，负值被剔除掉，然后重新挑选最值。

第四章 国库现金管理模型与云南省国库现金管理核心模型 • 125

图 4.35 2012 年云南省国库每月及月平均支出

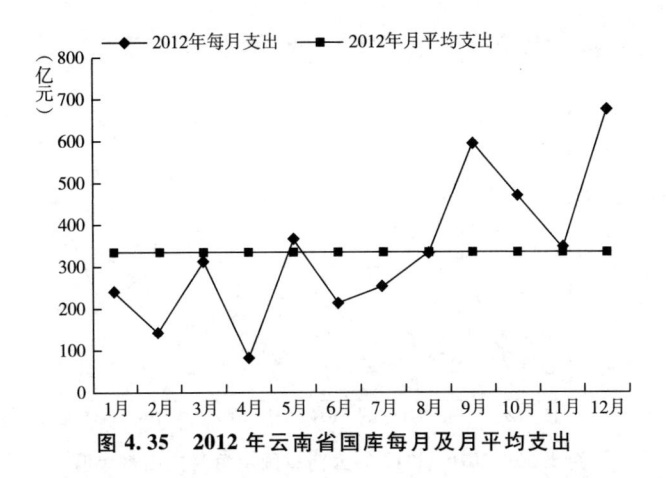

表 4.5 2010~2012 年云南省国库每月支出最值

单位：万元

月份	支出最大值			支出最小值		
	2010 年	2011 年	2012 年	2010 年	2011 年	2012 年
1	600268.31	301485.64	1547592.41	0.37	1.23	178.49
2	656478.10	489632.49	387463.58	425.88	391.59	1406.54
3	399639.25	900906.06	1464621.23	879.62	1018.65	1804.39
4	583482.22	235441.19	603202.27	1886.26	957.81	880.25
5	33225.76	307692.17	1229392.85	990.04	1974.99	80.49
6	653948.60	1227819.97	959115.22	2187.84	2540.94	6570.03
7	817515.85	432443.36	1027902.53	2305.86	2907.57	3489.76
8	787994.47	903234.80	1554502.14	1612.86	3968.94	3493.53
9	751567.86	885068.57	3026292.29	3441.45	2942.10	5522.67
10	1274741.22	985189.52	1167315.28	3309.64	4403.63	4080.86
11	954133.87	907938.07	1514541.39	3783.96	4579.13	1252.71
12	2017248.32	973880.16	1741000.80	6336.06	15570.31	11584.21

由图 4.36 可以得出，云南省国库每月支出最大值在 2010~2012 年有递增趋势。对于其中每一年来说，该数值并没有明显的变化规律，但是可以看出有几个月份的数据明显高于其他月份，同时有几个月份的数据明显低于其他月份。

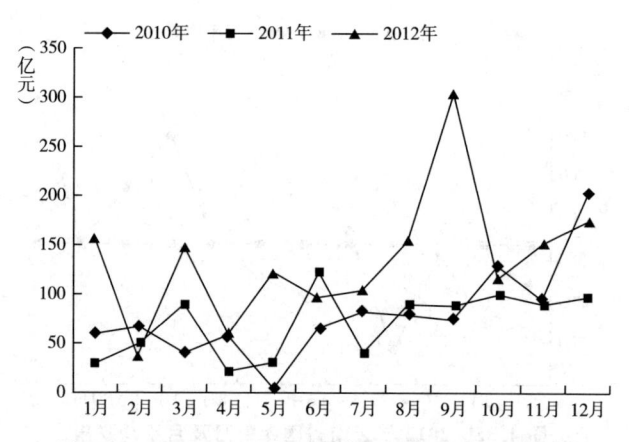

图 4.36 2010~2012 年云南省国库每月支出最大值

由图 4.37 可以得出，2010~2012 年云南省国库每月支出最小值的变动有递增的趋势，与最大值规律较为相似。对于其中的每一年来说，其数值的变化没有明显的规律，只是可以看出有几个月份的数据与其他月份相比明显较大，同时有几个月份的数据与其他月份相比明显较小。

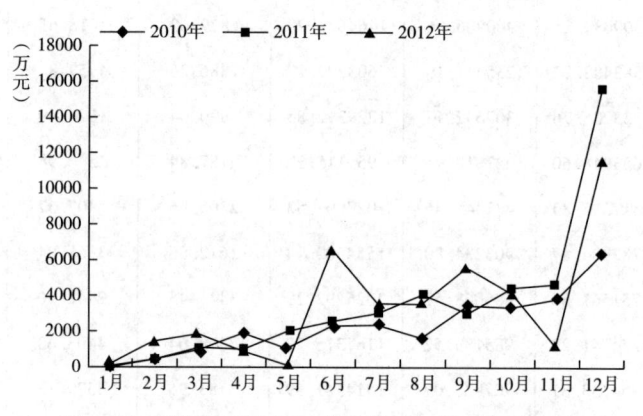

图 4.37 2010~2012 年云南省国库每月支出最小值

4. 支出数据分类分析

省本级现金支出主要包括本级预算拨款、政府性基金支出、补助下级支出、国有资本经营预算支出、暂付款和债务支出。由于数据的可操作性，只对本级预算拨款、政府性基金支出进行分类数据分析；由于国有资本经营预算支出、暂付款和债务支出、补助下级支出不是在每个月份都存在，所以在分析时不予考虑。同时，在进行分析时，选取的数据是各项分类数据的执行数。

（1）本级预算拨款

对于本级预算拨款，主要考虑以下几个统计量：每月本级预算拨款占全年本级预算拨款的比重、每月本级预算拨款的数量、每月本级预算拨款与全年月平均值的比较。

由图 4.38 可以得出，对于 2010~2012 年中的每一年来说，云南省国库每月本级预算拨款占全年的比重呈现出一定的波动；从整体来看，近三年的本级预算拨款占全年的比重在大部分月份表现出增长的趋势，在极个别月份出现了递减趋势。

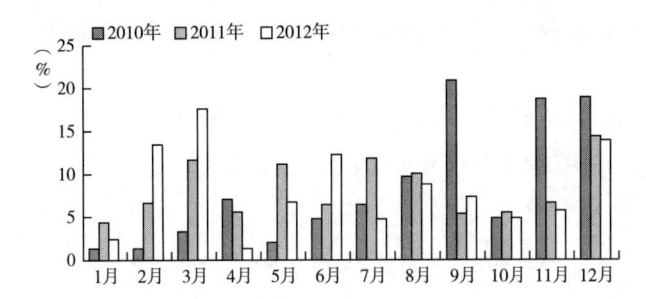

图 4.38 2010~2012 年云南省国库每月本级预算拨款占全年的比重

由图 4.39 可以得出，对于 2010~2012 年中的每一年来说，云南省国库每月本级预算拨款呈现出一定的波动性；从整体来看，近三年的本级预算拨款在大部分月份表现出增长的趋势，在极个别月份出现了减少趋势。

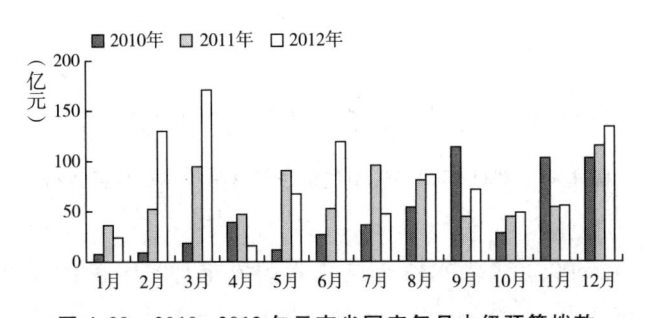

图 4.39 2010~2012 年云南省国库每月本级预算拨款

由图 4.40 可以知道，2010 年云南省国库本级预算拨款后半年高于前半年，并没有表现出明显的规律。

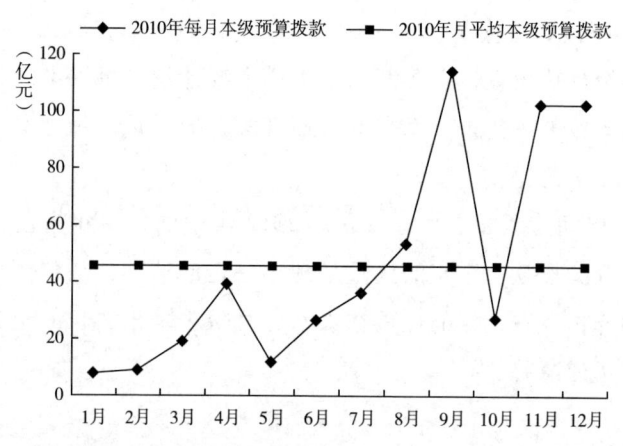

图 4.40　2010 年云南省国库每月及月平均本级预算拨款

由图 4.41 可以知道，2011 年云南省国库每月本级预算拨款表现出随机波动的特性，围绕着全年月平均值上下波动。

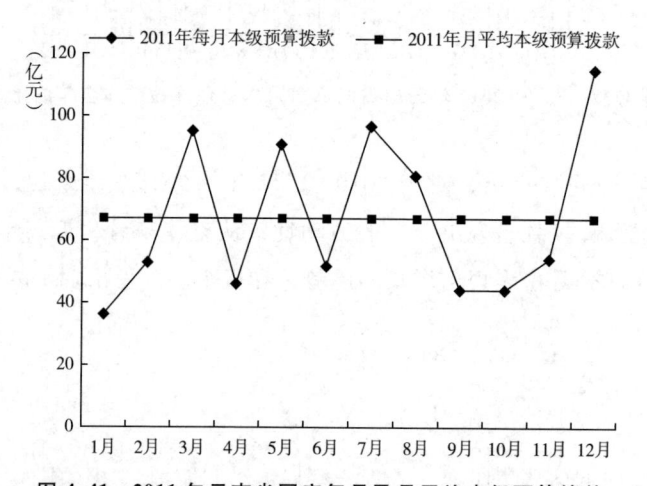

图 4.41　2011 年云南省国库每月及月平均本级预算拨款

由图 4.42 可以知道，2012 年云南省国库每月本级预算拨款表现出与 2011 年类似的变化规律，围绕着全年月平均值上下波动。

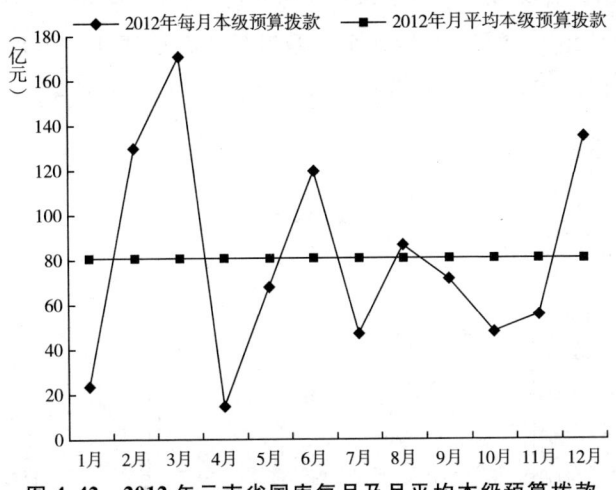

第四章 国库现金管理模型与云南省国库现金管理核心模型 • 129

图 4.42　2012 年云南省国库每月及月平均本级预算拨款

（2）政府性基金支出

对于政府性基金支出，主要考虑以下几个统计量：每月政府性基金支出占全年政府性基金支出的比重、每月政府性基金支出的数量、每月政府性基金支出与全年月平均值的比较。

由图 4.43 可以得出，2010~2012 年，云南省国库每月的政府性基金支出占全年的比重在前五个月几乎为零，但是在后七个月表现出较为明显的波动性，并且比重较大；从整体来看，近三年的政府性基金支出比重在后七个月表现出增长的趋势，在极个别月份出现了递减趋势。

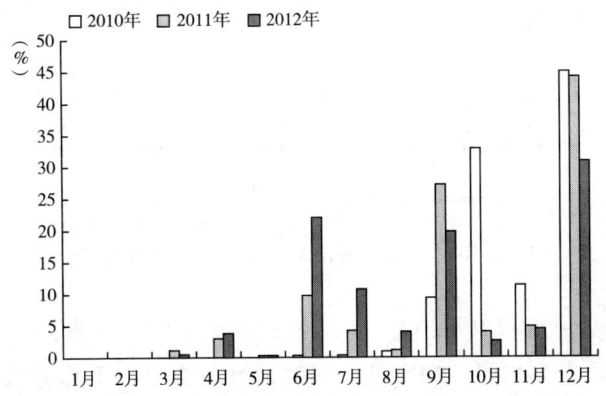

图 4.43　2010~2012 年云南省国库每月政府性基金支出占全年的比重

由图 4.44 可以知道，对于某一年来说，云南省国库每月政府性基金支出在前几个月几乎为零，在后几个月数额较大，表现出一定的波动性，不同年份还有所不同；从整体来看，每月政府性基金支出有一定的随机性，规律性不明显。

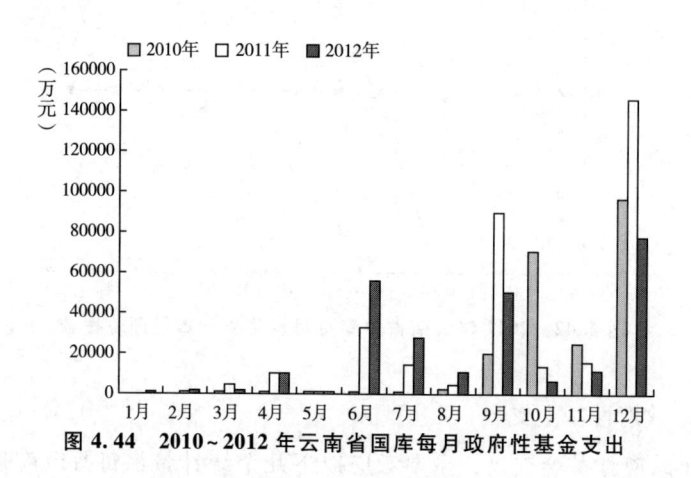

图 4.44　2010~2012 年云南省国库每月政府性基金支出

由图 4.45 可以知道，2010 年云南省国库每月政府性基金支出主要集中在后四个月，这四个月几乎占据了全年政府性基金支出的绝大部分。

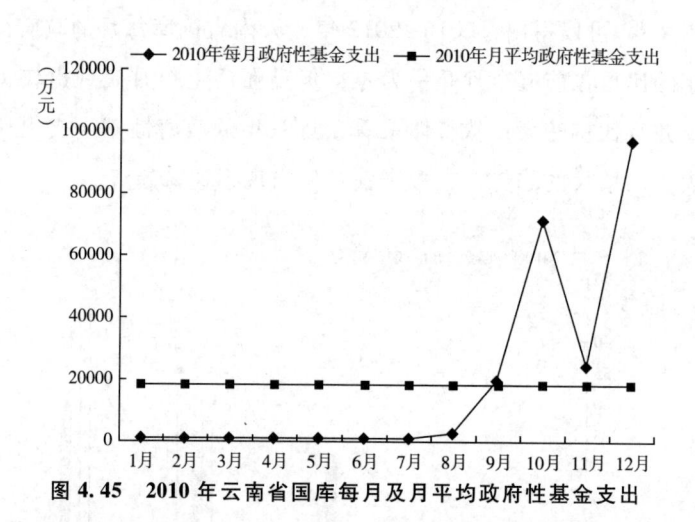

图 4.45　2010 年云南省国库每月及月平均政府性基金支出

由图 4.46 可以知道，2011 年云南省国库每月政府性基金支出与 2010 年的变化趋势不太相同，2011 年每月政府性基金支出更加分散，波动也更加剧烈。

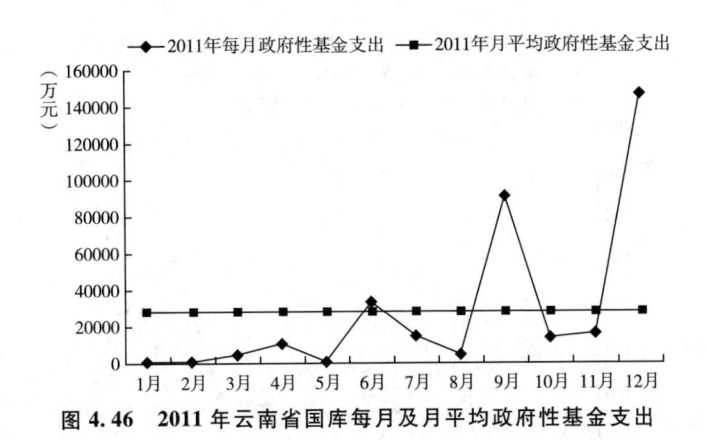

图 4.46 2011年云南省国库每月及月平均政府性基金支出

由图 4.47 可以知道，2012 年云南省国库每月政府性基金支出的变化规律与 2011 年类似，都表现出一定的波动性，并且 2012 年每月政府性基金支出波动更加剧烈。

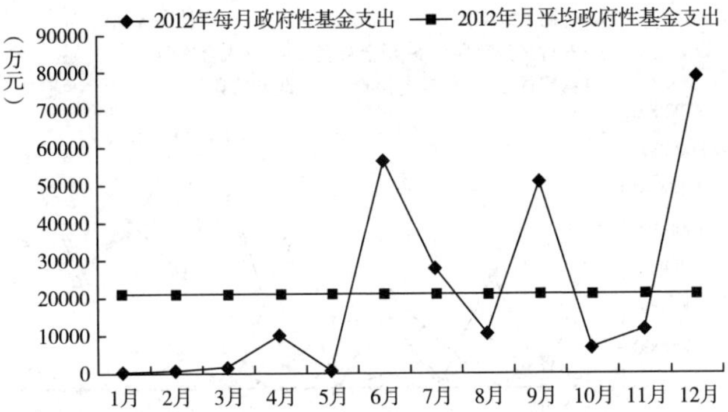

图 4.47 2012年云南省国库每月及月平均政府性基金支出

5. 按项目分类的国库现金变动情况

对云南省国库资金余额变动从时间上进行分析，发现其具有较弱的规律性与相关性，现拟通过资金的收入和支出途径的不同进行划分，按项目进行分类，将补助下级支出、偿债准备金、养老保险、车购税、农村义务教育、电价补贴、信用贷款、现金管理、新农合资金和政府债券等大额收支部分单独反映。在对 2012 年云南省国库数据进行整理时，我们将这些部分的收支情况进行单独列示，结果如图 4.48、图 4.49 所示。

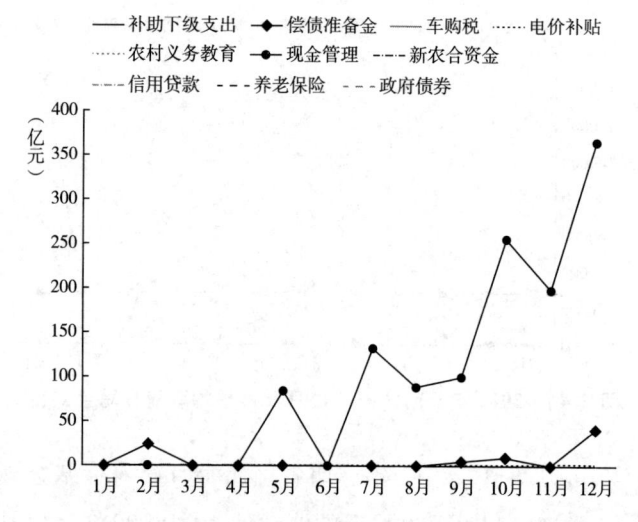

图 4.48 2012 年云南省国库大额收支分类借方发生额

注：部分数据较小，故与 0 轴几乎重合。

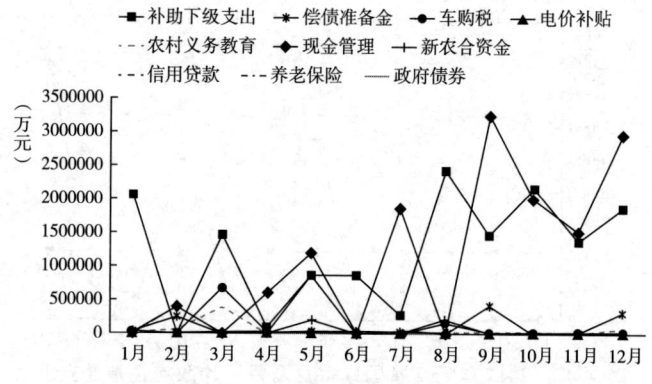

图 4.49 2012 年云南省国库大额收支分类贷方发生额

从图中可以看出，2012 年云南省国库进行了大额的现金管理活动，在支出部分，国库现金支出主要来自补助下级支出、现金管理和新农合资金等。

另外一种按收支科目进行分类，将国库资金的收支划分为一般预算收入/支出、调拨收入/支出、基金收入/支出三种不同类别。通过对 2012 年云南省国库收入与支出数据的整理，得到收入与支出两个表格（见表 4.6、表 4.7）。

第四章 国库现金管理模型与云南省国库现金管理核心模型 • 133

表 4.6 2012 年云南省国库资金收入

单位：亿元

月份	总收入	一般预算收入	调拨收入	基金收入
1	201.39	99.72	101.66	0.00
2	269.04	172.44	71.55	25.05
3	123.69	55.90	0.01	67.79
4	147.92	114.70	33.20	0.02
5	416.64	202.80	197.68	16.17
6	174.10	101.00	73.04	0.06
7	377.01	287.53	87.47	2.01
8	354.28	234.50	110.75	9.02
9	344.11	199.40	140.18	4.54
10	527.10	407.02	106.88	13.20
11	409.65	290.60	105.15	13.90
12	560.35	513.72	38.44	8.19
总计	3905.28	2679.32	1066.01	159.95

表 4.7 2012 年云南省国库资金支出

单位：亿元

月份	总支出	一般预算支出	调拨支出	基金支出
1	238.41	26.8	206.7	4.91
2	141.69	76.26	5.74	59.69
3	312.11	45.74	183.92	82.45
4	82.02	14.38	7.54	60.1
5	360.83	273.11	86	1.72
6	213.37	71.04	90.36	51.98
7	251.07	222.74	28.33	0
8	331.81	86.15	242.37	3.29
9	593.29	441.98	148.14	3.17
10	465.85	248.74	217.05	0.06
11	344.77	57.67	137.13	149.97
12	674.87	462.62	199.57	12.67
总计	4010.08	2027.22	1552.85	430.01

根据分类统计结果，对收入与支出中的不同途径所占百分比进行测算，结果如图4.50所示。

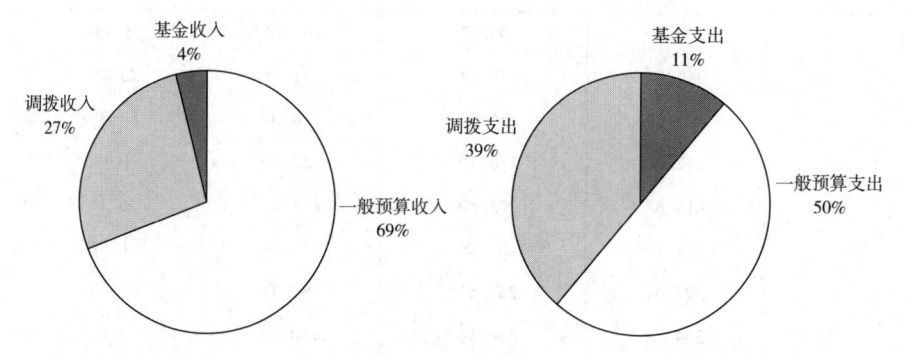

图4.50 2012年云南省国库现金收入与支出途径分析

其中，在收入来源方面，一般预算收入占69%，调拨收入占27%，基金收入占4%；在支出渠道方面，一般预算支出占50%，调拨支出占39%，基金支出占11%。由此可发现，一般预算收入与支出在国库资金流动中有很大的占比。

再根据资金的不同途径进行趋势分析，结果如图4.51、图4.52所示。从变化趋势可以看出，资金流入月度波动较大，最低是3月，最高是12月，且下半年资金流入比较集中。从影响因素来看，云南省国库资金流入月度趋势主要由一般预算收入决定。由于中央转移支付在财政收入中占有相当的比重，所以调拨收入在某些月份就会存在一定的波动性。但是基金收入对资金流入的影响有限，因为其占比较小。

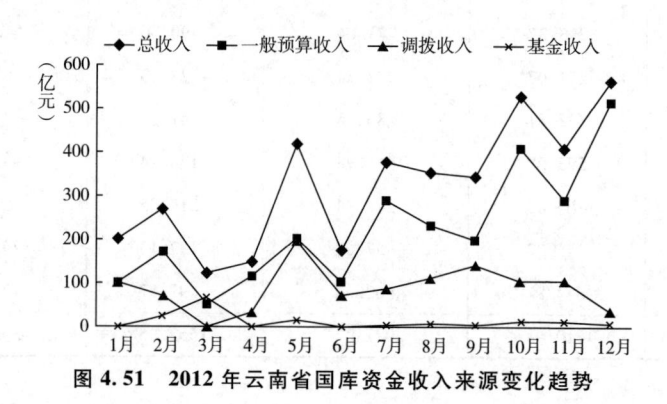

图4.51 2012年云南省国库资金收入来源变化趋势

资金流出的变化趋势在上半年比较平稳,最低在4月,下半年增长较快,12月达到最大值,说明年底的财政支出相对比较集中。从影响因素来看,一般预算支出主要决定云南省国库资金流出,两者的变化趋势基本一致。调拨支出有一定的波动,但并不剧烈。由于基金支出占比相对较小,所以其对资金流出的影响有限。

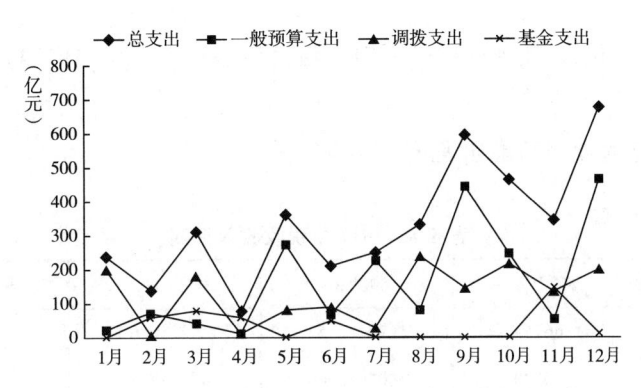

图 4.52　2012 年云南省国库资金支出渠道变化趋势

通过以上分析可以看出,影响国库资金流入和流出的因素不尽相同,两者在时间上不完全同步,造成了国库资金的沉淀,形成了库存现金。

(二) ARMA 模型预测分析

1. 现金收入分类预测

省本级现金收入主要包括税收收入、暂收款和债务收入、政府性基金收入、国有资本经营预算收入、非税收入以及上级补助收入。本部分对现金收入进行分类,分别对其进行预测分析。由于数据的可操作性,只对税收收入、非税收入、政府性基金收入、上级补助收入进行分类预测分析。

(1) 税收收入预测

选取 2010 年 1 月至 2012 年 10 月的税收收入执行数作为样本数据,2012 年最后两个月的数据作为预测参照值。但每月的税收收入序列是非平稳时间序列,通过取该序列的一阶差分可以得到平稳时间序列。因为对一阶差分序列进行单位根检验的 t 值为 -5.233010,小于临界值,所以拒绝该序列存在单位根的原假设,即一阶差分序列是平稳时间序列,则可以用一阶差分序列建立模型。

通过比较分析，最终模型确定为 ARMA（3,3）：

$$D(Y_t) = 31377.14 + 0.586 AR(1) + 0.098 AR(2) - 0.002 AR(3) - \\ 1.195 MA(1) - 0.411 MA(2) - 0.324 MA(3) \quad (4.19)$$

$$R^2 = 0.337 \quad DW = 2.078$$

通过对随机误差项的检验可知，随机误差项是一个白噪声，即该模型满足要求。

该模型的预测结果如表4.8所示。

表 4.8 2012 年税收收入预测

月份	真实值	预测值	方差	误差（%）
11	1866764	1699082.52	342380.62	-8.98
12	1980570	1807616.06	482844.64	-8.73

由表4.8可知，税收收入的规律性比较强，预测误差保持在10%以内。鉴于此种情况，可以使用ARMA模型进行税收收入预测。

（2）其他现金收入预测

由于在使用ARMA模型进行预测分析时，政府性基金收入、非税收入和上级补助收入的规律性不强，预测误差偏大，所以该项工作不具有实际操作意义。鉴于此种情况，政府性基金收入、非税收入和上级补助收入不建议使用ARMA模型进行预测。

2. 现金支出分类预测

省本级现金支出包括本级预算拨款、补助下级支出、政府性基金支出、暂付款和债务支出、国有资本经营预算支出。考虑到数据的可操作性，在分类预测时，只对本级预算拨款、政府性基金支出和补助下级支出进行预测分析。

在使用ARMA模型进行预测分析时，由于本级预算拨款、政府性基金支出以及补助下级支出的规律性不强，预测误差偏大，所以该项工作不具有实际操作意义。鉴于此种情况，本级预算拨款、政府性基金支出、补助下级支出不建议采用 ARMA 模型进行预测。

(三) 分月报表预测分析

因为 ARMA 模型的预测效果不好,接下来会使用报表预测的方法进行分析。自 2008 年以后,我国物价的增长幅度趋于平稳,可将物价上涨带来的数据变动归并到数据的年度增长率上,不需要单独进行考虑。根据 2010 年和 2011 年的数据计算出 2011 年的增长率,根据 2011 年和 2012 年的数据计算出 2012 年的增长率,然后赋予这两个增长率不同的权重,得出 2013 年的增长率,进一步得到 2013 年的预测值。通过不断尝试,最终给 2011 年增长率赋权为 0.2,给 2012 年增长率赋权为 0.8。虽然该权重组合不能保证所有的预测结果最优,但是从整体来看是最优选择。具体预测结果如表 4.9 所示。

由表 4.9 可知,税收收入误差控制在 15% 以内,预测效果较好;对于税收收入的分类预测,个人所得税、城市维护建设税的预测效果较为可观,但是营业税、耕地占用税及企业所得税的预测效果相比之下较差。部分税种预测效果较差,究其原因主要是数据波动剧烈,并且增长不具有稳定性。政府性基金收入预测效果很好,只有 2 月的预测误差偏大。对于非税收入和上级补助收入,近年来其增长率出现了不同程度的波动,导致这部分数据的预测误差偏大。作为特殊因素处理的暂收款和债务收入具有临时调整的性质,不具有预测的可操作性。

地方本级预算拨款的预测效果不好,主要是因为数据的波动剧烈,导致年度之间的增长率不具有稳定性,给预测带来了难度。对于基本支出的预测效果明显好于项目支出的预测效果,究其原因主要是项目支出的规律性弱于基本支出。2013 年补助下级支出发生了较大幅度的增长,导致预测误差偏大。政府性基金支出、债务支出、暂付款、国有资本经营预算支出具有临时调整的性质,不具有预测的可操作性。

总体来看,与现金流出的预测效果相比,现金流入的预测效果较好。有关预测权重的设定是一致的,没有针对不同分类设定具体的权重,导致有些预测误差偏大。如何根据一定的规则设定具体的权重,同时避免主观的随意性需要进一步研究。

表 4.9　2010~2013 年 1~5 月分月报表预测

单位：万元，%

项目	1月 2010年执行数	1月 2011年执行数	1月 2012年执行数	1月 2013年执行数	1月 2013年预测数	1月 预测误差	2月 2010年执行数	2月 2011年执行数	2月 2012年执行数	2月 2013年执行数	2月 2013年预测数	2月 预测误差
资金流入												
一、税收收入	196617	250596	275564	346090	312659	-10	238373	309050	354468	480537	417162	-13
1. 增值税	0	0	0	0	0	0	0	0	0	0	0	
2. 营业税	86951	76743	92647	161922	105832	-35	95264	90024	110120	227432	128574	-43
3. 企业所得税	66971	105044	127080	128524	162856	27	75782	115827	143471	163096	186027	14
4. 个人所得税	35574	57325	46000	42843	44355	4	50432	79665	72875	66480	76354	15
5. 城市维护建设税	4522	7191	6146	5983	6157	3	12591	18199	19671	13729	22696	65
6. 耕地占用税	2599	4293	3691	6816	3758	-45	4304	5335	8331	9798	12473	27
二、政府性基金收入	49962	79823	64941	63220	63018	0	82344	113928	142272	134152	181503	35
三、国有资本经营预算收入	0	0	0	0	0		0	0	0	0	0	
四、非税收入	13379	62845	66480	248909	118715	-52	34646	85224	105028	300425	155218	-48
五、上级补助收入	9803929457	16577995594	19025922330	20989409095	23902642910	14	10708118758	11931885483	21246350991	34683291919	35000516546	1
六、暂收款	0	0	0	0	0		0	0	0	0	0	
七、债务收入	0	0	0	0	0		0	0	0	0	0	

续表

资金流出

项目	1月 2010年执行数	1月 2011年执行数	1月 2012年执行数	1月 2013年执行数	1月 2013年预测数	1月 预测误差	2月 2010年执行数	2月 2011年执行数	2月 2012年执行数	2月 2013年执行数	2月 2013年预测数	2月 预测误差
一、地方本级预算拨款	726029404	3621755510	2327845774	1442373327	3519423661	144	836657778	5266726414	12929603759	1116617632	41671595281	3632
其中：基本支出	705707339	1098010148	1208314274	1362645690	1439762753	6	433386007	836348479	8794979769	920368230	1079312383	17
年初预算	705707339	1098010148	1208314274	1362645690	1439762753	6	433386007	836348479	8794979769	920368230	1079312383	17
追加预算	0	0	0	0			0	0	0	0		
项目支出	2434000000	2523745362	1119531501	79727637	629460723	690	164894200	4430077935	12050123990	196249403	32696987568	16561
年初预算	0	23717835	31326510	71512892			155636000	230089606	81229701	187159836	46959268	−75
追加预算	1500000	0	2309736	8214745			153050000	2754000	61811394	9089566	1110069487	12113
二、政府性基金支出	0	0	20000	1000000			0	1100000	5692690	50302000		
三、国有资本经营预算支出	0	0	22102915	45472			0	0	1717199	721993	0	0
四、债务支出	0	0	0	0			0	0	0	0	0	0
五、补助下级支出	603000	600000	600000	16717390655	599403	−100	615000	486000	1497000	1538832715	3925503	−100
其中：财力补助	380000	342000	600000	0			369000	316000	453000	0	0	0
专款补助	223000	258000	0	0			246000	170000	1044000	0	0	0
六、暂付款	0	0	0	0			0	0	0	0	0	0

续表

资金流入

项目	3月 2010年执行数	2011年执行数	2012年执行数	2013年执行数	2013年预测数	预测误差	4月 2010年执行数	2011年执行数	2012年执行数	2013年执行数	2013年预测数	预测误差
一、税收收入	328262	387778	428346	543283	479728	-12	491526	600649	631007	788399	684539	-13
1. 增值税	0	0	0	0	0		0	0	0	0	0	
2. 营业税	127579	103542	133678	232782	159766	-31	164622	165527	183108	315645	198868	-37
3. 企业所得税	85637	132952	162052	182166	208334	14	184545	241254	286939	308825	348043	13
4. 个人所得税	71733	103465	90517	88735	89463	1	92289	123898	106819	103545	102356	-1
5. 城市维护建设税	24086	23150	25152	20869	26697	28	27349	33863	31146	31885	30630	-4
6. 耕地占用税	19227	24669	16947	18729	13662	-27	22700	36107	22995	28498	19031	-33
二、政府性基金收入	111110	217356	188492	204445	204515	0	143123	260925	249944	291646	282674	-3
三、国有资本经营预算收入	0	0	0	0	0		0	0	0	0	0	
四、非税收入	63399	105749	154618	363881	232437	-36	87379	178025	248630	471872	379101	-20
五、上级补助收入	8343545380	13038535754	12526798129	11347216611	13543264907	19	13336759541	8703697038	11743717817	16538660514	14209256370	-14
六、暂收款	0	0	0	0			0	0	0	0		
七、债务收入	0	0	0	0			0	0	0	0		

第四章 国库现金管理模型与云南省国库现金管理核心模型 · 141

续表

项目	3月						4月				
	2010年执行数	2011年执行数	2012年执行数	2013年执行数	2013年预测数	预测误差	2010年执行数	2011年执行数	2012年执行数	2013年执行数	2013年预测数	预测误差
资金流出											
一、地方本级预算拨款	1847839246	9464767452	16982831735	5492619475	4177583023	661	3850510927	4604288917	1465302754	4334376643	723493211	-83
其中：基本支出	705899638	1154079937	907819891	1000753639	868126008	-13	717748130	5050045020	862152548	924370852	1298742201	41
年初预算	705899638	1154079937	907819891	1000753639	868126008	-13	716687430	5050045020	862152548	924370852	1298921771	41
追加预算	0	0	0	0			0	0	0	0		
项目支出	7993062900	974372316	16075011844	4491865837	21255342087	4632	4473145400	2570833896	603150206	3410005791	182534591	-95
年初预算	3695477200	658703095	3532704160	4488532927	15282992753	240	1688208700	1089378498	311475019	3304172831	111443664	-97
追加预算	273483100	26120327	2978290 61	3332910	2722413135	81583	347833800	57844880	209413956	105832960	613472804	480
二、政府性基金支出	20000	40150000	14776460	116888840	5937099408	4979	18460	100150530	96479904	13257175	1.0476E+11	790116
三、国有资本经营预算支出	0	0	0	342229			0	0	209085	22400		
四、债务支出	0	0	138034	0			0	0	0	0		
五、补助下级支出	397000	880000	1463000	2350581094	2594374	-100	0	0	73000	1114115790 4	0	0
其中：财力补助	267000	344000	428000	0			0	0	73000	0	0	0
专款补助	130000	536000	1035000	0			0	0	0	0	0	0
六、暂付款	15000000	0	1000000000	8557131			0	0	0	0	0	0

续表

5月 资金流入

项目	2010年执行数	2011年执行数	2012年执行数	2013年执行数	2013年预测数	预测误差
一、税收收入	588263	767275	860946	1036936	997430	-4
1. 增值税	0	0	0	0		
2. 营业税	169065	181700	191719	324700	203042	-37
3. 企业所得税	254045	362574	471654	493237	625470	27
4. 个人所得税	107005	142184	121907	123950	116014	-6
5. 城市维护建设税	30371	39203	37308	45199	38035	-16
6. 耕地占用税	27777	41614	38358	49850	39779	-20
二、政府性基金收入	176306	334293	317321	376079	361303	-4
三、国有资本经营预算收入	0	0	0	0		
四、非税收入	111139	259027	293265	540860	402323	-26
五、上级补助收入	7564965085	16101159966	28514134656	26496470635	5253519402	98
六、暂收款	0	2500000000	0	0		
七、债务收入	0	0	0	0		

续表

5月 资金流出

项目	2010年执行数	2011年执行数	2012年执行数	2013年执行数	2013年预测数	预测误差
一、地方本级预算拨款	1146744029	9028459338	6720562579	3529968963	14584463049	313
其中：基本支出	759112444	1069462611	1407338179	1249020074	1878107957	50
年初预算	759112444	1043536875	1379831516	1249020074	1838966945	47
追加预算	0	0	0	0		
项目支出	2141864000	7321701727	5313224400	2280948889	6717089800	194
年初预算	1529927100	1589454758	4022225080	2089002483	8978559786	330
追加预算	216431400	2032502147	374322815	191946406	758202106	295
二、政府性基金支出	293451	3365332	7558179	599340000	30915521	-95
三、国有资本经营预算支出	0	0	3484057	15633	0	
四、债务支出	0	0	0	0	0	
五、补助下级支出	578000	192000	146000	16980420669	98516	-100
其中：财力补助	335000	92000	0	0	0	
专款补助	243000	100000	146000	0	0	
六、暂付款	0	0	0	0	0	

另外，实施国库集中支付制度改革也是影响支出的因素，实施财政国库集中支付制度改革的预算单位，其支出应首先在代理银行，通过"零余额账户"在下达的财政授权支付额度内支用，然后通过代理银行从财政国库清算，按照实际支用数收回。若预算单位暂未支用的资金直接回流到国库，财政部门改革支付方式的绩效将得到良好体现，下达给单位的授权支付额度、部分预算指标客观上形成了结余。通过2010年1月至2013年5月预算单位实际支付数与财政下达额度之间的关系可以看出，1~11月预算单位实际支付数占单位可用额度的比例为30%~50%，12月单位实际支付数占单位可用额度的比例为80%左右（见图4.53），在对国库现金支出流量进行预测时，可以按相应规律进行预测。

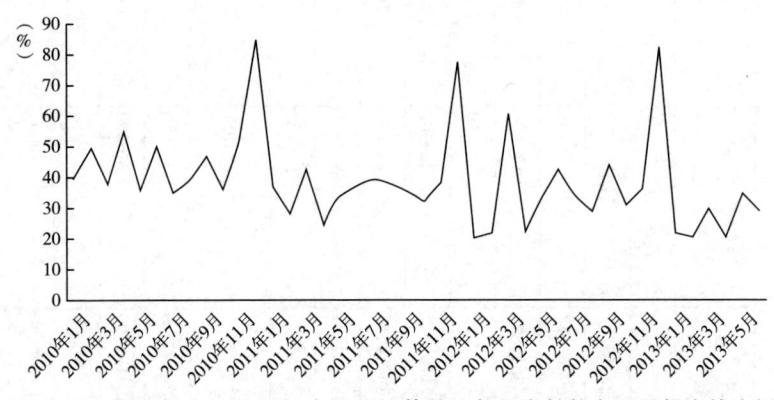

图4.53 2010年1月至2013年5月预算单位每月支付数占可用额度的比例

从部门支出排名情况来看，我们选取了2010~2012年支出排名前20位的部门进行分析，发现交通、教育、人力资源和社会保障、水利等部门的支出占省本级近80%的支出，符合"二八定律"，对剩余20%的部门支出进行分析，也有利于对国库现金流的预测。

第三节 国库现金管理投融资组合动态优化模型

为充分发挥国库闲置资金效益，保持、提高国库资金的现有价值，首先需要预测未来一段时间国库现金的流入量、流出量及存量，再由国库现金管理机构对国库现金进行筹划管理，与此同时，要充分利用相关金融市场投资工具，制定投资组合决策。本节根据国库现金的内涵和特性，具体介绍了以商业银行存款、国债回购、货币市场拆借为主的国内金融市场上常用的本币金融产品。需要指出的是，国库现金管理机构不同于现今市场上普通的现金管理机构，由于其管理的是国库资金，所以资金的安全性和流动性在筹划管理中需要放在首要位置。在具体操作中，应当针对产品的风险性和安全性稳妥地选择并逐步扩大应用于国库现金管理的金融产品范围。

一 云南省国库现金投资政策、投资工具和投资效益分析

(一) 现金投资政策

安全性、流动性和投资回报率是一项现金投资政策最重要的并且要被纳入考虑的因素。在制定现金投资政策的过程中，必须考虑各种因素，避免其过分偏重某一目标。下面列举出的是一项现金投资政策必须包含的内容。

1. 范围

现金投资政策应该明确规定投资的范围。现金投资政策必须在短期现金管理和长期投资管理（例如养老金）之间进行区别。一种基金是否可以被投资是必须考虑的。

2. 目标

现金投资政策应该反映投资的目标。这些目标通常包括：维护资产和保护本金的安全；保证足够的现金以满足运作的要求；遵守各种法律要求；通过投资多样化来防止与特殊的证券类型或机构联系的风险；设定一个恰当的市场回报率。

3. 授权

现金投资政策必须规定谁负责管理日常的现金投资活动、谁负责整个项目的管理，还必须禁止未获得授权的机构和人员介入投资管理。

4. 审慎

审慎是现金投资政策非常重要的一点。现金投资政策一般要求现金投资的决策者像管理他们自己的资产那样谨慎地、小心地利用自己的判断以及自由裁量权和知识来做出投资决策而不是投机决策，要求决策者在资产

的安全性和投资收益之间进行仔细的权衡。

5. 监督和调整资产组合

投资目标决定了政府是采取积极的还是消极的投资姿态,即投资管理者是以一种常规的基础进行交易活动还是选择在购买了投资品种后一直持有至到期日。不同的投资姿态决定了政府对投资进行监督和调整的程度,也就是说,是采取积极的还是消极的监督以及如何调整资产组合方式来对现金投资进行管理。

6. 内部控制

现金投资政策必须明确内部控制的基本原则,考虑各种管理问题,包括控制内部勾结、功能分离、明确授权、记录所有的交易和策略、电话交易的书面证明。此外,内部控制需要确保遵守各种法律规定。最后,需要明确一个独立的审计者对内部控制的有效性进行日常评估。

7. 投资多样化

现金投资需要通过多样化的策略来减少风险。在现金投资政策中需要考虑的多样化策略包括投资工具的多样化、金融机构的多样化、到期安排的多样化。现金投资政策还可以采取限制性的规定,例如规定允许投资的投资工具占比。期限结构多样化是为了确保政府可以在需要的时候满足其现金流的需要。在现金管理中,投资政策的目的是为相对短期的投资提供某种指导。一般地,也可以运用百分比限制来进行资产组合管理,例如规定10%的资产组合的到期时间小于30天,25%的小于90天,等等。

8. 投资工具的竞争性选择

为了确保政府投资的资产组合能够获得最好的利率或避免中介商过度涨价,现金投资政策一般都要求在现金投资的过程中运用竞争性机制选择投资工具。

9. 合格的金融机构

现金管理者需要通过这些金融机构提供的审计或未审计的信息来评估这些机构的可信度和能力。

10. 安全保证和抵押

现金投资政策需要非常清楚地定义政府在安全保证和抵押方面的要求和程度,此外还需要规定第三方担保。第三方安全保证有助于担保在支付以前交割债券，也就是说，在交割实际的债券之前，政府的资金不会离开这个安全保证人。安全保证协议中的规定条款是用来确保证券是以政府的名字被持有的。不过，这需要支付一定的费用。在很多情况下，现金管理者将安全保证功能打包进银行服务合同中来降低服务成本。对于存款类型的投资工具，抵押担保是极其重要的。现金管理者不仅要考虑承诺用来支持某一证券的抵押品数量，而且要考虑被用来抵押的证券类型。

11. 会计方式

现金投资政策需要明确所有的会计方式，需要明确政府的现金投资报告应该遵守哪些会计法律、法规等。

12. 报告要求

现金投资政策需要明确对投资采取的报告方式，包括日报告、月报告、季度报告以及年度报告。这些报告用于反映投资活动，判断实际的投资活动是否遵守规定的指导原则。

13. 绩效评估

有些政府的现金投资政策还要求对投资的绩效进行评估，确定一个基准线，将投资的回报与这个基准线进行比较来对投资收益进行测量。

（二）投资工具及其选择与组合

投资的工具通常包括政府证券、公司证券和金融市场工具。例如，在美国地方政府对现金进行投资的过程中，美国各级地方政府的证券投资工具大致可以划分为三种类型：联邦政府证券、公司证券和金融市场的投资工具。其中联邦政府证券主要由以下几种类型组成：完全有担保的联邦证券；其他联邦政府发行的证券可能有担保，也可能没有担保；其他一些与联邦政府相关的证券。公司证券包括债券和股票，因此进行现金投资时要考虑这两者之间的一个恰当比例。

金融市场的投资工具主要指商业银行、能够储蓄或者抵押贷款的金融机构为广大投资者提供了各种可由自己自由进行投资选择的金融工具，包括商业银行定期存款单、银行定期承兑汇票、商业银行票据、证券回购协议、金融衍生工具。在这些金融工具中，商业银行定期存款单是最受欢迎的。银行承兑汇票是银行同意在短期的基础上贷款给一家公司的协议。商业银行票据也是银行使用的一种公司承诺票据，不过各种金融工具都蕴含着一定的风险。证券回购协议是由一家金融机构持有的临时销售给州和地方政府或其他买者的一组政府证券，该金融机构协议在以后赎回该证券。金融衍生工具都有非常复杂的特点，所以具有争议。

在选择投资工具时，现金管理者必须综合考虑各方面的因素，兼顾各个目标。这些因素和目标包括法律规定、安全性、流动性和收益。不同的投资工具在这四个方面都是不同的，因此，现金管理者必须非常清楚不同投资工具的这些特征。在选择投资工具时，必须注意以下两个方面。一方面，由于现金投资的敏感性和风险性，现金投资一般受一些专门法律、法规的约束，因此，在选择投资工具时，必须考虑法律规定，不得违反。另一方面，要选择一个有效率的投资组合，在确保安全性和流动性的同时获得至少是市场平均收益率的投资回报。

通过上述阐述可以发现，有很多因素从各种方面制约着美国州和地方政府对现金的投资。基于一份针对美国州和地方政府的投资组合分布的调查报告，我们可以清楚地看到，投资于国家银行存款单的占比为57%，州的投资组合占比为56%，短期国库券的占比为49%，中期国库券的占比为56%。

（三）国库现金投资效益比较分析

1. 基于Miller-Orr模型所测算的现金余额投资比较分析

根据上文对云南省国库2012年操作的分析，现使用Miller-Orr模型对云南省国库2008~2011年现金做同样的测算，参数值设定如表4.10所示（将上文对2012年的测算加入表中）。

表4.10 2008~2012年云南省国库Miller-Orr模型参数值设定

参数	2008年	2009年	2010年	2011年	2012年
转换成本（元）	650	650	650	650	650
利息率（%）	0.1205	0.1205	0.1371	0.1704	0.1698
标准差（元）	4159791147.17	8907253428.16	9662854697.12	9977204152.04	6464880273.82

将上述参数值代入模型进行测算，结果如表4.11所示。

表 4.11 2008~2012 年基于 Miller-Orr 模型测算的云南省国库最佳现金持有量

单位：亿元

	2008 年	2009 年	2010 年	2011 年	2012 年
下限	90.72	97.68	28.22	7.19	46.59
目标余额	92.63	100.85	31.43	10.24	48.88
上限	96.46	107.21	37.86	16.35	53.45

根据表 4.11 测算出 2008~2012 年最佳现金持有量及最佳现金持有区间，将每月超过最佳现金持有上限的资金进行银行定期存款操作直至年末，利率按当年利率进行测算。2008~2012 年每年年末银行存款利率如表 4.12 所示。

表 4.12 2008~2012 年每年年末银行存款利率

单位：%

年份	活期	1 天通知存款	7 天通知存款	定期存款		
				1 个月	3 个月	6 个月
2008	0.36	0.81	1.35	1.35	1.71	1.98
2009	0.36	0.81	1.35	1.35	1.71	1.98
2010	0.36	0.81	1.35	1.35	2.25	2.50
2011	0.50	0.95	1.49	1.49	3.10	3.30
2012	0.35	0.80	1.35	1.551	2.60	2.80

利用表 4.12 的利率将每月超过上限的闲置资金进行投资操作，具体操作原则为：1 月末多出上限的额度进行 11 个月定期存款，2 月末多出上限额度的部分减去之前月份的投资后进行 10 个月定期存款，以此类推。最终得出每年获利额度如表 4.13 所示。

表 4.13 2008~2012 年云南省国库现金操作获利额度

单位：亿元

	2008 年	2009 年	2010 年	2011 年	2012 年
获利额度	1.8608	2.6952	6.1910	4.3598	3.3345

结果显示，通过 Miller-Orr 模型对每年最佳现金持有量及持有区间进行测算后，对云南省国库现金进行操作，闲置资金将会得到有效利用，且获

得了较为可观的收益。

2. 周末隔日投资回购方式比较分析

根据对云南省国库现金日余额表的分析发现,每周末和节假日期间,国库现金均不存在收入与支出,因此提出周末隔日投资回购方式以对云南省国库现金进行操作管理。现将 2008~2012 年逐月现金投资收益表及投资收益汇总表列示如下(见表 4.14)。

表 4.14　2008~2012 年云南省国库周末隔日投资回购方式获利额度

单位:万元

月份	2008 年	2009 年	2010 年	2011 年	2012 年
1	516.46	466.81	357.29	185.38	576.47
2	343.03	341.81	486.84	360.75	296.33
3	362.87	309.54	417.00	85.69	173.58
4	513.06	456.84	607.99	354.53	211.50
5	446.85	472.87	469.08	421.66	225.92
6	366.58	518.34	640.30	526.17	470.36
7	516.34	737.72	895.62	900.48	361.03
8	621.55	603.90	712.53	748.65	733.22
9	644.84	1269.01	743.08	922.29	420.59
10	366.62	564.65	1166.43	414.48	336.85
11	460.02	700.92	511.28	596.44	443.90
12	320.49	645.07	305.01	621.32	430.03
合计	5478.71	7087.48	7312.45	6137.84	4679.78

剔除国库资金存放至银行获取的活期利息,得到获利净额,如表 4.15 所示。

表 4.15　2008~2012 年云南省国库周末隔日投资回购方式获利净额

单位:万元

月份	2008 年	2009 年	2010 年	2011 年	2012 年
1	293.30	265.10	202.91	87.81	324.26
2	194.81	194.11	276.48	170.88	166.69
3	206.07	175.79	236.81	40.59	97.64
4	291.37	259.44	345.28	167.93	118.97

续表

月份	2008 年	2009 年	2010 年	2011 年	2012 年
5	253.77	268.55	266.39	199.73	127.08
6	208.18	294.37	363.63	249.24	264.58
7	293.23	418.95	508.62	426.54	203.08
8	352.98	342.95	404.64	354.63	412.44
9	366.21	720.67	422.00	436.88	236.58
10	208.21	320.67	662.42	196.33	189.48
11	261.24	398.05	290.36	282.52	249.69
12	182.01	366.34	173.22	294.31	241.89
合计	3111.38	4024.99	4152.76	2907.39	2632.38

通过模拟操作发现，将资金进行周末隔日投资回购，对国库资金的收益有着明显的影响，最明显的优点在于操作简捷、面临的风险较低。

二 云南省国库库底资金余额管理与投融资组合动态优化模型

（一）现金管理操作市场

资金供需双方通过金融市场实现资金的流通，同时也可以利用相关金融工具在市场上进行交易。政府和财政部门为了满足资金的筹集、投资和其他资金保值增值的需要，将作为一个重要的机构投资者直接参与到金融市场中，其中对本币现金监督管理的操作市场大致可以划分为以下几个大类：资金拆借市场、银行间债券市场以及票据贴现市场等。

1. 资金拆借市场

资金拆借市场可以简单地理解为一些以商业银行为主的金融机构为了进行短期资金活动，相互通过货币借款而产生的市场。这些商业金融机构多余的股权和头寸被认为是资本拆借市场和证券市场重要的交易对象，为了满足短期的资金需求，资金短缺的机构向资金富余的机构进行借贷并按期归还。资金拆借市场是各个国家货币市场中极其重要的一部分，也可以说是最为基础的一种货币市场。

我国关于资金拆借市场的历史最早可以追溯到 1984 年，在这之前的很长一段时间内，信贷资金管理体制占据了我国资金管理体制非常大的部分。当时各个银行间的资金不能随意流通，银行间的资金短缺唯有通过上级行政渠道进行调动。1984年10月，为了适应全新的信贷组织管理格局，一场关于我国信贷资金管理体制的巨大变革悄然而至，我国一改曾经信贷资金管理体制高度集中的特质，开始鼓励专业银行之间相互借贷和使用资金，形成了统一计划、划分资金、实贷实存、相互融通的新体制。同时，大部分专业银行及其分支机构开始办理同业拆借业务。在经历了一段相对比较长期的实践试验与发展后，直到1996年1月，我国正式建立了在全国范围内统一的银行间拆借市场，这也意味着我国拆借市场迈向了一个新的时期。

从事信贷拆借业务的门槛并不高，只要是拥有资金拆借业务资格的机构，包括其授权的分支机构都可以进行。关于办理信用拆借业务的渠道也并不单一，既能在电子交易系统内办理，也可以自行在系统外办理。这里我们需要详细说明一点，只有经过中国人民银行批准的金融机构，才能成为交易中心的成员。在交易系统外自行登记达成相关交易的金融机构也需要在当地中国人民银行分支机构进行备案，这些机构通常体量较小。

资金拆借市场在发达国家可以说是非常活跃的，但是通过以往国库资金管理的相关经验，能够得到的结论是：同业拆借业务只能作为一种辅助投资的手段，一般来说，银行只会把用来抵抗紧急支付风险的很少一部分资金用于短期拆借，并不会全部依赖它来获取收益。但是我国作为一个发展中国家，在国库资金管理的起步时期，同业拆借业务依然可以作为一种较为主流的投资方式，因为我国对国库资金的预测并不十分准确，所以可以把国库资金的一部分单独保留以备不时之需，另一部分仍然可以进入同业拆借市场以获取收益。

2. 银行间债券市场

债券市场可以分为两大类：一类是回购市场，另一类是现券市场。按照一般的习惯又可以分为两种，即交易所市场和场外交易市场。中小投资者是交易所市场的主体，且小额交易占据了主流；与之相对应的场外交易市场的主体则多为银行间债券市场，主要交易方式为债券交易。

1997年伊始，中国人民银正式批准成立了银行间债券市场，主要基于同业拆借市场的宝贵经验，目的在于进一步丰富和更新完善我国的债券市场体系。1997年6月16日，我国发布了债券买卖和质押式回购两种交易形式；2004年5月20日，我国正式对外发布了买断式回购的交易形式；2005年6月15日，我国发布了债券远期交易的交易形式。到现在为止，以上四种交易形式成为我国银行间债券市场的主流形式。

债券买卖就是流通转让已经发行的债券，目的在于对发行市场（一级市场）和流通市场（二级市场）进行区分。质押式回购可以看作一种短期的资本融通方式，融入与融出双方都用债券作为质押。质押式回购的过程是：资金融入方质押债券，资金融出方融入资金，与此同时，双方要确定归还本金与利息、返还债券的日期。买断式回购则是指债券持有方向购买方出售债券，同时约定好重新买回同种类同数量的债券的价格与日期。债券远期交易就是交易双方对未来购买债券的日期、价值、数量进行事先约定的行为。

银行间债券市场可供交易的债券种类有很多，并且其数量正随着债券市场的发展而逐渐增多，但都需要通过中国人民银行的批准，具体可以划分为政府债券、政策性金融债、中央银行票据、金融债券、次级债券、企业短期融资券、证券公司短期融资券、企业债等记账式债券。

目前发达国家进行国库资金管理时最主流的两种形式就是国债现券交易与回购交易。前者在中长期债券赎回中具有重要作用，这种市场操作手段尤其适用于国库突然出现大笔资金的情况；而后者则更具有普适性，具体的方式可以分为国债正回购与国债逆回购。对于目前我国国库本币现金管理的形式而言，国债现券交易与回购交易也是非常主流的操作方式，它们能够配合国债的发行，从而对国债市场发展起到深入的促进作用。

3. 票据贴现市场

1981年是我国能追溯到的最早开始实行票据贴现业务的年份。票据贴现业务从其基本内涵上来说，就是收款人（持票人）将尚未到期的银行承兑汇票或商业承兑汇票向银行申请贴现，银行按票面金额扣除贴现利息后将余额支付给收款人的一项银行业务。再贴现则是商业银行在资金不足的情况下，将已经贴现过一次的未到期票据再次向中央银行申请贴现的行为。中央银行可以对再贴现利率进行调节，这是央行的一项重要手段，用于对市场货币的供应量进行调整。1998年3月，我国为了消除贴现利率与再贴现利率的倒挂现象，由中国人民银行对再贴现利率进行调整，从而使二者脱钩。一方面为了全面放开贴现利率，另一方面为了稳定市场化票据交易价格，中国人民银行同时对再贴现利率和贴现利率做了调整：一是自主确定再贴现利率；二是在再贴现利率的基础上，让交易双方自主加点生成贴现利率；三是票据转贴现利率也由金融机构双方自行商议。中国人民银行颁布实施这些措施之后，我国大致形成了一种新的影响机制：市场贴现利率与票据转贴现利率都间接由再贴现利率引导。再贴现利率的影响力越发巨大，逐渐成为货币政策的三大手段之一。

票据融资功能的增强以及我国票据贴现市场融资规模的壮大，对促进我国经济社会的发展产生了重要意义。一是对商业信用进行了规正与引导，加快了信用票据化的发展过程，构建了一套相对完善的、与我国社会主义市场经济体制相适应的、将各种层次信用形式有序组织起来的融资体系；二是丰富了我国的社会主义市场经济体制，扩大了社会信用规模；三是优化了商业银行关于放款资产的构成，推动了商业银行的变革，在资产质量提升的同时降低了风险；四是银行能够规定可贴现票据的类型和期限，从而指定贴现资金的流向，从根本上控制各类产业的发展；五是提高了中央银行在金融调控中的地位，从质量和效率两个方面齐头并进，完善间接型调控机制。

通过借鉴发达国家的经验可以很明显地发现，在货币政策的制定中，调整再贴现利率对公开市场业务来说必不可少。经验表明，发达国家在国库现金管理的过程中极少涉足票据市场业务，但也不排除一些特例，比如由于一项政策的颁布，突然有一笔较大规模的资金流入，国库也会使用这些资金中的一部分购入相对安全的票据，从而对现金收支进行一个平衡。换句话说，票据市场业务对我国当前国库现金管理的状况来说虽并不是最好的选择，但在未来的发展过程中，也许不失为一个可以纳入考虑的方案。

（二）国库现金可选择的操作工具

国库现金属于公共性质的资金，因此保证其安全性是首要的，其次是保证流动性，这两者对国库现金的管理来说必不可少。在我国，可供选择的操作工具主要有以下几种。

1. 商业银行存款

资金是否安全是国库现金头寸管理最重要的一环，所以对于国库现金头寸管理来说，能够保证资金稳定与增长的最好方式就是按规定进行商业银行定期存款，因为这种方式带来的收益相对稳健。在对一些发达国家进行研究后，我们可以发现它们更偏向于通过存款利率公开招标的方式，选择那些资产规模更大、资产质量更好的商业银行进行存款以获取收益。本部分将针对我国商业银行现今几个最主要的存款种类和相关的组合决策进行介绍。

（1）活期存款

活期存款主是一种存取方便、使用灵活的存款方式，可以满足客户日常交易需求，能在最大程度上保证资金的流动性。活期存款就是指客户可以随时存款和取款，没有限定期限。活期存款利息根据结息日银行挂牌公告的利率结算，如果利率进行了调整，则实施不分段计息法。从这点可以看出，活期存款的收益相对而言并不高。账户管理是单位活期存款的主要管理方式，由于账户分为很多种不同的类型，所以以人民币为单位的活期存款大致可以划分为以下四类：基本账户活期存款、一般账户活期存款、临时账户活期存款和专用账户活期存款。

（2）定期存款

定期存款不同于活期存款的随存随取，它是一种只有到期后才能支取的存款形式，在存款时，商业银行还应与客户对存款期限、利率水平、结息付息方式等进行约定。

通常来说，办理定期存款的流程如下：想要存款的客户向商业银行提供定期存款的资金，在商业银行核实没有问题之后，签发《单位定期存款确认书》，收取资金。一旦款项到期，客户有两种选择方案，一种是继续存款，另一种是直接取出本金和利息。一般地，商业银行定期存款的起存额为1万元，存入的方式是一次性的。单位定期存款共有6种存期：3个月、半年、1年、2年、3年和5年。存款期间，按存款日公布的定期存款利率结算利息，如果在此期间遇到利率调整，则实施不分段计息法。

虽然定期存款是一种到期后才能支取的存款方式，但它也是可以进行提前支取的。具体可以分为两种形式：一是全部取出，所有的利息都按照存款日公布的活期存款利率结算；二是部分取出，取出的部分仍旧按照存款日公布的活期存款利率结算，另外没有支取的部分如果超过1万元，这部分的利息则可以按照之前约定的同一档次的定期存款利率结算。

根据发达国家的经验，定期存款通常是一种保证资金稳定与增长的主流手段，其最大的优点就是收益相对稳健，十分契合国库现金对安全性的需求。在运用定期存款实现收益的过程中，也应该根据未来的许多财政计划，配合各种期限要求进行相应期限的定期存款。

尽管定期存款的优势非常明显，但在管理国库现金的过程中也存在一些不足。一是由于定期存款将资金都交给银行，银行出现的任何问题都可能使存款人损失巨大的资金，如银行不能正常运作、资金流动不善等。为了避免这种情况，在存款之前就要对商业银行的能力进行评估，尽量选择具有良好的信誉或是有长期合作关系的银行，或是在存款前要求银行提供可以作为担保的等值债券。二是要注意对定期存款资金的使用比例和存款期限进行分析。稳健的收益就意味着资金会具有较差的流动性，所以要事先对国库现金流量进行预测，以防止出现资金短缺的情况。需要明确的是，应当在保证国库资金流动性的条件下，利用国库现金在商业银行实行定期存款。

（3）通知存款

通知存款是指存款人在存入资金时不对存款期限进行说明，只有在通知银行、双方议定取款日期和金额后，方可支取的存款。根据存款人提前通知期限的长短，可以把通知存款分为两类：1天通知存款和7天通知存款。通知存款的起存额为50万元，一次性最少支取10万元。储户必须一次性存入本金，但在支取时没有限制。

通知存款的收益介于活期存款和定期存款之间，也就是说，它既可以在一定程度上增加国库资金的收益，也可以提高资金的流动性水平。其适用范围也结合了两者的特点，一般都是金额较大但不能确定存款期限的资金。

通知存款业务的主体很广泛，根据中国人民银行下达的通知，只要是满足相关开户条件的且在我国境内的企事业单位、机关、团体以及其他组织，都可以办理通知存款业务。

(4) 协定存款

协定存款是指可以开立基本存款账户或一般存款账户的中华人民共和国境内的法人或其他组织开立具有结算和协定存款双重功能的协定存款账户，并约定基本存款额度，由银行将协定存款账户中超额部分按协定存款利率单独计息的一种存款方式。

协定存款的明显特征之一是它必须具备两个固定账号——结算户和协定活期存款户，结算户的活期资金本息剩余额按银行活期存款户的利率进行计息，协定活期存款户的活期资金本息剩余额按银行协定活期存款户的利率进行计息。协定中的存款定期利率是由中国人民银行统一决定的。通常，客户在决定申请银行协定定期存款时，首先，需要与中国商业储蓄银行结算公司直接签订《协定存款合同》，约定银行结算户基本生活账中的存款保证金结算额度及其他协定定期存款的结算期限；然后，商业储蓄银行在原有客户基本定期存款结算账户或一般定期存款结算账户的成本基础上，为每个客户建立一个协定定期存款结算账户，下设协定结算户和其他协定定期存款户。当与其他结算户建立联系并进行往来的部分顾客所剩余的资金超过基本协定保证账户留存资金剩余时，自动向基本协定保证存款户进行转移；当其低于基本协定保证账户留存资金剩余时，则自动交给其他商业存款银行管理使用，并由协定保证存款户的剩余资金来帮助补充顾客剩余资金不足的部分。合同合约履行到期后若未延期，银行就会将基本协定银行存款管理账户的全部本息余额进行分期结清，全部本息转移至基本协定存款管理账户或一般协定存款管理账户。

协定存款的优势在于，不仅能满足资金日常结算需要，而且能够取得较高的利息收入。

(5) 存款组合

在对上述几种存款类型进行介绍之后，根据它们不同的优缺点，自然而然地就形成了存款组合这种模式，从而发挥各种存款方式的优点，将它们搭配组合在一起，在提高资金安全性与流动性的同时保证收益越多越好。通常来说，根据资金的流动性将存款组合体系划分为三个时期：3个月内属于短期、3~12个月属于中期、12个月以上属于长期。

3个月内属于短期存款，通常由活期存款、协定存款和通知存款组成，前两者是针对一些日常或突发的小额资金需求，后者则针对周期大于 7 天的资金需求。短期存款强调要拥有及时支付的资金，也即确保资金的流动性。

3~12 个月属于中期存款，通常由 3 个月定期存款和 6 个月定期存款组成。中期存款一般针对一些突发的大额资金需求，同时确保资金能获得一定的收益。

12 个月以上属于长期存款，主要是一些长期的、不需要紧急使用的资金。长期存款强调要确保资金的收益性，但也可以针对一些突发的大额资金需求。

存款组合的收益率公式如下：

$$R = \sum_{t=1}^{n} R_t \times P_t \qquad (4.20)$$

其中，R 为实际年收益率；R_t 为存款品种 t 的年收益率；P_t 为存款品种 t 的占比。

2. 中央银行定期存款

中央银行定期存款是指这样一种国库资金管理方式：财政部门将国库资金作为本金存放在中央银行，约定好利率水平与存款期限等条件，到期后收取本金与利息。

3. 发行国债

本部分主要介绍短期国债，也就是财政部颁布的期限为 1 年以内的国有企业债券。

（1）短期国债的特点

短期国债与其他工具的不同之处在于：一是违约风险低，原因在于国债属于以国家信用为基础而发行的债券，国债的背后是国家，其拥有很高的信用地位，所以违约的风险很小；二是流动性强，短期国债的期限一般在半年到一年时间，投资者可以实现快速变现；三是面额小；四是收益免税，短期国债免除了利息税，从另外一个方面提高了收益，在同等风险的情况下，投资者更偏好选择利率更高的短期国债。

（2）短期国债的收益率

贴现是用来表示短期国债收益率较好的形式，按照一年 365 天计算短期国债的收益率。

如果以 P 为购买价格，d 为国债收益率，D 为实际剩余天数，则短期国债的收益率 d 可以表示为（以面值为 100 元计算）：

$$d=[(100-P)/P]\times(365/D) \qquad (4.21)$$

4. 购买国债

购买国债是这样一种国库资金管理操作方式：财政部门将国库资金的一部分拿出来用于购买国债。我国的国债专指财政部代表中央政府发行的国家公债，由国家财政信誉作担保。

5. 国债回购

国债回购是这样一种融券融资行为：在交易的同时，买方和卖方就事先约定了未来反向交易的日期和价格。货币市场回购利率以国债回购利率为基础和标准，国债回购利率与市场资金利率水平息息相关。同时，国债回购也属于一种较为主流的国库资金管理操作方式，大大提高了国债的流动性。大多数国家的国库现金管理机构都只是以一个一般的市场参与者身份参与交易，但也有一些国家的国库现金管理机构会与中央银行对接。

（1）国债回购的特点

国债回购具体可以划分为两种不同的形式：第一种是正回购（Repurchase Agreement），又称作卖出回购，是指卖方与买方约定未来某日以某种价格购回这笔国债；第二种是逆回购（Repurchase Agreement），又称作买入返售，是指买方与卖方约定未来某日以某种价格再将这笔国债卖给卖方。这两种形式共同组成了一笔完整的国债回购交易，从更深入的层次上来说，这不仅是买卖国债，更是一种资金上的借贷，也是一笔包含了即期和远期的交易。

回购交易是"一笔交易、两次清算"，它不同于现货交易的"一次交易、一次清算"，两次清算的过程如下：

初始交易：融资方（国债持有者）$\xrightarrow[\text{资金 A}]{\text{上市国债}}$ 融券方（资金所有者）

反向交易：融资方（国债持有者）$\xrightarrow[\text{上市国债}]{\text{资金 B}}$ 融券方（资金所有者）

在以上两次清算过程中，上市国债的数额和品种均保持不变，但资金量发生了改变，资金 B 中除包含本金 A 外，还包含了融资方付给融券方的利息。国债回购从某种意义上来说就是以国债为质押物进行的短期质押贷款。

（2）国债回购的分类

国债回购主要有两种：一种是1997年6月16日发布的质押式回购，另一种是2004年5月20日发布的买断式回购。

质押式回购就是正回购方以国债为质押品向逆回购方融资，双方对正回购方返还本金与结算利息的日期进行事先确定，在那天，逆回购方解冻国债。这里需要注意的是，国债只是被冻结而没有改变其他的属性，处于冻结期间的国债不能再用于买卖或二次质押。通常用利率来表示质押式回购的价格，这个利率被称作质押式回购利率，由交易双方共同商议。

买断式回购就是正回购方向逆回购方出售国债，双方提前约定未来正回购方向逆回购方重新购买这笔国债的日期与价格。不同于质押式回购，其国债并不是被冻结的、不能买卖或再次质押，而是将国债的所有权由正回购方转让给逆回购方。买断式回购大大提升了国债的流动性，这是一种类似做空的交易，在收益提高的同时也增大了可能存在的风险。

（3）国债回购交易的风险

国债回购虽然是以国债作为抵押物，但这不代表此种交易就不存在风险。可以简单地把国债回购交易的风险划分为两类：信用风险和清算风险。

信用风险就是说即使交易双方在事前进行了约定，但他们中的任意一方仍存在不履行约定的可能性，这会使得另一方遭受损失。比如，卖方不履行购回国债的约定，一旦国债价格下跌，买方只能自行承担这部分损失；或是国债价格上升，买方为了自己的利益不愿意履行卖出的约定，卖方就会受到损失。关于信用风险已经有了比较成熟的对策：国债的市场价值与贷款总额之间存在一定的差值，这一部分作为保证金，同时会随着国债市场价格的变动实施追加保证金或是重新议定价格措施，以此来保障交易双方的安全。

清算风险就是说在现实中，由于交割国债的成本很高，一些短期的回购交易为了节省费用，会用国债代保管凭证（单）代替真实的国债，可能会导致卖方并没有足额的国债，出现买空卖空。关于清算风险的应对对策就是请具有公信力的第三方金融机构统一保管国债，如果只能提供国债代保管凭证（单），则必须有真实足够的国债数量。

6. 货币市场拆借

(1) 货币市场拆借的定义

货币市场拆借是一项短期的融资行为，金融机构与特定的非金融机构之间相互进行头寸的调剂，弥补临时性的资金缺口。主要用于满足资金的流动性需求，资金短缺的机构可以与资金富余的机构相互借贷。

货币市场拆借是国库现金头寸管理一种非常重要的手段，有三种比较主流的方式：一是在货币市场上贷出短期盈余的现金；二是在预期到未来的现金流量变化时，可以在一天内同时借、贷资金；三是在利率呈现出一个积极态势时，为了获得更多的收益，可以适当地利用远期回购提前借贷资金。

(2) 货币市场拆借的特点

相对于本币现金管理的其他方式而言，货币市场拆借交易的期限短、流动性强、信用要求高，有着不同于其他方式的特点。

①由于货币市场拆借只是为了弥补一些暂时性的资金不足，所以融资大多都是短期的，一般为1天、2天或1周不等。

②货币市场拆借有着严格的准入条件，主要是金融机构和一些特定的非金融机构，普通的、未被指定的机构与个人都不能参与。

③相对于其他管理资金的方式而言，货币市场拆借的交易形式更简单便捷，成交的时间也较短。

④通过货币市场拆借进行交易的资金一般数额都比较大，而且不需要担保或抵押，交易双方都只用自己的信用作为担保。

⑤货币拆借市场上的利率实际是由交易双方商量达成的，也就代表了市场利率，可以比较实在地反映市场资金供需情况。

(3) 货币市场拆借的运作程序

一般而言，货币市场拆借的运作程序主要由以下四个步骤构成：首先是拆借双方表达拆借意向，接下来双方洽谈成交，然后是资金的划转，最后是归还借款。但是，由于拆借交易方式、期限以及地理位置的不同，具体的运作程序也会有所区别，主要包括直接和间接货币市场拆借。

直接货币市场拆借主要包括以下两种类型。

第一是头寸拆借。它是一种通过轧平金融机构的支票头寸、补充银行存款的短期准备金及银行票据上的清算等多种手段进而在我国货币证券拆借借入市场上直接借出、融通短期市场资金的一种经济性交易活动，其主要操作流程如下。首先由拆出机构开出支票交给拆入机构存于中央银行，使被货币拆借借入的金融机构在我国中央银行内部的短期资金流入数量得以大大增加，补足了短期资金的实际差额。同时，拆入的金融机构还可能会向其开出一张贷款支票，其支付面额一般指的是此次拆入的贷款金额。然后加上此次贷款后的利息并在支付后发给被机构拆出收入的金融机构，并详细明确地书写好此次贷款利息兑付的出票日期（一般来说是贷款出票日后的一天半到两天）。到期时由其分拆出来的部门管理机构方可对银行支票经过全国票据交易转移交换所后的利息进行清算，返还本息。

第二是直接借贷。它是指相关机构之间由于临时性或者季节性的资金余缺而融通调剂。对拆出机构来说，直接借贷是其投放部分资金的手段，目的在于在提高资产流动性的同时增加收益，其主要过程是：由拆入机构填写一份借据交给拆出机构，拆出机构向拆入机构提供资金。到期后再逆向划转，划转金额为拆入金额加上利息。

间接货币市场拆借就是在原本的货币市场拆借的基础上增加了一个中介机构，这个中介机构可以是拆借市场经纪公司，也可以是代理媒介。中介机构的获利方式主要有两种：一种是拆借手续费，另一种是赚取利差。主要步骤如下：第一，拆出机构通知中介人，告诉中介人自己可以拆出资金的数量、利率、期限，同时拆入机构通知拆借中介人自己需要的资金数量、利率、期限；第二，中介人将双方的信息进行整理后将适宜的情况分别通知拆借双方；第三，拆借双方接到中介人反馈的信息后直接与对方进行协商；第四，拆借双方协商一致、拆借成交后，拆出机构将自己在中央银行存款账户上的可用资金划转到拆入机构账户上；第五，拆借期限到期时，拆入机构则把自己在中央银行存款账户上的资金划转到拆出机构的账户上。

间接货币市场拆借可以分为间接同城货币市场拆借和间接异城货币市场拆借两类。

（4）我国同业拆借利率的确定

目前，上海银行间同业拆放利率（Shibor）是我国同业拆借利率的基准，2007年初由中国人民银行发布。Shibor是以位于上海的全国银行间同业拆借中心为技术平台计算、发布并命名的,是由16家信用等级较高的银行组成报价团自主报出的人民币同业拆出利率计算确定的算术平均利率,是单利、无担保、批发性利率。目前,社会公布的Shibor品种包括隔夜、1周、2周、1个月、3个月、6个月、9个月及1年。其中16家报价行包括四大行、交通银行、招商银行、中信银行等信用等级较高的银行。

全国银行间同业拆借中心受权Shibor的报价计算和信息发布。每个交易日根据各报价行的报价,剔除最高、最低各2家报价,对其余报价进行算术平均计算后,得出每一期限品种的Shibor,并于11:30对外发布。针对以上几种国库现金管理操作工具,表4.16将针对其各自的优缺点进行对比分析。

表4.16 国库可选择操作工具优缺点分析

操作工具	优点	缺点
商业银行定期存款	1. 收入稳定、较高,一般情况下收益相对于其他形式商业银行存款要高 2. 缓解资金紧张,增加银行的可贷资金,在流动性不足的情况下,可以作为辅助措施	1. 在流动性充足或过剩的情况下,继续进行商业银行定期存款会进一步提高流动性,不利于经济的健康发展 2. 期限品种比较单一,欠缺灵活性。一旦存于其他形式的商业银行,存款较高;存款期限确定,必须到期才能按定期存款利率支取,如遇紧急情况,提前支取将按活期利率计算利息 3. 地方可能会存在为扩大存款操作规模故意拖延拨款,或不考虑风险因素凭主观臆断选择商业银行的现象 4. 足额取得质押品可能存在一定的困难,尤其是地方性商业银行
中央银行定期存款	1. 资金安全性高,不承担市场风险 2. 操作程序简便,无须提供质押品,也无须经过招投标程序 3. 监管成本较低 4. 资金运转效率高,更能确保预算支出的正常运行 5. 有利于规范地方财政资金管理 6. 缓解流动性过剩的压力 7. 不会与中央货币政策目标发生冲突	收益较低,中央银行定期存款相对于商业银行定期存款而言,利率较低,产生的定期存款收益较少

续表

操作工具	优点	缺点
发行国债	1. 满足国库短期资金周转的需要，为国库现金管理提供操作上的灵活性 2. 有固定的发行时间和频率，有利于提高债券发行计划制订与执行的透明度和确定性	1. 中央暂未允许地方发行国债，由中央进行国债统一管理 2. 操作过程难以管理
国债回购	1. 安全性高，由交易所清算系统保证到期自动还本付息。有高抵押的零风险品种，与银行存款安全等级相同 2. 收益率高，收益率远远高于活期存款利率，多数情况下高于同期限的定期存款利率，有时甚至超过国债利率 3. 选择范围广，有较齐全的交易品种 4. 流动性强，债券回购交易的主要功能就是调节短期现金头寸，进出方便 5. 交易灵活，可双向操作，兼备投资与融资功能	国债回购一般都为短期操作，操作较为频繁、费时，且地方目前尚未有进行此项操作的权利
购买国债	1. 在金融市场中，国债安全性最高，其信用由国家担保，基本上不存在清偿风险 2. 流动性好，既可以将债券持有至到期以获得利息收入，也可以在持有期间开展回购交易以提高债券的流动性 3. 品质多样可选，我国交易所交易和银行间市场质押式债券回购交易的品种选择很多，可以满足各种期限的资金流动性要求 4. 收益远高于活期存款利息，并且就持有到期而言，其到期收益率事先确定，所以收益稳定	1. 从当前国债品种及场所来看，购买国债的可操作性不强 2. 目前地方财政或国库均不属于银行间债券市场参与者，不具备在一级市场和二级市场交易国债的资格 3. 我国短期国债发行量较少，不能满足市场购买国债的需求 4. 不能确保本金免遭损失。一旦遇到财政紧急支付情况而需要将所买入的国债提前变现时，将可能导致国库资金的本金损失 5. 不符合国库现金管理的稳健性原则，容易产生投机操作 6. 地方国库和财政部门缺乏相应的国债买卖交易专业人员，给实际操作带来困难

（三）国库现金投资工具选择对策和建议

根据对国库现金可选择操作工具的优缺点分析，在选择各种工具的过程中，我们将系统分析云南省国库现金投资工具选择的可行性及所面临的困难，并据此提出可供参考的对策建议。

1. 商业银行存款

（1）传统模式下国库现金存款收益比较

针对目前我国的情况，对国库现金余额进行操作的方式主要有活期存款、1 天通知存款、7 天通知存款、3 个月定期存款、6 个月定期存款和 1 年定期存款。具体操作时可以对以上操作方式进行合理的组合，实现收益的最大化。根据存款利率（见表 4.17），得到 2011 年、2012 年国库现金余额的不同收益（见表 4.18）。

表 4.17　2012 年国库资金存放银行的年利率

单位：%

	活期	整存整取			1 天通知存款	7 天通知存款
		3 个月	6 个月	1 年		
年利率	0.38	2.73	2.93	3.17	0.83	1.485

表 4.18　2011 年和 2012 年投资组合收益

单位：亿元

年份	活期存款	活期加 1 天通知存款	1 天通知存款	1 天加 7 天通知存款	定期加通知存款
2011	0.8080	1.1465	1.7262	2.9448	4.4714
2012	0.7672	1.0867	1.6067	2.6808	3.7233

①全部活期。每日国库现金余额以活期存款的形式存入银行，每天一次的利息为（活期存款年利率/360）×活期余额，加总得到全部用活期的方式将国库现金余额存入银行时的收益。2011 年收益为 0.8080 亿元，2012 年收益为 0.7672 亿元。从 2011 年和 2012 年国库现金活期存款收益可以看出，由于活期存款的利率较低，所以存款收益偏低。

②周末和节假日用 1 天通知存款（年假和十一假期用 7 天通知存款）和平时活期的组合。由于国库在周末和节假日没有资金的进出，可以考虑在该段时间进行通知存款，周末和不足 7 天的假期进行多次 1 天通知存款操作，大于或等于 7 天的假期可以进行 7 天通知存款操作。将国库现金余额直接存放到银行，2011 年收益为 1.1465 亿元，2012 年收益为 1.0867 亿

元。可以看出,在周末和节假日进行通知存款、平时活期的操作可以增加投资组合收益。

③最大可能用1天通知存款。如果能够预测第二天的现金余额,则每天都可能用1天通知存款(即今天、明天两天余额的较小值可以作为1天通知存款)。进行短期现金余额预测的可操作性很大,并且误差会小于长期预测。2011年收益为1.7262亿元,2012年收益为1.6067亿元。可以看出,如果对每日国库现金余额进行1天通知存款,则可以增加投资组合收益。

④最大可能用1天通知存款和7天通知存款的组合。如果能够预测一周的现金流,则可以用1天加7天通知存款的投资组合。首先,将一周现金流的最小值作为7天通知存款,其他超过最小值的部分用1天通知存款(还是需要比较前后两天的较小值作为1天通知存款额)。2011年收益为2.9448亿元,2012年收益为2.6808亿元。相对于前面几种投资组合,1天加7天通知存款的投资组合增加了投资收益。

⑤最大可能用定期和通知存款的组合。如果能够预测一年的现金流,则可以进行定期存款加通知存款操作。该种投资组合的具体操作方法为:首先,找到能够存1年的定期额,就是全年最低现金余额;然后,扣除1年定期以后的余额,寻找最好的6个月投资,会有多个;接着,扣除6个月的投资后,寻找最好的3个月投资,会有多个;最后,扣除3个月投资后的余额,寻找7天加1天的通知存款组合(具体操作方式和前面相同)。在实际操作过程中,通过比较图形进行分析,人工选择1年期、半年期和3个月期的几个主要定期投资,扣除后,对余额再进行7天和1天的通知存款操作。通过表4.19可以看出,该组合2011年总收益为4.4714亿元,2012年总收益为3.7233亿元。并且定期存款收益高于通知存款收益,符合以长期为主、短期为辅的理念。

表 4.19　2011 年和 2012 年定期加通知存款收益

单位:亿元

年份	定期存款收益	1 天加 7 天通知存款收益	总收益
2011	3.2025	1.2689	4.4714
2012	2.0609	1.6624	3.7233

通过以上分析可知，在能够预测现金余额的前提下，通过定期存款加通知存款的投资组合方式，可以获得较高的投资组合收益。但是也存在一定的问题，比如对定期存款额度的选择存在主观性，并且由于一些极端数据的存在，这种选择更加困难。

（2）新型存款产品的收益比较及可行性分析

①智能通知存款。

智能通知存款结合了活期存款与通知存款的优势，系统自动识别账户余额，如达到规定起始金额，则自动按通知存款利率计息，但仍然拥有活期存款的流动性。智能通知存款是兼具活期存款流动性和通知存款收益的银行存款产品。参照表 4.20、表 4.21 可知，其安全性＝存款，流动性＝活期，收益率≈7 天通知存款（1.485%）。

表 4.20　各类存款产品对比

存款产品	安全性	流动性	收益率
活期存款	存款	活期	0.385%
1 天通知存款	存款	提前 1 天通知	0.88%
7 天通知存款	存款	提前 7 天通知	1.485%
协定存款	存款	活期	1.331%
智能通知存款	存款	活期	无限接近 1.485%

表 4.21　示例——本金 10 亿元，存期自 2013 年 8 月 23 日至 12 月 31 日

存款产品	本金（万元）	存期（天）	计息规则	存款收益率（%）	存款收益（万元）	优势	劣势
活期存款	100000	130	活期存款	0.385	139.03	可随时支取	收益低
通知存款	100000	130	7 天通知存款	1.485	536.25	收益相对较高	每次支取需提前通知，操作较为麻烦；通知后未按时支取，不计息
智能通知存款	100000	130	7 天通知存款	1.485	最高可达 536.25	收益相对较高；可随时支取，无须提前通知	存期内金额需保持基本平稳；以 7 天为一个计息周期，按周期内最低金额计算利息

续表

存款产品	本金（万元）	存期（天）	计息规则	存款收益率（%）	存款收益（万元）	优势	劣势
定期存款	100000	130	3个月定期+活期	2.860	757.78	收益高	需制订详细的资金支付计划，且不能更改，否则影响收益率
智能定期存款	100000	130	3个月定期+7天（10天）通知存款	2.860	880.00	利息收益高；可多次支取，方便管理	—

②智能定期存款。

智能定期存款是一款创新型存款产品，基于一定服务周期为客户提供活期存款、通知存款及定期存款智能转存的现金管理增值服务，适用客户包括企业类及行政事业类单位。该产品是存款产品；不指定存期，可随时支取；支取时按实际存期靠档计息；可开立存款证明书、存单，可办理对银行的质押贷款。

③结构性存款。

结构性存款与银行外汇机构性存款产品类似，也就是说商业银行与客户事先约定存款期限，客户的资金打入自己在该行开设的账户里，商业银行随后就将这笔资金冻结起来，将账户资金划入理财产品资金池；存款人在协议期内仅仅可以查询到账户余额，不能支取账户资金；银行在确保资金安全以及每笔存款流动性的前提下，通过同业拆借、购买债券、保本型理财产品、货币型产品等方式实现池内资金收益最大化；协议到期后，银行将协议约定的存款本金及收益返回存款人账户并解冻。所获得的收益均高于通过执行人基准利率上浮最高权限的不同期限存款产品组合获得的收益。

为客户开立的结构性存款账户是正常的银行专用账户，在存款存续期间，客户账上资金不进行转移，经办网点可提供存款证明书，客户可查询存款余额。结构性存款存续期间不得提前支取，但可以申请将存款证明书转开为定期存单后，对定期存单进行质押融资。代理银行需要对存款人的本金负责，并且要按照约定向存款人支付浮动利息。国库资金可以正常开立结构性存款账户。以结构性存款（黄金挂钩三层区间型 W03）三个月产品为例，最有利的情况是，到期观察日黄金价格水平未突破第一重波动区间，则客户存款到期获得最高利率（年化）3.80%；最不利的情况是，到期观察日黄金价格水平突破第二重波动区间，则客户存款到期获得最高利率（年化）2.70%。

④理财产品。

财政资金投资保本型理财产品以期达到保值增值的目的，目前也需要通过注入国有企业再以企业名义购买来实现。银行设计的保本型理财产品或量身定做的定向理财产品皆可作为投资标的，考虑到流动性因素，建议期限品种以 1~3 个月为主，市场的波动会在很大程度上左右理财产品的收益，所以无法给出具体收益，一般发售的保证收益型理财产品 1 个月期限产品收益在 4.3%（年化）附近，2 个月期限产品收益在 4.5%（年化）附近，3 个月期限在 4.9%（年化）附近。缺点是财政不能投资理财，需绕道。结构性存款、代理国债投资、保证收益型理财的对比如表 4.22 所示。

表 4.22 三种产品的对比

产品	收益保证方式	计息方式	属性	预期收益水平	期限	是否存在障碍
结构性存款	可选	到期一次兑付本息	存款	低	灵活	无
代理国债投资	无	逐日计息，本金价值波动	代客	中	灵活	有
保证收益型理财	保证收益	逐日计息	理财	高	灵活	有

经过对现有代理银行的调研，对国库现金投资无制度障碍的为智能通知存款、智能定期存款和结构性存款，与以往的活期、定期存款不同，这几种产品的收益与灵活性都相对较高。

2. 货币市场工具

在现行制度中，制约地方国库金融银行间市场进行操作的主要障碍有两条：第一，根据中国人民银行《同业拆借管理办法》的规定，所有金融机构在进入银行同业拆借市场之前，必须经过中国人民银行的审批，政府不具备金融同业拆借市场的准入条件；第二，根据《中华人民共和国国库券条例》，地方政府不能成为国债登记的主体，就不能进行债券交易。如果现行相关制度不变，地方财政就不能直接进入银行间市场。在这样的情况下，地方财政只有三种进入银行间市场的方法：第一，地方财政取得进入银行间市场的资格，本方案的关键是财政部和中国人民银行的协调和审批；第二，与有资格的金融机构合作通过委托、代理或者创新产品的方式进入银行间市场，本方案的关键是商业银行的积极性以及相关业务在操作上的合规性设计；第三，成立符合资格的财政绝对控股的金融机构进入银行间市场，本方案的关键是相关金融机构获得金融监管部门批准并取得进入银行间市场资格，以及确保财政国库管理部门对所成立的金融机构拥有绝对控制权，还有在操作上精心的合规性设计。

（1）记账式国债投资

财政资金投资国债理论上是具有可行性的，具体操作途径有两种：一种途径是财政存款直接投资于储蓄国债，但由于目前我国的储蓄国债仅针对个人客户，这一途径可操作性并不强；另一种途径是由地方财政注资某国有企业或以其他方式以国有企业名义操作，再以国有企业的名义向中央国债登记结算有限责任公司提请开立账户（类户或丙类户），从而在银行间债券交易市场进行国债的投资，在此过程中代理银行可以提供代理买卖、投资顾问等服务。由于银行间债券市场不同期限的国债收益率是不断变化的，在此我们提供一个近期的收益情况作为参考：1个月收益率为3.77%、3个月收益率为3.71%、6个月收益率为3.65%、1年收益率为3.61%、3年收益率为3.86%。如投资期限为3个月，实际收益率为3.71%，若投资本金为10亿元，则投资收益为：

$$1000000000 \times 3.71/100 \times 91/365 = 9249589.04$$

财政资金投资国债的障碍是，直接投资凭证式国债因该业务只对个人开放，准入会遇到困难；代理投资记账式国债则需开立代理结算账户，而财政不能直接开户。

（2）同业资金拆借

此类存款产品与结构性存款产品类似，即存款人通过与商业银行签订存款协议约定存期，银行将存款资金划入该行资金运作池，总行金融市场部在同业间进行资金拆借及回购，在债券市场进行现券买卖等行为。协议到期后，商业银行扣除相应手续费，向存款人返还本金及收益，所获收益远远高于传统存款组合方式的收益。目前，同业拆借只限于金融同业之间，因此国库现金只能通过委托银行以理财产品的形式进入同业资金拆借市场，但仍存在制度障碍，即与国库现金管理制度的资金运用范围存在不一致的问题。

(3) 发行地方政府债券

地方政府综合信用评级是按照一定的方法和程序，以我国各级地方政府为评级主体，在综合调查、了解和分析的基础上，对影响地方政府信用等级的财政收支、政府债务、政府治理等主要因素进行充分研究，对地方政府整体信用风险大小进行综合评价，对其未来的信用风险变化趋势进行预测评估，并以特定的等级表示其风险大小。地方政府信用评级基本框架如图 4.54 所示。

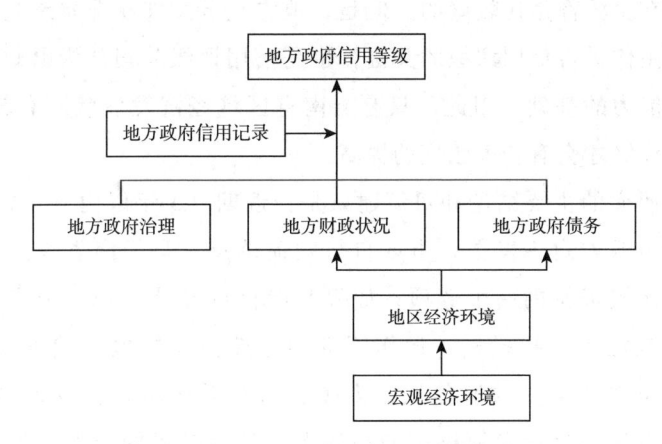

图 4.54 地方政府信用评级基本框架

根据公开的材料，地方政府信用评级的核心操作指标如表 4.23 所示，从 2009 年起，大公国际公司对云南省政府的信用评级都是 B 级或 BB 级，属于投机级。而自行发债的 4 个试点省市都是 AA 级。另外，世经未来公司对我国地方政府信用评级的结果也与之类似，2011 年云南省财政收支状况排第 22 名、区域经济形势排第 28 名，最终综合信用评级排第 28 名，为 BB 级，在 10 个投机级的省份中列倒数第 4 位，仅好于甘肃、青海和西藏。

表 4.23　地方政府信用评级的核心操作指标

主要因素	核心指标
区域经济	GDP、人均 GDP、GDP 增长率、三次产业结构、支柱产业
财政收入	地方财政总收入、地方一般预算总收入、本级财政总收入、一般预算实际收入、基金预算收入、财政结余、本级一般预算实际收入/财政总收入、税收/一般预算收入
财政支出	建设性支出、建设性总支出、建设性支出/本级一般预算支出、建设性总支出/本级财政总支出
政府债务	刚性债务、刚性债务/建设性支出、刚性债务/建设性总支出、刚性债务/一般预算实际收入、刚性债务/本级总收入

需要说明的是，拖累云南省信用评级的原因是云南省区域经济发展状况不佳。云南省的财政状况在西部地区还是比较好的，尤其是省本级财政状况可能在全国都是比较好的。但是，地方经济发展状况始终是以地方政府为发债主体进行信用评级的关键，也是信用评级公司认为财政具有长期持续发展能力的基础。因此，只有云南省区域经济发展状况有较大改观，相关信用评级才会有较大幅度的提高。

本章研究的主要结论和对策建议是：近期（3 年以内），我国不大可能实行地方政府自主发债；争取自行发债试点，是云南省改进地方债发行、降低融资成本的一个选项；如果开展自行发债工作，云南省需要有针对性地制定包括招投标、运作管理和监控预警的地方债务管理制度，并且高度重视和提高政府信用，为顺利以较低成本自行发债创造条件；在暂时没有获得自行发债机会的情况下，与金融机构合作，根据需要选择合适时机开展云南省地方债的回购或赎回，这是降低地方债融资成本的有效途径。

在地方层面，云南省国库现金管理使用市场化方式运作时，投资工具主要是商业银行定期存款，这在一定程度上可能增加银行体系的资金，但绝不能将其等同于在市场中直接增加基础货币，也不直接构成市场流动性的提高，其实质是增加了商业银行以超额质押为代价的短期存款，超额质押的要求本身就已基本吸收了"流动性提高"的问题。而由地方国库现金市场化运用导致的存款增长能否形成贷款增长，更取决于央行信贷总量控制、银行存贷比变动等一系列复杂因素。因此，国库现金管理小规模的质押转存对市场产生的冲击很小，地方政府进行国库现金管理的总金额占整个货币市场的比例非常低，对中央银行货币政策执行效果的影响非常小。

第五章

国库现金风险管理控制体系及对商业银行的选择与监管

通过对国库现金风险管理控制的理论分析,对国库现金风险总体结构及主要风险进行识别、分析和应对策略的制定,并从流动性风险、交易对手风险、市场风险和操作风险方面对国库现金管理进行风险细化。结合云南省实际情况,编制相应的云南省国库现金风险管理控制实施指南。

第一节 国库现金风险管理控制体系

一 国库现金风险管理控制理论分析

(一)国库现金风险管理结构

国库现金管理面临以下几种风险。

1. 流动性风险

流动性风险是国库现金管理面临的致命风险之一,在缺乏愿意进行交易的对手或者市场成交量萎靡时容易引发流动性风险,即受到一些因素的影响而不能在理想的时点以预期的理想价格完成交易。在国库现金管理中,流动性风险应受到足够重视,因为过低的流动性极易引发破产,当然破产这种极端情况通常并不是完全由该风险导致的。国家财政部门虽然与银行机构不同,没有转化业务,但控制流动性风险仍是债务发行政策和国库现金管理的核心问题。国库现金管理旨在确保国家融资的连贯性,确保国家现金状况随时能够在最为安全的条件下保障支出与收入。与国家账户管理机构——银行签订的协约建立在信息及时、安全、中立原则的基础上，所制定的规则要确保国家账户每日余额不会因紧急交易原因而出现恶化状况。

2. 交易对手风险

交易的完成离不开交易双方的诚信合作，当交易对手的其中一方未按契约规定履行其应尽的责任和义务时，交易对手风险也就随之产生了，当然该风险的产生伴随一定的经济损失。交易对手风险不能与市场风险、流动性风险、法律和操作风险完全割裂开。财政部门的交易方主要是商业银行，其资金稳固水平被列为遴选标准之一。通常情况下，交易对手风险会发生在银行存款或者投资债券等行为中。考虑到发生该风险时，债权人会因为交易对手的违约行为而承担经济损失，所以要尽量把风险控制在最低水平，以确保交易双方得到预期的收益。为了最大限度地限制违约风险，各方根据法律制定市场协议，这些协议需规定金融期货和回购交易的日常保证金追缴机制。回购交易还提供双重保护机制，除了在对方违约时将债券转为国家所有这一安全保障之外，还可通过保证金追缴机制每日调节债券的价值。内部监控政策可根据交易方的评分水平来确定相应的风险限度。

3. 市场风险

市场风险是指因为金融市场的变动而造成的投资产品价值的降低，是由于未来市场价格的不确定，如汇率、利率、股票价格和商品价格，从而影响国库现金管理既定目标的实现。利率风险的变动也会引起市场风险的变化。市场利率和有价证券的市场价格之间的变动关系并不是无规律可言的，在持有投资品期间，如果市场利率下降，那么有价证券的市场价格会提高，反之则会降低，在到期前将有价证券卖出将会造成损失。总之，国库现金管理与这些市场因素有着割舍不断的联系。

4. 操作风险

操作风险的成因是复杂的，目前共性的观点是把操作风险视为一种损失风险，不健全甚至失灵的内部控制是操作风险的成因之一，当然不确定的外部事件也会引发操作风险，此外还与一些人为和系统因素有关。面对当前复杂多变的环境，国库现金管理也将面临更加突出的操作风险，因而应进一步加强操作风险管理以更好地应对日益突出的操作风险问题。

（二）风险理论分析

风险度量模型的方法选择不是唯一确定的，根据归纳，演进中的风险度量模型有三类：一是基本指标法；二是标准化方法；三是涵盖内部衡量法、损失分布法、极值理论模型和平衡计分卡法等多元化方法的高级衡量法。三类不同风险度量方法的计算原理和依据是各不相同的，也各有利弊，适用于不同的场景，表5.1对上述几种方法进行了细致的对比研究。

表5.1 风险度量模型的分类及比较

	基本指标法	标准化方法	高级衡量法				
			内部衡量法	损失分布法	极值理论模型	平衡计分卡法	其他
业务类别和事故类型	单一业务类别	多个业务类别（8个）	多个业务类别、多个事故类型				
		由监管机构统一划定	由财政部门自主划定				
结构	∑（系数×风险暴露指标）						
使用的参数	单一的风险暴露指标（EI）	多个 EI、PE、LGE、RPI	使用损失频率和损失幅度的概率分布来估计操作风险的在险价值（VaR）				
		由监管机构统一划定					
监管资本	高	较高	较低				

1. 基本指标法

风险暴露指标和固定的百分比（α）是基本指标法的构成要件，如果可以同时满足这两个构成要件，便可用基本指标法来计算监管资本。根据当前我国国库现金管理的实际情况，风险暴露指标可以选取总收入（GI）表示，进而得出监管资本为：

$$K_{BLA} = GI \times \alpha \tag{5.1}$$

在使用基本指标法的前提下,进行数次的数据分析与收集后,巴塞尔委员会得出结论:监管资本的最优值应在现行最小监管资本的17%~20%的区间内,且要满足不低于现行最小监管资本的12%的基本要求。通过计算公式可以看出,基本指标法操作简单,但也存在一定的弊端,利用此法计算得出的监管资本往往会偏高。

2. 标准化方法

标准化方法是将业务划分为8个类别,运用不同业务类别的风险暴露指标乘以与其对应的风险乘子 β,就可算出各个业务类别的监管资本,即:

$$K_{SA} = \sum_{i=1}^{8} EI_i \beta_i \tag{5.2}$$

其中,EI_i 为 i 类别的风险暴露指标,结合当前我国国库现金管理的现状及实践情况,建议使用分类别计算的总收入作为风险暴露指标。β_i 为 i 类别的风险乘子。

标准化方法和基本指标法一样都借助一个特定的百分比和风险暴露指标求取监管资本,并且标准化方法在基本指标法的基础上对业务类别进行了分类处理。一方面,各个业务类别风险特征间的差异被更直观地体现出来;另一方面,由于该法未对相同业务类别下的各种事故类型加以区分,所以并不能体现不同事故类型引发的操作风险。此外,从计算公式不难看出,两种方法均未利用损失数据计算监管资本,并不能体现不同国库现金管理本身特有的操作风险,这与实际的高水平风险防控要求仍存在较大差距。

3. 内部衡量法

内部衡量法针对标准化方法未对业务类别进行具体的事故类型划分这一缺陷进行了完善和优化,共形成了56个不同的业务类别或事故类型组合,对于不同的组合,地方政府可以利用自己的损失数据计算期望损失值(EL)。确定损失分布是内部衡量法的核心,利用损失分布的均值(期望损失)和尾部(非期望损失)二者之间的关系便可进一步确定监管资本。如果损失分布的均值和尾部之间呈线性关系,则得出监管资本为:

$$K_{IMA} = \sum_i \sum_j \gamma_{ij} EL_{ij} \tag{5.3}$$

其中，i 代表业务类别，j 代表事故类型，γ_{ij} 是将 i 业务类别/j 事故类型组合的期望损失转化为监管资本的参数。在具体操作中，大多时候是选定某个特定期间，利用整体数据并结合实际，确定其在一定置信水平下（99%或者99.9%）的监管资本，以体现监管资本应涵盖最大可能损失即期望损失与非期望损失的总和的监管思想。

如果二者之间并不具有线性关系，则监管资本为：

$$K_{IMA} = \sum_i \sum_j \lambda_{ij} EL_{ij} RPI_{ij} \tag{5.4}$$

其中，RPI 为风险特征指数（Risk Profile Index），为常数。实际情况下，交易量的分布、损失频率、损失幅度的分布不仅是地方政府内部风险控制环境的函数，而且也是影响 EL 和 UL（非期望损失）二者间关系的不可忽视的因素。由于 EL 和 UL 之间的关系不只是受到单一因素影响，所以仅有极少数情况下呈现线性关系。举个例子，就损失频率这一随机变量而言，如果地方政府的标准差较小，那么 EL 和 UL 二者间的比率也应较小。具体而言，如果地方政府是厚尾分布，那么有 $RPI>1$；如果地方政府是薄尾分布，则有 $RPI<1$。

有的学者建议使用 $(1+A/\sqrt{n})$ 代替 RPI，即监管资本为：

$$K_{IMA} = \sum_i \sum_j \lambda_{ij} EL_{ij}(1 + A_{ij}/\sqrt{n_{ij}}) \tag{5.5}$$

其中，A_{ij} 是针对每个业务类别/事故类型组合的常数，可以用来衡量某个组合的损失幅度。n_{ij} 代表该组合中操作风险事故的数量。考虑到对于同样的 EL_{ij} 而言，其对应的事故发生频率和风险之间存在反向变动关系，所以公式中选取了 $1/\sqrt{n_{ij}}$ 作为调整因子。通过损失数据便可确定 EL_{ij} 和 n_{ij}，而 λ_{ij} 和 A_{ij} 的求解则相对复杂，需要通过多元回归分析得出。为了减少变量个数，可令

$$A_{ij} = a_i \frac{\sigma_{ij}}{u_{ij}} \tag{5.6}$$

其中，a_i 为常数，σ_{ij}、u_{ij} 分别为 (i, j) 业务类别/事故类型组合的损

失幅度（量）的标准差和均值。其计算方法相对灵活，可以根据实际需要选取银行内部数据或者行业整体数据。这样，监管资本为：

$$K_{IMA} = \sum_i \sum_j \lambda_{ij} EL_{ij}\left(1 + a_i \frac{\sigma_{ij}}{u_{ij}} \bigg/ \sqrt{n_{ij}}\right) \tag{5.7}$$

一个重要的问题是，公式中的 EL 如何计算？一般认为

$$EL = EI \times ELR = EI \times PE \times LGE \tag{5.8}$$

其中，EI 为风险暴露指标，该指标的选取要严格满足与各业务类别对应的操作风险之间具有显著的正相关关系的条件。ELR 为期望损失比率，PE 为一定期间内损失事故发生的概率，LGE 为给定损失事故发生的前提下的损失比率。显然，$ELR = PE \times LGE$。严格来说，在对 PE 和 LGE 进行估算时要使用内部数据，但实际运用中多借助行业整体数据来近似代替以弥补银行缺乏自身参数的缺陷，这主要是因为现阶段国库现金管理面临着一些难题，如缺乏完备的历史损失数据。例如，对于 PE 的估计，可由监管机构确定统一的权重（w），有：

$$PE = w \times PE_{(内部)} + (1-w) \times PE_{(行业)} \tag{5.9}$$

此外，对参数进行适当调整，相应参数可根据情景分析并结合地方政府实际风险控制情况达到理想值。通过内部衡量法计算得出的监管资本之所以可以随着操作风险管理和损失特征不断更新变化，主要是因为该法摒弃了基本指标法和标准化方法的局限：利用风险暴露指标（如总收入）作为损失数据的近似代替。在直接使用各地方政府的损失数据计算监管资本的基础上，同时假设 EL 和 UL 之间存在线性或者非线性关系以及选取的风险暴露指标与最大可能损失之间存在显著的正相关关系，所以使用内部衡量法得出的监管资本相较前两种方法而言更加科学准确，也可更准确、更有针对性地评估操作风险。但是不同的期望损失以及等同的期望损失下各种损失频率、损失幅度等的不同组合方式都会对监管资本的大小产生影响，所以笼统地假设 EL 和 UL 之间具有稳定关系并不符合损失分布的基本特征。

4. 损失分布法

损失分布法实质上就是估算特定期间内（如一年）操作风险损失的概

率分布，主要以银行的各种业务类别/风险类型作为研究对象。损失分布法建立在预先估计出操作风险事故发生频率和损失幅度的基础上，但是与内部衡量法不同的是，损失分布法需要采取蒙特卡罗模拟或者其他方法估计二者具体服从何种分布，事先假设具体的概率分布形式（如泊松分布、正态分布等）也是不错的选择。如果选定某一置信水平（如99%），则通过操作风险损失分布 $F(x)$ 得出的在险价值（VaR）便可直接作为最大可能损失的参考值。

例如，X_1，X_2 假设为表示操作风险损失的独立同分布的随机变量，则其分布函数为：

$$F(x) = P\{X \leq x\} \leq q \tag{5.10}$$

其中，q 为一定的置信水平，一般假定 $0.95 < q < 1$。给定 q，对于分布函数 $F(x)$，则可确定其 VaR 值，即：

$$VaR_q = F^{-1}(q) \tag{5.11}$$

其中，F^{-1} 为分布函数 F 的反函数。相应地，监管资本就是每个业务类别/事故类型组合 VaR 值的简单加总。

相较于内部衡量法，损失分布法的风险敏感性更强，这与地方政府在划定业务类别/事故类型组合方面有更大的自主性有关，同时还与其衡量非预期损失的方法有关，并非直接通过假设预期损失与非预期损失之间的关系得出，而是通过计算 VaR 得到。这也意味着操作风险的损失分布会随着期望损失及其各组成部分的组合方式的不同而发生动态变化。但损失分布法的使用要以具备完备的内部数据和高水平的估算方法为前提，这就决定了该法并不具有普遍适用性。同时该法对各个业务类别/事故类型之间的相关性缺乏充分考虑，而且赋予地方政府自主选择权来自由确定业务类别和事故类型也会产生缺乏可比性的问题。

5. 极值理论模型

极值理论模型要先选定一个置信水平，核心是推导出超过一定临界水平的操作风险损失的具体分布函数，目的是通过分布函数确定该置信水平下 VaR 的估计值和超过临界水平的损失期望值，它们是确定操作风险监管资本的重要参考。

该模型的假定和损失分布法一致,但未规定损失分布要服从的具体分布函数。VaR 的表达式已在损失分布法的模型中给出,这里将超过 VaR 的极值损失期望值记为 ES,即:

$$ES_q = E[X], X > VaR \tag{5.12}$$

极值理论模型的目标是计算得出 VaR_q 和 ES_q 的估计值并将其作为提取监管资本的参考。为此,我们引入广义 Pareto 分布(GPD)函数,即:

$$G_{\xi\beta}(x) = \begin{cases} 1-(1+\xi x/\beta)^{-\frac{1}{\xi}}, & \xi \neq 0 \\ 1-\exp(-x/\beta), & \xi = 0 \end{cases} \tag{5.13}$$

$$(\xi \geq 0 \text{ 时}, \beta > 0, x \geq 0; \xi < 0 \text{ 时}, 0 \leq x \leq -\beta/\xi)$$

可见,当 $\xi>0$ 时,GPD 是厚尾分布的。根据 Pichands-Balkema-Dehaan 定理,有:

$$\lim_{u \to x_0} \sup_{0 \leq y < x_0 - u} |F_u(y) - G_{\xi\beta}(u)(y)| = 0 \tag{5.14}$$

其中,$F_u(y) = P\{x-u \leq y \mid x>u\}$ ($0 \leq y<x_0-u$),为超过 u 这一临界水平的过量损失所服从的分布。x_0 为操作风险损失分布函数的右端点,我们允许任意大的损失存在(如正态分布或 t 分布的右端点),即 $x \leq \infty$。该定理为过量损失定义了一个近似分布,即对过量损失 y,有:

$$F_u(y) \approx G_{\xi\beta}(y) \tag{5.15}$$

这时,再去着重研究操作风险过度损失具体服从何种分布已无多大意义,因为利用广义 Pareto 分布函数做近似代替便可轻松解决判断损失服从何种分布的难题,同时也能避免具体假设带来的准确性不高的问题。

在有充足的历史数据的基础上,利用最大似然估计,易得 ξ、β 的估计值。对于 $x>u$,令 $x=u+y$,可得出 $F(x)$ 的近似分布为:

$$F(x) = [1-F(u)] G_{\xi\beta}(x-u) + F(u) \tag{5.16}$$

用 $\dfrac{n-N_u}{n}$ 替换 $F(u)$,其中,n 是操作风险损失监控模型总次数,N_u 是

损失超过 u 的次数。将其代入，有：

$$\hat{F}(x) = 1 - \frac{N_u}{n}\left(1 + \hat{\xi}\frac{x-u}{\hat{\beta}}\right)^{-\frac{1}{\hat{\xi}}} \tag{5.17}$$

因而，如果给定一定的置信水平 q [$q > F(u)$]，求 $F(x)$ 的反函数，易得：

$$\hat{VaR}_q = u + \frac{\hat{\beta}}{\hat{\xi}}\left[\frac{n}{N_u}(1-q)^{-\hat{\xi}} - 1\right] \tag{5.18}$$

当 $\hat{\xi} < 1$ 时，

$$E(x - VaR_q) = [\beta + \xi(VaR_q - u)]/(1-\xi),\ x > VaR_q \tag{5.19}$$

联立有：

$$\hat{ES}_q = \frac{\hat{VaR}_q}{1-\hat{\xi}} + \frac{\hat{\beta} - \hat{\xi}u}{1-\hat{\xi}} \tag{5.20}$$

由于 $\hat{VaR}_q$ 和 $\hat{ES}_q$ 在一定置信水平下的置信区间可以确定，那么便可进一步确定操作风险尾部损失的期望值，在此基础上得出的监管资本就能更好地预防极端操作风险损失。极值理论模型很好地克服了损失分布法的弊端，直接利用数据本身进行探讨研究，并不需要预先假设或者模拟损失数据服从何种分布形式，同时直接处理了损失分布的尾部，可以对超过 VaR 的操作风险损失做出预测，对风险的评估更加完整全面。虽然相较损失分布法而言，极值理论模型有所完善，但仍存在以下不足。比如模型需要以充足的数据作为多个参数估计的基础，现实中难以满足数据统计要求；模型的临界水平存在较大的确定难度，这主要是因为模型仅适用于高临界水平，而高临界水平也意味着过量损失数据较少等。

二 国外国库现金风险管理控制实践及启示

（一）国外国库现金风险管理控制实践

20 世纪 80 年代后期以来，许多国家都发生了各种各样的现金投资失败事件。在美国，20世纪80年代中期，许多经营回购协议的大公司都纷纷破产，致使佛蒙特、俄亥俄、得克萨斯等政府损失了上百万美元（李、约翰逊，2002）。1991年，英国的许多地市政府在利率掉期交易中损失惨重，最后不得不由英国财政部援助才度过了财政危机。80年代后期和90年代，美国的加利福尼亚州和亚利桑那州政府与公司合作将资金投入一种套利组合中。但是，最后发现这个公司是欺诈的，这些政府投入的资金也就随之损失了。在1993年底，将资金投入有抵押支持的衍生品的俄亥俄州政府也遭受了极其严重的损失。因此，各国在现金投资方面越来越谨慎。在国库风险方面，法国国库署的风险管理实践提供了一个良好的实践经验范本，其具体做法的介绍见专栏3。

专栏3 法国国库署风险管理实践

虽然政府不是一个金融机构，但法国国库署却因其业务性质、承担的风险以及从事的各种职业而类似于金融机构。法国国库署对以下方面予以持续性核实：交易是否遵守法律和法规，是否在风险限控范围之内，交易的跟踪监控是否直至交易完成并记入国库在法兰西银行的单一账户，交易记录是否可靠且切合实际。

法国国库署依照银行操作模式，将交易的行政处理工作，即"后市场"活动与风险控制分开：第一步处理包括监控和跟踪交易结账、认可、确认、初步入账和解决纠纷；第二步处理则是确定国库署所面临的各种风险的控制范围。

为此，法国国库署建立了相应的组织编制，制定了有关规范程序。国库署负责第二级监控，监督各方遵守风险限额，并就这些方面向领导层书面汇报。两级内部检查规定，国库署各运营部门必须建立自动监控机制，建立交易的立案、确认、监控程序之间的独立运营机制，设立审计渠道。风险控制还包括对国库署与公共及私营机构之间沟通渠道的监控。这些机构包括法兰西银行、国债一级交易商（SVT）以及欧洲清算银行（Euroclear），它们负责向国库署提供信息，或参与促成一些交易。国库署与负责交易入账的部委预算及会计监察机构（CBCM）保持密切联系。

一　总体框架

1. 交易双重外部检查

根据2004年预算修正法案第113条的规定,约定审计报告每年均须列入预算法草案附则。玛扎尔会计师事务所(MAZARS)完成2011年的审计工作。审查范围涉及商业账目、国库署和公债保管机构内部使用的谨慎守则、遵循预算法成交的各项交易。此外,法国审计法院也对国库署进行审核,自2006年度以来实行政府账目认证。

2. 风险监控工具

内部监控政策详细规定了有关交易过程的各项标准,特别阐述了已交割回购和金融衍生产品交易的保证金追缴机制,使国家避免交易对方违约引起的风险。其中一章专门阐述了各种风险限制、风险跟踪方式以及相关不同分析。国库署经常对政策加以修改,使之与其业务活动变化保持一致,同时将其交付负责年度约定审计的事务所进行批评性评估。

鉴于业务的特殊性,国库署还制定了职业道德章程,国库署及经济政策总司的所有工作人员均必须遵守此章程。该章程借鉴了金融领域现有规定,明确规定国库署或与之相关的工作人员必须遵守的一整套规则。

为改善内部监控机制,2011年5月18日国库署选定了一个审计事务所并与其共同制订内部审计计划。计划于2012年完成首批任务。聘请精通内部审计的外部事务所来帮助国库署完成审计工作是符合银行业规则的,国库署借此可充分利用在银行领域具有丰富内部审计经验的最尖端专业资源。

此项工作与2011年施行的诸多工作一脉相承,国库署因此确定了内部审计总体框架和业务范围,订立了内部审计准则,并通过招标遴选专业事务所。此项工作是基于现行内部审计规定以及内部审计部门所观察到的惯常做法而进行的详细审查,国库署借此完成了其内部监控机制的组织工作。

3. 内部监控机制

所谓内部监控机制，是国库署总司、管理层和工作人员所推行的流程、政策和程序，其宗旨是为国库署实现下列目标提供保障：会计和信息处理组织编制；资料收集与信息提供系统；风险监督与控制系统；交易和内部程序监控系统；风险与结果测量系统；现金与债券监控机制。

二 国库署业务界限

2011年法国国库署进行了一项深入的审核工作，通过推出内部评分机制，重新制定用于确定和更新投资限额的标准和指标。借助范围更宽的标准、交易对方质量的提高、警戒界限的制定、指标的细微分级，各项评估日益细致，风险评估借此而获得明显改善，并减少了风险暴露概率。每日进行风险管理审查，以更好地控制国家所面临的即时风险。此外，还重新审核了第三方交易限制，其中主要涉及与社会保险机构中央管理处（ACOSS）交易相关的限制。在办理新业务方面，2011年财年期间，国库署将其在市场业务的专业审计知识与政府其他机构分享。

为此，国库署以生态、可持续发展、运输和住房部的名义，参与了温室气体排放权配额购买的工作。风险监控及"后市场"小组无论是在上游阶段（与选定的银行进行法律文件谈判，对市场特性进行分析等）还是在下游阶段，即在第一批操作完成时（建立一个安全的组织结构和跟踪模式，编制一套专门程序细则，处理金融交易、调整信息跟踪工具、建立日常保证金追缴制度等），均积极介入。

风险监控小组还应邀为国防部建立"石油互换合同"覆盖工具，这同样也是在谈判的上游和下游阶段进行介入。此外，"后市场"小组也介入二氧化碳配额拍卖平台的确定工作，并明确了其在2012年充当国家拍卖人的角色。风险监控及"后市场"小组将其为第三方承保的业务范围拓宽至国家参股局汇率交易。

三 监测指标体系

监控的目的及绩效指标目标是，达到稳定的风险控制水平，最大限度地减少可转让债务管理事故或者流动资金管理的发生，应达到市场规范风险控制水平。现行的组织架构应该能够及时发现潜在的不良经营、债务和流动资金运营事故，以便做好充分的准备并估量后果。风险控制的目的既取决于法国国库署处理的交易品种，也取决于在法兰西银行的存款账户留有余额这一必需条件。虽然交易品种的付款渠道各异，但是交易方日趋国际化。

1. 测量国库署监控体系质量的指标

第一个子指标：本指标包含违反内部监控政策的次数或事件发生数。内部监控政策中详细列出了允许的交易类型、交易实现方式、不同风险限制、授权和代理规则、所需完成的各项检查等。通过该指标可对不同事故进行质量和数量跟踪。这些事故可划分为三类：不遵守权利资格及授权规则、超出风险限制、不遵守业务操作方式。通过此指标，可从内部测量出国库署组织结构的质量并权衡其是否遵守各项限制规定。2011年未发现任何违反内部监控政策的现象。

第二个子指标：本指标由外部审计人员每年对国库署业务进行审计，属于外部机构对内部监控的评分。其任务之一是依照 CRBF 97-02 法规条文，核对国库署的业务及相应风险与其操作程序是否匹配。核实内容主要涉及交易监管系统与内部监控程序、财务组织与信息处理、风险测量体系与成效、监督体系与风险控制等方面。2011年外部审计人员的审计评分结果与2010年的评分结果相同，并认为现行程序保证了交易和金融信息处理的安全。

2. 涉及债务及流动资金业务操作事故的指标

不同性质的事故给国库署工作带来不同程度的风险，这些事故可分为以下三类。

第一个子指标：有损法兰西银行账目水平的事件数量，比如交易对方不能偿还债务（2010年有3次，2011年有5次）。该指标在2011年略有增加，其原因是一家国债一级交易商的现金管理临时出现恶化。

第二个子指标：对法兰西银行账户余额没有损害或者是能提高法兰西银行账户余额的事件数量。尽管这些事件相对不严重，但仍反映出运行不良的状况。如果发生这种情况，国库署账目余额在当日收盘时可能高于预计额，导致无法将这些资金重新投资，或者在略差的条件下投资（2010年有5次，2011年有20次）。2011年数量明显增加的现象主要涉及交割回购和少量的保证金缴付。2011年尤其是下半年期间，银行间市场上可进行交割回购交易的债券数量较少。由于抵押担保债券数量枯竭，国内市场未交割数量便随之增多，进而影响到国库署的业务。但以上事故对现金投资回报并未造成负面影响，其中大部分回报反而升高。此外，保证金追缴事故数量明显增加，从2010年的1次增至2011年的8次。国库署在对身为银行合作伙伴交易方的国债一级交易商进行评估时，保留了一个专门评估交易操作质量的指标。

第三个子指标：由于交易系统原因而产生的事件数量，如国库署内部信息系统运转出现故障或运转不良、市场系统（如由Euroclear进行管理的系统）或法兰西银行信息系统运转不良（2010年有12次，2011年有40次）。由系统引发的事故主要来自法兰西银行应用系统、市场系统以及国库署内部应用系统之间的衔接问题。事件数量增多的原因在于对所有事故均无例外地进行盘点，尤其是相关电脑系统故障获得了更好的记录。

四 深化国库署业务连续性计划

根据银行委员会 CRBF 2004-02 号规则提出的建议，国库署推出了业务连续性计划（BCP）。推出的业务连续性计划主要围绕三个阶段，根据所面临的不同情况的严重程度启动相应的应急措施，这三个阶段按照地理位置分布顺序如下。

1. 就地应急

发生任何未造成主站点全面瘫痪事件时，就地应急能保障服务的连续性。电脑设备小组的工作随技术发展而不断更新，从而保证财政部主站点的安全运转，尽量降低故障扰乱各项工作的可能性。

2. 邻近应急

邻近应急目的在于及时解决财政部主站点局部和短期（不超过48小时）的系统失灵问题。若需求助于邻近应急系统，国库署有能力完成最关键的任务，如实现招标或资金交易谈判等。

3. 地区级应急

地区级应急方案动用了全部资源和程序，将主站点全盘转移到一个地区级的分站点上，为主站点提供紧急援助。地区级应急的目的是在主站点出现中短期功能故障时能继续提供服务。地区级分站点由法国公共财政总署（DGFIP）建成，应用程序完全托管在其系统中，该部门积极参与了方案建设，并负责技术托管和用户存储。分站点的设立完全满足了离巴黎足够远且网络连接流畅的要求。2011年进行了经常性的技术和用户测试工作。这些测试有助于思考如何对地区级分站点的规模进行重新调整，并促进国库署与其邻近服务供应方（相关合同正在签署中）建立正式关系。

从国外国库现金风险管理的总体实践来看，在国库现金风险管理体系的顶层设计中，国库现金风险管理工作的核心要素是标准化、主导机构、分析评估技术、配套制度。

①标准化。澳大利亚、美国、英国等都制定了相应的风险管理标准术语手册来规范国库现金风险管理标准术语，这有利于各部门在风险发生及应对过程中更有效地进行沟通。

②主导机构。开展政府风险管理的重要基础是成立或确定风险管理的主导机构。

③分析评估技术。政府决策者及相关人员在遇到复杂的风险时，能做出尽可能科学、准确、有效的决策方案。其具有科学实用性，是国库现金风险管理工作开展的重要支撑。

④配套制度。完善的国库现金风险管理配套制度是国库现金风险管理工作扎实有效开展的重要保证。例如，法国国库署为了进行国库现金的风险管理制定了一系列的规范措施，由其负责风险的第二级监控。

（二）对我国国库现金风险管理的启示

通过对国库现金风险管理控制理论的分析，对国库现金风险总体结构及主要风险进行识别、分析和应对策略的制定，结合云南省实际情况，云南省国库现金风险管理控制实施方法如下。

1. 风险管理主要构成部分

政府国库现金风险管理的主要构成部分有以下几点。

①独立性：风险监测与监督、分析工具都是独立于基金管理业务的。

②风险文化：财政厅与银行强化高度重视风险管理的意识，也应成为国库的一部分内容。

③风险识别：应对现有的和新兴的现金管理办法进行彻底的检查以确定相关重大风险。

④风险规避：尽可能缓解财政厅所面临的流动性风险、信用风险、市场风险、法律风险和操作风险。

⑤风险计量：开发符合政策和指导方针的定性及定量的测量措施。

⑥监测和报告：包括提供风险管理对国库整体状况的描述，以及定期编制风险管理报告。

⑦评估：由独立的专家定期审查风险管理政策、程序和内外部人员的绩效表现。

2. 风险管理制度安排及应对策略

地方国库现金风险管理制度安排及应对策略如表 5.2 所示。

表 5.2 地方国库现金风险管理制度安排及应对策略

主要风险种类	主要风险识别	制度安排	应对策略
国库资金损失风险	1. 商业银行流动性紧张； 2. 商业银行故意违约； 3. 商业银行破产	1. 制定商业银行岗位职责； 2. 设定商业银行选择标准，并规范商业银行选择办法、选择程序等； 3. 规定商业银行提供担保的比例、担保品种类等担保要求； 4. 制定监督检查办法及要求等	1. 按所有分工原则确定岗位职责； 2. 偏向选择规模较大、资产质量及信誉较好的商业银行； 3. 尽量选择国债、中央银行票据等优质抵质押品，根据地方实际情况而定； 4. 着重从流动性、财务安全性等角度开展定期、不定期检查

续表

主要风险种类	主要风险识别	制度安排	应对策略
国库紧急支付风险	1. 发生临时支付需求；2. 地方国库收入急剧减少引发支付缺口	1. 建立财政国库之间有效的预算、资金等信息及时沟通机制；2. 规定地方国库现金管理最大规模的确定办法；3. 建立地方国库紧急支付的应急机制	1. 保留适度规模的地方库存余额；2. 应急措施中，可通过采取融资措施弥补国库支付缺口，如存单质押贷款等
银行经营损失风险	集中表现为过度干涉资金用途导致损失，使银行故意违约	1. 明确地方国库现金管理定期存款非委托贷款类存款；2. 协定不对银行经营损失负责；3. 明确央行国库监督方式等	1. 避免商业银行以干涉其资金用途导致资金损失为由故意违约；2. 强化央行国库监督作用

第二节 对商业银行的选择与监管

国库现金管理与商业银行有着紧密的联系，在考虑安全性、流动性和收益性的前提下，选择合适的商业银行，将国库现金存入其中，并实现长期动态监督，定期对其综合服务情况进行评价，确保其有进行国库现金商业银行存款投标的资格。

一 对商业银行的事前选择

为了保障国库现金的安全性、流动性和收益性，要对商业银行进行多方面综合评判，具体包括：建立评价指标体系，对照商业银行的评价标准，对其一个会计年度的盈利能力、资产质量、偿付能力、经营增长状况以及对当地经济的贡献度等进行评价。在公开、公平、公正的原则下，根据各方面指标确定具备资格的商业银行。

（一）进行评价的原则

①综合性原则：应多角度分析和综合评价特定会计期间的财务状况、经营成果和对当地经济的贡献度，建立一个综合指标体系对商业银行进行评价。

②客观性原则：市场竞争环境应被充分纳入商业银行的评价体系中，并根据同期国内行业标准的统一计量，对商业银行的经营成果进行客观公正的评估。

③发展性原则：对商业银行的评价应在全面反映商业银行年度财务状况和经营业绩的基础上，客观分析商业银行年度之间的增长和发展水平。

（二）选取的指标

①盈利能力指标：采用3个主要指标［资本利润率（净资产收益率）、资产利润率（总资产报酬率）、成本收入比］反映商业银行一定经营期间的盈利质量和投入产出水平。

②经营增长指标：采用3个主要指标（国有资本保值增值率、利润增长率、经济利润率）反映商业银行的经营增长水平和资本增值状况。

③资产质量指标：采用3个主要指标（不良贷款率、拨备覆盖率、杠杆率）反映商业银行所占用经济资源的利用效率、资产管理水平与资产的安全性。

④偿付能力指标：采用2个主要指标（资本充足率、核心资本充足率）反映商业银行的偿债能力、债务负担水平及其面临的债务风险。

（三）评价步骤

1. 计算标准值

采用分段简单平均法测算商业银行相关数据的每项财务指标的标准值。具体步骤包括四步。

第一步，针对测算样本的财务指标，若是正向指标，则按照实际值从大到小进行排序；若是逆向指标，则按照实际值从小到大进行排序。

第二步，将排好序的样本前1/4的数据作为第一部分，前1/2的数据作为第二部分，全部数据作为第三部分，后 1/2 的数据作为第四部分，后 1/4 的数据作为第五部分。

第三步，计算各部分财务指标的简单平均数，即为每一段样本的指标实际值相加/样本总个数。

第四步，将五部分指标的简单平均数分别作为该指标的"优秀值 1.0""良好值 0.8""平均值 0.6""较低值 0.4""较差值 0.2"。

2. 评价计分

第一，计算单项指标得分。

按照以下计算公式，将商业银行调整后的评价指标实际值对照标准值，计算各单项指标得分：

$$单项指标得分 = 调整分 + 本档基础分$$

$$本档基础分 = 本档标准系数 \times 指标权数$$

$$调整分 = (上档基础分 - 本档基础分) \times 功效系数$$

$$上档基础分 = 上档标准系数 \times 指标权数$$

$$功效系数 = (实际值 - 本档标准值)/(上档标准值 - 本档标准值)$$

其中，本档标准值为上下两档标准值中较低的一档标准值。

第二，计算加减分项分数。

财政部门根据被评价商业银行所评价期间（年度）发生的事项酌情进行加减分。

在加分方面，主要考虑商业银行对当地经济的贡献度，包括以下三个方面。其一，信贷增量情况。对比各银行业金融机构半年度和年度的信贷增量情况进行加分。若信贷增量为负，则不加分。其二，信贷增量目标任务的完成情况。可以分为半年度和年度完成信贷增量目标任务的情况。其三，融资业务创新。通过委托贷款、资产转让、总行直贷、联合贷款、融资租赁、信托计划、非金融企业债务融资工具等融资产品形成的用于本省经济建设的资金投放增量情况。

在减分方面，做如下规定。其一，重大事项扣分，如发生造成重大不利社会影响的事件、重大违规违纪案件、属于当期责任的重大资产损失事项，根据相关部门的处罚情况扣 1~3 分。正常的资产减值准备计提除外。

第五章 国库现金风险管理控制体系及对商业银行的选择与监管

其二，信息质量扣分，根据相关部门的处理处罚情况对提供虚假财务会计信息或不按照规定提供财务会计信息的扣1~3分。根据金融企业财务快报与财务决算报表报送的净利润数值增幅（减幅）高于10%的扣1分，高于15%的扣1.5分；高于20%的扣2分，高于25%的扣2.5分，高于30%的扣3分。

另外，要结合事后评估和退出机制，进行加减分。具体见表5.3。

第三，计算评价指标总得分=Σ单项指标得分+加分项分数-减分项分数。

表5.3 商业银行综合评价指标及打分表

考查内容	具体指标	权重	实际值	本档标准值	上档标准值	功效系数	上档标准系数	上档基础分	本档标准系数	本档基础分	调整分	单项指标得分
盈利能力状况	资本利润率	15										
	资产利润率	10										
	成本收入比	5										
经营增长状况	国有资本保值增值率	10										
	利润增长率	5										
	经济利润率	5										
资产质量状况	不良贷款率	10										
	拨备覆盖率	5										
	杠杆率	5										
偿付能力状况	资本充足率	15										
	核心资本充足率	15										

续表

考查内容	具体指标	权重	实际值	本档标准值	上档标准值	功效系数	上档标准系数	上档基础分	本档标准系数	本档基础分	调整分	单项指标得分
加分项1			加分项2					加分项3				
减分项1			减分项2					减分项3				
总分												

3. 评价结果

评价结果是指根据评价分数及分析得出的评价结论，以评价得分、评价类型和评价级别表示。评价得分以百分制来表示，评价类型用文字和字母表示，分为优（A）、良（B）、中（C）、低（D）、差（E）五种类型，评价级别采用在字母后重复标注该字母的方式表示，表示对每种类型再划分级别，以体现同一评价类型的不同差异。

评价结果以 80 分、65 分、50 分、40 分作为类型判定的分数线。

①评价得分在 80 分及以上的评价类型为优（A），在此基础上划分为三个级别，分别为 80 分 ≤ A < 85 分、85 分 ≤ AA < 90 分、90 分 ≤ AAA ≤ 100 分。

②评价得分在 65 分及以上但不足 80 分的评价类型为良（B），在此基础上划分为 3 个级别，分别为 65 分 ≤ B < 70 分、70 分 ≤ BB < 75 分、75 分 ≤ BBB < 80 分。

③评价得分在 50 分及以上但不足 65 分的评价类型为中（C），在此基础上划分为 2 个级别，分别为 50 分 ≤ C < 60 分、60 分 ≤ CC < 65 分。

④评价得分在 40 分及以上但不足 50 分的评价类型为低（D），即 40 分 ≤

D<50 分。

⑤评价得分在 40 分以下的评价类型为差（E），即 E<40 分。

为了使国库现金管理更为有效，规定 BB 级以上的商业银行有进行国库现金存款投标的资格。

（四）商业银行担保机制

在国库资金操作中，对资金安全性的重要考虑是对商业银行所提供的担保。根据目前银行业提供的担保情况，认为在国库资金与商业银行合作中，可考虑采取的担保方式主要有以下几种。

1. 银行间互相担保

银行间的互相担保是经由总行批准，由各地方分行间拟定担保合约、签订担保文件，在国库资金存放的商业银行无法履行合同义务时，担保银行将按照约定承担违约责任，银行间互保形式操作相对于其他形式较为简单、难度最低。

目前云南省已采取互相担保的商业银行有中国银行与中国建设银行、民生银行与招商银行、光大银行与中信银行、农村信用社与富滇银行、交通银行与云南邮政储蓄银行。

2. 国债或企业债券质押

财政部要求提供国库现金管理的银行需要提供信誉度较高的质押品以保证财政资金的安全性，如等额的国债或优质的企业债券，可以将商业银行所持有的国债（或央行票据）作为保障国库资金安全的质押品。一般来说，质押国债的面值数额为存款金额的 100% 以上，这一比例还可根据债券市场的变化进行调整。商业银行规定，质押国债（或央行票据）的金额不得低于财政存款金额的 120%。此种方式的质押品最易变现、风险较小。但省级国库现金管理如需采取国债或企业债券质押担保方式，需要在中国债券登记公司开立账户，并与商业银行总行签订相关协议，办理手续相对复杂。

在债券质押可行性及操作模式方面，云南省财政厅（以下简称债权人）将国库现金存入代理银行的行为，首先在存款人与代理银行之间形成了储蓄存款合同关系，同时代理银行拥有的对云南省重大基础设施开展建设的公司的债权也可以视为代理银行的应收账款。①

在质押流程方面，以应收账款出质的，当事人应当订立书面合同。质权自信贷征信机构办理出质登记时设立。② 具体的应收账款质押登记手续可以在中国人民银行征信中心系统内办理（详见《中国人民银行征信中心应收账款质押登记操作规则》）。

在发生因代理银行过错造成债权人损失的前提下，若质押债权的实际控制人为云南省财政厅，可以由代理银行、云南省财政厅及基于合同关系形成的债务人三方，协商一致进行债务互相抵销。

根据《物权法》相关规定，应收账款出质后，不得转让，但经代理银行与质权人协商同意的除外。代理银行转让应收账款所得的价款，应当向质权人提前清偿债务或者提存。此外，若未发生因代理银行过错造成债权人损失的情况下，债权人有权要求代理银行不能自由使用应收账款所收回的资金。

3. 商业银行对省重大基础设施建设债权质押

一般来说，由于财政资金金额较大，商业银行很难提供等值或足额的房产、地产或其他固定资产作为担保物，所以可以考虑将商业银行对省重大基础设施建设债权作为质押，与云南省财政厅签订质押合同。若财政资金存款在商业银行存放期间出现损失，则可根据专户资金实际发生的损失金额免除商业银行的债权。

二 对商业银行的事中监督

当前进行国库现金管理的主要方式是商业银行存款，在确定了进行存款的商业银行后，为了保障国库现金的安全性和收益性，要对商业银行的操作过程进行监督，规定各商业银行定期提供其运营管理报表，包括资本充足情况、资产安全情况、管理情况、盈利情况，以使财政部门掌握商业银行的运营管理情况，并了解其对国库现金的使用情况，考察其是否有违

---

① 根据《物权法》第十七章第二节的规定，应收账款可以作为权利质权对主合同（即储蓄存款合同）进行出质担保。
② 根据《物权法》第二百二十八条。

反协议的情况发生。

所以,建立商业银行风险评价体系及对其进行风险定级是有必要的。为了增强财政部门识别商业银行风险状况的有效性,以及监督商业银行经营管理情况,应对商业银行风险状况进行包括经营状况、财务状况、资产质量状况、稳健性、合规性等在内的指标的综合评价。

银行风险评价的基本任务主要体现在以下两个方面:其一,建立和健全能全面、系统地反映银行风险状况的风险评价指标体系;其二,利用各种数学和统计方法对银行风险状况进行能供决策者参考利用的综合评价和分析。

(一) 商业银行经营风险简介

根据我国银行业的实际情况,并借鉴《巴塞尔协议》等相关要求,设计商业银行风险预警的指标体系,分为信用风险、市场风险、操作风险、流动性风险、经营(营利性)风险和资本风险。

1. 信用风险

信用风险是指交易双方没有完成约定的合同义务而造成经济损失的风险,即受信人未能履行偿还本金和利息的义务而使得预期收入与实际收入之间存在偏差。根据中国银行业监督管理委员会所印发的"商业银行风险监管核心指标一览表"来构建不良资产率[1]、不良贷款率[2]、单一客户贷款集中度[3]和单一集团客户授信集中度[4]指标以量化信用风险。

---

[1] 不良资产率是信用风险资产中不良信用风险资产所占比重。其中,信用风险资产是指银行资产负债表表内及表外承担信用风险的资产,不良信用风险资产是指信用风险资产中分类为不良资产的部分。不良资产率越高,表明商业银行信用风险越大。

[2] 不良贷款率是不良贷款占全部贷款的比重。其中不良贷款包括次级类贷款、可疑类贷款和损失类贷款。不良贷款率越高,表明商业银行信用风险越大。

[3] 单一客户贷款集中度是最大一家客户贷款总额与资本净额之比。其中,最大一家客户贷款总额是指报告期末各项贷款余额最高的一家客户的各项贷款的总额,资本净额等于商业银行的核心资本加附属资本之后再减去扣减项的值。单一客户贷款集中度越高,表明信用风险越大。

[4] 单一集团客户授信集中度是最大一家集团客户授信总额与资本净额之比。其中,最大一家集团客户授信总额是指报告期末授信总额最高的一家集团客户的授信总额,资本净额与单一客户贷款集中度中的一致。单一集团客户授信集中度越高,表明信用风险越大。

2. 市场风险

市场风险是指因市场价格（汇率、利率、股票和商品价格）的不利变动使得银行表内、表外业务遭受风险，可以用利率风险敏感度[①]、累计外汇敞口头寸比例[②]等指标来衡量。当前主要的市场风险是汇率和利率风险，主要是由于我国商业银行从事股票和商品交易业务有限。

3. 操作风险

操作风险是指不完善或有问题的员工和信息科技系统、内部程序存在的风险，以及造成损失的外部事件的风险。操作风险受环境和流程的影响，其内容、形式繁杂且不稳定。此外，由于历史数据存在缺失，所以商业银行很难判断自身操作风险的变化趋势，也很难持续地跟踪和发现操作风险。

4. 流动性风险

流动性风险是商业银行无法提供减少债务或增加资产的融资而造成损失或破产的风险，可以用流动性比例[③]、拨备覆盖率[④]、流动性覆盖率[⑤]和净稳定资金比例[⑥]来衡量。商业银行流动性不足，将影响其盈利水平，甚至在极端情况下，将导致商业银行破产，因为它不能迅速减少负债或变现资产，以致无法以合理的成本获取充足的资金。作为存户与借款人之间的

[①] 利率风险敏感度是在假定利率平行上升 200 个基点的情况下，计量利率变化对银行经济价值的影响。利率风险敏感度反映的是利率风险的大小，利率风险敏感度越大，利率变化对商业银行的影响越大，从而产生的风险越大。

[②] 累计外汇敞口头寸比例是计算本外币口径数据，用累计外汇敞口头寸与资本净额之比来表示，反映的是外汇市场的风险。其中累计外汇敞口头寸为银行汇率敏感性外汇资产减去汇率敏感性外汇负债的余额。累计外汇敞口头寸比例越大，表明外汇资产小于外汇负债，银行将遭受损失；反之，银行将赢利。

[③] 流动性比例是流动性资产和流动性负债之比。流动性比例越高，商业银行偿还短期债务的能力越强，流动性风险越小。

[④] 拨备覆盖率是实际上银行贷款可能发生的呆、坏账准备金的使用比率，它从宏观上反映了银行贷款的风险程度及社会经济环境、诚信等方面的情况。拨备覆盖率越高，则商业银行发生坏账时所能计提的损失准备越高，流动性风险越小。

[⑤] 流动性覆盖率是优质流动性资产与未来 30 日的资金净流出量之比，它确保单个银行在监管当局设定的流动性严重压力情景下，能够将变现无障碍且优质的资产保持在一个合理的水平，流动性覆盖率的标准是不低于 100%。

[⑥] 净稳定资金比例是可用的稳定资金与业务所需的稳定资金之比，它用来度量银行较长期限内可使用的稳定资金来源对其表内外资产业务发展的支持能力，净稳定资金比例的标准是大于 100%。

中介，商业银行随时持有并用于支付的流动性资产仅占总债务的小部分，当大量的商业银行债权人同时要求其履行债权（如存户的挤兑行为）时，流动性危机就可能会降临。

5. 经营（营利性）风险

经营（营利性）风险是商业银行在经营活动中，在财务状况、战略决策等其他各种因素的影响下，将面临的潜在亏损风险。经营风险可以用杠杆率、核心资本充足率、资本充足率①、贷款收益率、存款年平均成本率、收入成本率、净资产报酬率、总资产报酬率、利息支出率②等指标来衡量。

6. 资本风险

资本风险指银行资本量过小导致亏损不能被弥补而使得银行无法正常经营的风险。一般用资本充足率和核心资本充足率两项指标来衡量资本风险的大小。其中，资本充足率和核心资本充足率是1988年《巴塞尔协议》③的核心内容。它加深了国际银行业对风险管理重要性的理解，并为国际银行业的风险敞口提供了统一的标准。现在世界上一些大的信用评级机构普遍采用这一标准来确定银行的信用评级。

（二）商业银行风险指标体系构建

1. 指标选取原则

商业银行风险评价的指标选取应遵循以下基本原则。

①可行性。商业银行风险评价指标选取时必须充分考虑到现状，数据必须可获得。

②经济上的重要性。在经济相关性方面，该指标对银行风险的形成具

---

① 杠杆率、核心资本充足率、资本充足率反映的是商业银行的资本状况和发展结构。商业银行资本状况用核心资本充足率和资本充足率来衡量，我国商业银行按照不同的资本充足率可分为四大类，并且监管有所差别；杠杆率是衡量公司负债风险的指标，从侧面反映出公司的还款能力，《巴塞尔协议Ⅲ》规定3%是银行的杠杆率底线。

② 贷款收益率、存款年平均成本率、收入成本率、净资产报酬率、总资产报酬率、利息支出率则反映了银行的成长能力和营利性，直观表现了商业银行在经营活动中的战略决策，商业银行经营成本的大小用存款年平均成本率、收入成本率和利息支出率衡量；银行的盈利情况则用总资产报酬率、贷款收益率和净资产报酬率衡量。

③ 1988年的《巴塞尔协议》第一次引进了资本风险资产比例，银行只注重资产规模而不注重质量的理念因此改变。许多国家将《巴塞尔协议》中的此项指标作为决定是否对银行判处"极刑"的指标。

有重要影响，应具有整体性及一定的代表性和覆盖面，该指标体系能监测银行风险形成的原因和基本趋势，而无较大经济意义的指标不能作为评价指标。

③协调性。这些指标能随着银行风险倾向而发生变化。

④敏感性。选择的指标必须具有敏感性，能及时反映银行风险的发生和变化，以及银行的整体风险状况。

⑤充分性与选择性。考虑到需要大量指标以及指标的实用性、典型性，我们必须充分筛选各类指标。

⑥共同性与差异性。在借鉴国际标准选取具有代表性的指标时，要考虑到地区间经济及金融发展的不同，在确定某些指标及权重的时候也要考虑其特殊性。

2. 评价指标的初步选取

美联储制定的CAMELS评级体系是国际上通用的商业银行风险评级制度，其提出了6个评价商业银行风险的一级指标[①]。

借鉴CAMELS评级体系，选取一级指标对商业银行风险进行衡量，资本风险用资本充足率指标来表示，信用风险用资产质量指标来表示，盈利风险用盈利指标来表示，流动性风险用流动性指标来表示，市场风险用市场风险的敏感性指标来表示。由于在商业银行的实际运作过程中，当其他诸如操作风险、法律风险和各种外部风险等风险程度上升时，其影响会在其他指标中得到反映，即其对银行整体风险的影响已经包括在其他指标中，所以一级指标中不列入操作风险、法律风险和外部风险。

本书主要借鉴《商业银行风险监管核心指标（试行）》及中国银监会和中国人民银行的相关法规，在参考部分学者、专家的意见后确定二级指标，初步选取如表5.4所示的风险指标。

---

① 它们是CAMELS这6个英文大写字母所分别代表的6项标准：C是资本充足率、A是资产质量、M是管理质量、E是盈利、L是流动性、S是对市场风险的敏感性。其中管理质量是定性指标，由于管理质量的好坏可以直接从银行的盈利和资产质量指标中反映出来，所以在实际操作中可以暂时不予考虑。

表 5.4 商业银行风险评价指标体系

一级指标	二级指标	计算公式	指标含义	标准
信用风险 X_1	不良贷款率 X_{11}	年末不良贷款余额/年末贷款余额	反映商业银行不良贷款的沉淀情况	≤5%
	估计贷款损失率 X_{12}	(年末正常类贷款×1%+年末关注类贷款×2%+年末次级类贷款×25%+年末可疑类贷款×50%+年末损失类贷款×100%)/年末贷款余额	反映商业银行贷款的损失情况	≤3%
	抵押和质押贷款率 X_{13}	抵押和质押贷款余额/年末贷款余额	反映当贷款企业还贷能力出现问题时商业银行收回贷款的保障程度	≥25%
	不良贷款拨备覆盖率 X_{14}	年末贷款损失准备/年末不良贷款余额	反映商业银行弥补损失的能力	≥75%
	最大单一客户贷款比例 X_{15}	最大单一客户贷款总额/资本净额	反映最大一家客户贷款总额占商业银行资本的比例	≤10%
	最大十家客户贷款比例 X_{16}	最大十家客户贷款总额/资本净额	反映商业银行的贷款集中度	≤50%
资本风险 X_2	资本充足率 X_{21}	资本净额/加权风险资产	表示商业银行资本净额占加权风险资产的比例，反映银行对损失的最终抵补能力	≥8%
	核心资本充足率 X_{22}	核心资本净额/加权风险资产	表示商业银行核心资本净额占加权风险资产的比例	≥4%

续表

一级指标	二级指标	计算公式	指标含义	标准
盈利风险 X_3	资本利润率 X_{31}	年末税后净利润/平均资本总额	反映商业银行资本金在经营过程中的获利能力	$\geq 11\%$
	资产利润率 X_{32}	年末税后净利润/平均资产总额	反映商业银行资产在经营过程中的获利能力	$\geq 0.6\%$
	非利息收入占营业收入的比例 X_{33}	非利息收入总额/营业收入总额	反映商业银行收入来源的多样化程度	$\geq 25\%$
	成本收入比 X_{34}	营业费用/营业收入总额	表示商业银行每一单位收入所需投入的成本,反映银行的盈利效率	$\leq 35\%$
流动性风险 X_4	存款准备金率 X_{41}	现金及存放中央银行款项/各项存款平均余额	反映商业银行的即时支付能力	$\geq 13.5\%$
	流动性比例 X_{42}	流动性资产期末余额/流动性负债期末余额	反映商业银行的流动性大小	$\geq 25\%$
	贷存比 X_{43}	各项贷款期末余额/各项存款期末余额	反映商业银行以存款支持贷款业务的能力	$\leq 75\%$
市场风险 X_5	利率敏感比率 X_{51}	短期生息资产/短期生息负债	反映利率变动对商业银行的影响程度	1 为最佳
	累计外汇敞口头寸比例 X_{52}	累计外汇敞口头寸/资本净额	反映汇率变动对商业银行的影响程度	$\leq 20\%$

3. 对评价指标进行筛选

在风险评估模型中,初选指标之间相互关联,某些指标无实际用途,导致其他核心指标的作用受到影响。因此,本部分将通过聚类分析法来对

第五章 国库现金风险管理控制体系及对商业银行的选择与监管

上述指标进行筛选，但由于所选的各指标属性存在差异，直接进行聚类分析的话会使得计算结果出现误差，且不易比较，因此在进行聚类分析之前，首先要将风险评价指标标准化。

根据各指标的特性，可以将商业银行风险评价指标分为三类，即效益型指标[①]、成本型指标[②]、区间型指标[③]。

对于所选指标，可运用式（5.21）、式（5.22）进行标准化：

$$效益型指标：x' = x/x_L \tag{5.21}$$

$$成本型指标：x' = x_L/x \tag{5.22}$$

其中，x 表示指标数值，x_L 表示指标警戒值，x' 表示经标准化处理后的指标值。

对于效益型指标而言，为了将风险降到最低，该值相对于警戒值越高越好。因此，用指标值与警戒值相除，如果获得的值大于1，则表示该指标低于风险警戒线，且越大越安全；而获得的值小于1，则说明该指标高于风险警戒线，需要关注。而对于成本型指标来说，它需要相对于警戒值尽可能小，所以用警戒值与指标值相除，这样数值就与正向指标相同，数值相对于1越大，银行风险就越小。

在所选取的风险指标中，区间型指标只有利率敏感比率（$X51$）一个，其数值越接近1，则表示商业银行利率风险越小。当利率敏感比率指标值大于1时，表示利率敏感性负债低于银行的利率敏感性资产。此时如果利率上升，商业银行能够从中获利；如果利率下降，则会导致损失。当指标值小于1时，情形则刚好相反。此指标跟标准化处理后的效益型指标、成本型指标一样，略大于1更加有利。所以对于区间型指标，不需要执行标准化过程，直接使用原始值即可。

选取中国银行、中国建设银行、中国工商银行、交通银行、招商银行、华夏银行、中国民生银行、中信银行、上海浦东发展银行和兴业银行

[①] 效益型指标指的是数值与风险成反比的指标，如资产利润率、不良贷款拨备覆盖率、资本充足率等。

[②] 成本型指标指的是数值与风险成正比的指标，如成本收入比、最大单一客户贷款比例、不良贷款率等。

[③] 区间型指标指的是数值越接近某一个值，风险越低的指标，如利率敏感比率。

10家银行来进行数据分析。对上述10家银行的2007年数据①进行标准化处理可得表5.5。

表5.5 2007年各大银行数据

指标	中国工商银行	中国建设银行	中国银行	交通银行	华夏银行	中国民生银行	招商银行	上海浦东发展银行	兴业银行	中信银行
不良贷款率 X_{11}	1.83	1.92	1.60	2.44	2.22	4.10	3.25	3.42	4.35	3.38
估计贷款损失率 X_{12}	1.31	1.29	1.20	1.25	1.62	2.25	1.50	1.75	1.99	1.71
抵押和质押贷款率 X_{13}	2.06	2.17	2.16	1.65	2.18	1.88	1.92	1.87	2.26	1.47
不良贷款拨备覆盖率 X_{14}	1.38	1.39	1.44	1.28	1.46	1.48	2.41	2.55	2.07	1.47
最大单一客户贷款比例 X_{15}	3.23	2.13	2.94	3.71	1.79	2.02	1.63	2.38	2.39	2.93
最大十家客户贷款比例 X_{16}	2.37	2.83	3.11	2.30	1.20	1.41	1.54	1.73	2.39	2.00
资本充足率 X_{21}	1.64	1.57	1.67	1.81	1.03	1.34	1.33	1.14	1.47	1.91
核心资本充足率 X_{22}	2.75	2.59	2.67	2.57	1.08	1.85	2.26	1.25	2.21	3.29
资本利润率 X_{31}	1.47	1.77	1.29	1.56	0.88	1.20	2.01	1.11	2.04	1.30
资产利润率 X_{32}	1.68	1.92	1.82	1.78	0.68	1.33	2.27	1.15	1.95	1.62
非利息收入占营业收入的比例 X_{33}	0.47	0.57	0.62	0.55	0.85	0.44	0.69	0.33	0.22	0.24
成本收入比 X_{34}	1.02	0.97	0.92	0.87	1.11	0.75	1.00	0.91	0.96	1.01
存款准备金率 X_{41}	1.28	1.24	1.22	1.18	1.52	1.30	1.32	1.54	1.57	1.30
流动性比例 X_{42}	1.07	1.14	1.31	1.08	1.93	1.63	1.67	1.58	1.57	1.56
贷存比 X_{43}	1.33	1.22	1.17	1.20	1.17	1.04	1.07	1.07	1.09	1.13

---

① 数据来源于各大银行2007年年报,引自上海证券交易所网站。

续表

指标	中国工商银行	中国建设银行	中国银行	交通银行	华夏银行	中国民生银行	招商银行	上海浦东发展银行	兴业银行	中信银行
利率敏感比率 X_{51}	1.07	1.07	1.09	1.04	1.05	1.04	1.09	1.06	1.08	1.10
累计外汇敞口头寸比例 X_{52}	2.21	1.60	3.34	1.79	2.58	1.92	1.75	2.13	2.06	1.75

在风险评估模型中，由于初选指标之间存在相关性，一些冗余指标没有实际用途，这会影响模型中其他核心指标的效果。因此，需要通过聚类分析法来对上述指标进行筛选。选取中国银行、中国建设银行、中国工商银行、交通银行、招商银行、华夏银行、中国民生银行、中信银行、上海浦东发展银行和兴业银行10家银行来进行数据分析，各选出一个相对重要的指标作为代表而删除另一指标，经过检验（谭成，2009），将初选指标进行筛选以后得到最终的商业银行风险评价指标体系（见表5.6）。

表 5.6 筛选后的评价指标体系

一级指标	二级指标
信用风险 X_1	不良贷款率 X_{11}
	抵押和质押贷款率 X_{13}
	不良贷款拨备覆盖率 X_{14}
	最大单一客户贷款比例 X_{15}
	最大十家客户贷款比例 X_{16}
资本风险 X_2	资本充足率 X_{21}
盈利风险 X_3	资本利润率 X_{31}
	非利息收入占营业收入的比例 X_{33}
	成本收入比 X_{34}
流动性风险 X_4	存款准备金率 X_{41}
	流动性比例 X_{42}
	贷存比 X_{43}
市场风险 X_5	利率敏感比率 X_{51}
	累计外汇敞口头寸比例 X_{52}

（三）确定各指标权重

运用层次分析法、模糊层次分析法和主成分分析法，分别得出三种不同权重，并利用组合赋权法最终确定各指标权重（见表 5.7）。

表 5.7　各风险指标权重

一级指标	权重	二级指标	权重
信用风险 X_1	0.359	不良贷款率 X_{11}	0.334
		抵押和质押贷款率 X_{13}	0.101
		不良贷款拨备覆盖率 X_{14}	0.204
		最大单一客户贷款比例 X_{15}	0.185
		最大十家客户贷款比例 X_{16}	0.176
资本风险 X_2	0.105	资本充足率 X_{21}	1.000
盈利风险 X_3	0.163	资本利润率 X_{31}	0.334
		非利息收入占营业收入的比例 X_{33}	0.244
		成本收入比 X_{34}	0.422
流动性风险 X_4	0.245	存款准备金率 X_{41}	0.351
		流动性比例 X_{42}	0.324
		贷存比 X_{43}	0.325
市场风险 X_5	0.128	利率敏感比率 X_{51}	0.429
		累计外汇敞口头寸比例 X_{52}	0.571

（四）评价风险模型

1. 数据的确定

（1）因素集的建立

将这些指标分为两个级别，即一级指标和二级指标，其划分情况如下。

一级指标：

$$X = (X_1, X_2, X_3, X_4, X_5) \tag{5.23}$$

二级指标：

$$X_1 = (X_{11}, X_{13}, X_{14}, X_{15}, X_{16}) \quad (5.24)$$

$$X_2 = (X_{21}) \quad (5.25)$$

$$X_3 = (X_{31}, X_{33}, X_{34}) \quad (5.26)$$

$$X_4 = (X_{41}, X_{42}, X_{43}) \quad (5.27)$$

$$X_5 = (X_{51}, X_{52}) \quad (5.28)$$

（2）权重集的建立

上一部分采用组合赋权法计算了各指标的权重，具体如下。

一级指标权重集：

$$W = (w_1, w_2, w_3, w_4, w_5) \quad (5.29)$$

二级指标权重集：

$$W_1 = (w_{11}, w_{13}, w_{14}, w_{15}, w_{16}) \quad (5.30)$$

$$W_2 = (w_{21}) \quad (5.31)$$

$$W_3 = (w_{31}, w_{33}, w_{34}) \quad (5.32)$$

$$W_4 = (w_{41}, w_{42}, w_{43}) \quad (5.33)$$

$$W_5 = (w_{51}, w_{52}) \quad (5.34)$$

（3）评价集的建立

本部分将对商业银行风险状况的评价分为高风险、中风险、低风险和无风险四个级别，用这四个风险级别来判断任一指标的风险状况，因此建立评价集为：

$$V = (V_1, V_2, V_3, V_4) \quad (5.35)$$

其中，V_1 表示无风险，V_2 表示低风险，V_3 表示中风险，V_4 表示高风险。

一级指标：

$$R = (R_1, R_2, R_3, R_4, R_5)^T \quad (5.36)$$

二级指标：

$$R_1 = (r_{11}, r_{13}, r_{14}, r_{15}, r_{16})^T \tag{5.37}$$

$$R_2 = (r_{21})^T \tag{5.38}$$

$$R_3 = (r_{31}, r_{33}, r_{34})^T \tag{5.39}$$

$$R_4 = (r_{41}, r_{42}, r_{43})^T \tag{5.40}$$

$$R_5 = (r_{51}, r_{52})^T \tag{5.41}$$

本部分采用梯形法对各指标的隶属度进行计算。而各种风险评价指标可分为效益型指标、成本型指标和区间型指标三种，它们的隶属度计算方法是不同的。对于效益型指标，高风险、中风险、低风险和无风险的隶属度计算公式为：

$$r_{ij}(V_1) = \begin{cases} 0, & v_0 \leq x < v_2 \\ \dfrac{x - v_2}{v_3 - v_2}, & v_2 \leq x < v_3 \\ 1, & v_3 \leq x < v_4 \end{cases} \tag{5.42}$$

$$r_{ij}(V_2) = \begin{cases} 0, & v_0 \leq x < v_2 \\ \dfrac{v_3 - x}{v_3 - v_2}, & v_2 \leq x < v_3 \\ 0, & v_3 \leq x < v_4 \end{cases} \tag{5.43}$$

$$r_{ij}(V_3) = \begin{cases} 0, & v_0 \leq x < v_1 \\ \dfrac{x - v_1}{v_2 - v_1}, & v_1 \leq x < v_2 \\ 0, & v_2 \leq x < v_4 \end{cases} \tag{5.44}$$

$$r_{ij}(V_4) = \begin{cases} 1, & v_0 \leq x < v_1 \\ \dfrac{v_2 - x}{v_2 - v_1}, & v_1 \leq x < v_2 \\ 0, & v_2 \leq x < v_4 \end{cases} \tag{5.45}$$

对于成本型指标，其隶属度计算公式为：

第五章　国库现金风险管理控制体系及对商业银行的选择与监管 • 209

$$r_{ij}(V_1) = \begin{cases} 1, v_0 \leqslant x < v_1 \\ \dfrac{v_2 - x}{v_2 - v_1}, v_1 \leqslant x < v_2 \\ 0, v_2 \leqslant x < v_4 \end{cases} \quad (5.46)$$

$$r_{ij}(V_2) = \begin{cases} 0, v_0 \leqslant x < v_1 \\ \dfrac{x - v_1}{v_2 - v_1}, v_1 \leqslant x < v_2 \\ 0, v_2 \leqslant x < v_4 \end{cases} \quad (5.47)$$

$$r_{ij}(V_3) = \begin{cases} 0, v_0 \leqslant x < v_2 \\ \dfrac{v_3 - x}{v_3 - v_2}, v_2 \leqslant x < v_3 \\ 0, v_3 \leqslant x < v_4 \end{cases} \quad (5.48)$$

$$r_{ij}(V_4) = \begin{cases} 0, v_0 \leqslant x < v_2 \\ \dfrac{x - v_2}{v_3 - v_2}, v_2 \leqslant x < v_3 \\ 1, v_3 \leqslant x < v_4 \end{cases} \quad (5.49)$$

对于区间型指标，其隶属度计算公式为：

$$r_{ij}(V_1) = \begin{cases} 0, 其他 \\ \dfrac{x - v_0}{v_1 - v_0}, v_0 \leqslant x < v_1 \\ 1, v_1 \leqslant x < v_2 \\ \dfrac{v_3 - x}{v_3 - v_2}, v_2 \leqslant x < v_3 \end{cases} \quad (5.50)$$

$$r_{ij}(V_2) = \begin{cases} 0, 其他 \\ \dfrac{v_1 - x}{v_1 - v_0}, v_0 \leqslant x < v_1 \\ \dfrac{x - v_2}{v_3 - v_2}, v_2 \leqslant x < v_3 \end{cases} \quad (5.51)$$

$$r_{ij}(V_3) = \begin{cases} 0, \text{其他} \\ \dfrac{x-v_2}{v_3-v_2}, v_2 \leq x < v_3 \\ \dfrac{v_4-x}{v_4-v_3}, v_3 \leq x < v_4 \end{cases} \quad (5.52)$$

$$r_{ij}(V_4) = \begin{cases} 1, \text{其他} \\ 0, v_0 \leq x < v_1 \\ \dfrac{v_3-x}{v_3-v_2}, v_2 \leq x < v_3 \\ \dfrac{v_5-x}{v_5-v_4}, v_4 \leq x < v_5 \end{cases} \quad (5.53)$$

其中各小写 v 为划分各风险等级的临界值，其具体数值如表 5.8 所示。

表 5.8 风险等级判别

指标	无风险 V_1	低风险 V_2	中风险 V_3	高风险 V_4
X_{11}	<5	[5, 8)	[8, 10)	≥10
X_{13}	≥25	[20, 25)	[10, 20)	<10
X_{14}	≥80	[75, 80)	[65, 75)	<65
X_{15}	<9	[9, 12)	[12, 15)	≥15
X_{16}	<45	[45, 55)	[55, 65)	≥65
X_{21}	≥9	[6, 9)	[4, 6)	<4
X_{31}	≥12	[9, 12)	[6, 9)	<6
X_{33}	≥25	[20, 25)	[15, 20)	[0, 15)
X_{34}	≥25	[20, 25)	[15, 20)	[0, 15)
X_{41}	≥13.5	[8, 13.5)	[5, 8)	[0, 5)
X_{42}	≥30	[20, 30)	[15, 20)	[0, 15)
X_{43}	<70	[70, 80)	[80, 85)	≥85
X_{51}	[0.95, 1.05]	[0.9, 0.95) [1.05, 1.1)	[0.85, 0.9) [1.1, 1.15)	[0.8, 0.85) [1.15, 1.2)
X_{52}	<18	[18, 25)	[25, 40)	≥40

2. 模糊评价模型的建立

（1）商业银行风险评估指数的计算

根据上文计算得到的指标权重值与隶属度矩阵，可得到商业银行风险评估指数为：

$$B_1 = W_1 \times R_1, B_2 = W_2 \times R_2, B_3 = W_3 \times R_3, B_4 = W_4 \times R_4, B_5 = W_5 \times R_5 \quad (5.54)$$

（2）风险评价模型的建立

仿照CAMELS评级体系[①]，用数字1、2、3、4、5作为特征值来表示风险程度从低到高的5个级别，即1~2表示低风险、2~3表示中风险、3~4表示高风险，而大于4则意味着风险极高，需要相关部门紧急处理。风险程度用希腊字母 β 来表示，其模型如下：

信用风险： $\quad \beta_1 = (1,2,3,4) \times B_1^{\mathrm{T}} \quad (5.55)$

资本风险： $\quad \beta_2 = (1,2,3,4) \times B_2^{\mathrm{T}} \quad (5.56)$

盈利风险： $\quad \beta_3 = (1,2,3,4) \times B_3^{\mathrm{T}} \quad (5.57)$

流动性风险： $\quad \beta_4 = (1,2,3,4) \times B_4^{\mathrm{T}} \quad (5.58)$

市场风险： $\quad \beta_5 = (1,2,3,4) \times B_5^{\mathrm{T}} \quad (5.59)$

结合各一级指标在总体风险中所占的权重和各一级指标的风险值，可得商业银行总体风险为：

$$\beta = w_1 \times \beta_1 + w_2 \times \beta_2 + w_3 \times \beta_3 + w_4 \times \beta_4 + w_5 \times \beta_5 \quad (5.60)$$

（五）实证案例分析

以中国工商银行和中国建设银行为例，本部分将对其风险进行计算评估。

1. 中国工商银行风险

第一，计算风险隶属度。

[①] 在CAMELS评级体系中，分别用数字1、2、3、4、5来表示商业银行风险从低到高的5个级别。

$$R_1 = (r_{11} \quad r_{13} \quad r_{14} \quad r_{15} \quad r_{16})^T = \begin{pmatrix} 1 & 0 & 0 & 0 \\ 1 & 0 & 0 & 0 \\ 1 & 0 & 0 & 0 \\ 1 & 0 & 0 & 0 \\ 1 & 0 & 0 & 0 \end{pmatrix}$$

$$R_2 = (r_{21})^T = (1 \quad 0 \quad 0 \quad 0)$$

$$R_3 = (r_{31} \quad r_{33} \quad r_{34})^T = \begin{pmatrix} 1 & 0 & 0 & 0 \\ 0 & 0 & 0 & 1 \\ 0.552 & 0.448 & 0 & 0 \end{pmatrix}$$

$$R_4 = (r_{41} \quad r_{42} \quad r_{43})^T = \begin{pmatrix} 1 & 0 & 0 & 0 \\ 0.680 & 0.320 & 0 & 0 \\ 1 & 0 & 0 & 0 \end{pmatrix}$$

$$R_5 = (r_{51} \quad r_{52})^T = \begin{pmatrix} 0.600 & 0.400 & 0 & 0 \\ 1 & 0 & 0 & 0 \end{pmatrix}$$

第二，计算风险评价指数。

$$B_1 = W_1 \times R_1 = (0.334 \quad 0.101 \quad 0.204 \quad 0.185 \quad 0.176) \times \begin{pmatrix} 1 & 0 & 0 & 0 \\ 1 & 0 & 0 & 0 \\ 1 & 0 & 0 & 0 \\ 1 & 0 & 0 & 0 \\ 1 & 0 & 0 & 0 \end{pmatrix} = (1 \quad 0 \quad 0 \quad 0)$$

$$B_2 = W_2 \times R_2 = 1 \times (1 \quad 0 \quad 0 \quad 0) = (1 \quad 0 \quad 0 \quad 0)$$

$$B_3 = W_3 \times R_3 = (0.334 \quad 0.244 \quad 0.422) \times \begin{pmatrix} 1 & 0 & 0 & 0 \\ 0 & 0 & 0 & 1 \\ 0.552 & 0.448 & 0 & 0 \end{pmatrix} = (0.567 \quad 0.189 \quad 0 \quad 0.244)$$

$$B_4 = W_4 \times R_4 = (0.351 \quad 0.324 \quad 0.325) \times \begin{pmatrix} 1 & 0 & 0 & 0 \\ 0.680 & 0.320 & 0 & 0 \\ 1 & 0 & 0 & 0 \end{pmatrix} = (0.896 \quad 0.104 \quad 0 \quad 0)$$

$$B_5 = W_5 \times R_5 = (0.429 \quad 0.571) \times \begin{pmatrix} 0.600 & 0.400 & 0 & 0 \\ 1 & 0 & 0 & 0 \end{pmatrix} = (0.828 \quad 0.172 \quad 0 \quad 0)$$

第三，全面评估风险。

$$\beta_1 = (1\quad 2\quad 3\quad 4) \times B_1^T = (1\quad 2\quad 3\quad 4) \times (1\quad 0\quad 0\quad 0)^T = 1$$
$$\beta_2 = (1\quad 2\quad 3\quad 4) \times B_2^T = (1\quad 2\quad 3\quad 4) \times (1\quad 0\quad 0\quad 0)^T = 1$$
$$\beta_3 = (1\quad 2\quad 3\quad 4) \times B_3^T = (1\quad 2\quad 3\quad 4) \times (0.567\quad 0.189\quad 0\quad 0.244)^T = 1.921$$
$$\beta_4 = (1\quad 2\quad 3\quad 4) \times B_4^T = (1\quad 2\quad 3\quad 4) \times (0.896\quad 0.104\quad 0\quad 0)^T = 1.104$$
$$\beta_5 = (1\quad 2\quad 3\quad 4) \times B_5^T = (1\quad 2\quad 3\quad 4) \times (0.828\quad 0.172\quad 0\quad 0)^T = 1.172$$
$$\beta = W \times (\beta_1\quad \beta_2\quad \beta_3\quad \beta_4\quad \beta_5)^T = (0.359\quad 0.105\quad 0.163\quad 0.245\quad 0.128) \times$$
$$(1\quad 1\quad 1.921\quad 1.104\quad 1.172)^T = 1.198$$

计算结果表明，中国工商银行的总体风险为 1.198，处于低风险状态，其中资本风险、流动性风险、信用风险、盈利风险、市场风险介于 1 和 2 之间，为低风险。

2. 中国建设银行风险

第一，计算风险隶属度。

$$R_1 = (r_{11}\quad r_{13}\quad r_{14}\quad r_{15}\quad r_{16})^T = \begin{pmatrix} 1 & 0 & 0 & 0 \\ 1 & 0 & 0 & 0 \\ 1 & 0 & 0 & 0 \\ 1 & 0 & 0 & 0 \\ 1 & 0 & 0 & 0 \end{pmatrix}$$

$$R_2 = (r_{21})^T = (1\quad 0\quad 0\quad 0)$$

$$R_3 = (r_{31}\quad r_{33}\quad r_{34})^T = \begin{pmatrix} 1 & 0 & 0 & 0 \\ 0 & 0 & 0 & 1 \\ 0.408 & 0.592 & 0 & 0 \end{pmatrix}$$

$$R_4 = (r_{41}\quad r_{42}\quad r_{43})^T = \begin{pmatrix} 1 & 0 & 0 & 0 \\ 0.850 & 0.150 & 0 & 0 \\ 1 & 0 & 0 & 0 \end{pmatrix}$$

$$R_5 = (r_{51}\quad r_{52})^T = \begin{pmatrix} 0.600 & 0.400 & 0 & 0 \\ 1 & 0 & 0 & 0 \end{pmatrix}$$

第二，计算风险评价指数。

$$B_1 = W_1 \times R_1 = (0.334 \quad 0.101 \quad 0.204 \quad 0.185 \quad 0.176) \times \begin{pmatrix} 1 & 0 & 0 & 0 \\ 1 & 0 & 0 & 0 \\ 1 & 0 & 0 & 0 \\ 1 & 0 & 0 & 0 \\ 1 & 0 & 0 & 0 \end{pmatrix} = (1 \quad 0 \quad 0 \quad 0)$$

$$B_2 = W_2 \times R_2 = 1 \times (1 \quad 0 \quad 0 \quad 0) = (1 \quad 0 \quad 0 \quad 0)$$

$$B_3 = W_3 \times R_3 = (0.334 \quad 0.244 \quad 0.422) \times \begin{pmatrix} 1 & 0 & 0 & 0 \\ 0 & 0 & 0 & 1 \\ 0.408 & 0.592 & 0 & 0 \end{pmatrix} = (0.506 \quad 0.250 \quad 0 \quad 0.244)$$

$$B_4 = W_4 \times R_4 = (0.351 \quad 0.324 \quad 0.325) \times \begin{pmatrix} 1 & 0 & 0 & 0 \\ 0.850 & 0.150 & 0 & 0 \\ 1 & 0 & 0 & 0 \end{pmatrix} = (0.951 \quad 0.049 \quad 0 \quad 0)$$

$$B_5 = W_5 \times R_5 = (0.429 \quad 0.571) \times \begin{pmatrix} 0.600 & 0.400 & 0 & 0 \\ 1 & 0 & 0 & 0 \end{pmatrix} = (0.828 \quad 0.172 \quad 0 \quad 0)$$

第三，全面评估风险。

$$\beta_1 = (1 \quad 2 \quad 3 \quad 4) \times B_1^T = (1 \quad 2 \quad 3 \quad 4) \times (1 \quad 0 \quad 0 \quad 0)^T = 1$$

$$\beta_2 = (1 \quad 2 \quad 3 \quad 4) \times B_2^T = (1 \quad 2 \quad 3 \quad 4) \times (1 \quad 0 \quad 0 \quad 0)^T = 1$$

$$\beta_3 = (1 \quad 2 \quad 3 \quad 4) \times B_3^T = (1 \quad 2 \quad 3 \quad 4) \times (0.506 \quad 0.250 \quad 0 \quad 0.244)^T = 1.982$$

$$\beta_4 = (1 \quad 2 \quad 3 \quad 4) \times B_4^T = (1 \quad 2 \quad 3 \quad 4) \times (0.951 \quad 0.049 \quad 0 \quad 0)^T = 1.049$$

$$\beta_5 = (1 \quad 2 \quad 3 \quad 4) \times B_5^T = (1 \quad 2 \quad 3 \quad 4) \times (0.828 \quad 0.172 \quad 0 \quad 0)^T = 1.172$$

$$\beta = W \times (\beta_1 \quad \beta_2 \quad \beta_3 \quad \beta_4 \quad \beta_5)^T = (0.359 \quad 0.105 \quad 0.163 \quad 0.245 \quad 0.128) \times (1 \quad 1 \quad 1.982 \quad 1.049 \quad 1.172)^T = 1.194$$

计算结果表明，中国建设银行总体风险为1.194，处于低风险状态，其总体风险低于中国工商银行的风险（1.198）。此外，其资本风险、流动性风险、信用风险、盈利风险、市场风险介于1和2之间，为低风险。

三　对商业银行的事后评判管理

定期对商业银行在一定阶段内的运营情况进行评判是必要的，通过评判对各商业银行的表现有一个总体上的把握。对于运营情况好的银行，可以在接下来的国库现金管理中优先选择；对于运营情况不佳的银行，及时进行关注，提出相关监督要求以确保国库现金安全；对于运营情况不好、不能满足国库现金管理要求的银行，为确保国库现金的收益性、安全性和流动性，可根据相关规定取消其进行国库现金存款的资格。

从整体上看，对商业银行的事后评判管理是在事中监督的基础上进行的，同时事后评判管理又会通过加减分影响到下一年度的事前选择，这样事前选择、事中监督、事后评判就形成了一个统一的整体，可以保证对商业银行进行国库现金存款业务有效的监督与管理。总体上说，事后评判包括两方面的内容，这也是一个好的评价管理体系应具备的基本原则，具体如下。

（一）奖励措施

应用本章建立的商业银行风险评价指标体系来评价商业银行的整体运营情况，计算年度内各商业银行的风险指标。综合各个商业银行最后的风险得分，对其进行排名，根据排名情况在下一年度的事前选择中给予加分，即表5.3商业银行综合评价指标及打分表中的加分项。

在所有进行国库现金存款操作的商业银行中，按照其风险得分进行排名，排名前10%的商业银行在下一年度的事前选择中加3分；排名前10%~30%的银行加2分；排名前30%~60%的银行加1分；其余不加分。

（二）惩罚措施及退出机制

完善的监管体系还需要相应的惩罚措施，在商业银行进行国库现金存款操作时，应设置相应的惩罚、退出机制，以限制或取消商业银行进行国库现金存款投标的资格。如果在操作过程中，商业银行出现违规、没有按照中标协议履行相应的义务、不能及时将到期存款本息足额缴入国库、妨害到国库现金的安全性或流动性等情况时，财政部门可根据后果严重程度实施相应的措施。

1. 红、黄、蓝、绿牌制度

当商业银行出现违规操作时，根据情况的严重性以及违规行为给国库现金造成的损失数额，向商业银行出示红、黄、蓝牌给予警示，没有出现违规的银行给予绿牌。不同颜色表示不同后果的严重程度，同时应给予不同的关注。

2. 出示规则

出示红牌主要表现为严重违规行为，其性质极为恶劣，对国库现金安全有重大影响，或对国库现金造成重大经济损失；出示黄牌主要表现为违规行为稍弱于红牌的情况，其性质较为恶劣、对国库现金安全有较大影响或对国库现金造成一定经济损失；出示蓝牌主要表现为较轻违规行为，对国库现金安全有一定影响；向没有出现问题的商业银行出示绿牌，表示其在进行国库现金存款过程中没有出现问题，不需要接受相应的处理措施。

3. 出示后果

具体出示后果见表5.9。

表5.9　红、黄、蓝、绿牌出示制度

颜色	关注级别	出示原则	出示后果
红牌	需要极度关注	违规性质极为恶劣、对国库现金安全有重大影响或造成国库现金重大经济损失的违规事项	取消下一年度该商业银行参与国库现金存款投标的资格
黄牌	需要部分特别关注	违规性质较为恶劣、对国库现金安全有较大影响或造成国库现金一定经济损失的违规事项	在下一年度国库现金商业银行存款的事前选择中，减5分
蓝牌	需要一般关注	违规性质较轻、对国库现金安全有一定影响的违规事项	在下一年度国库现金商业银行存款的事前选择中，减3分
绿牌	不需关注	没有出现任何违规行为、没有对国库现金安全造成影响	在下一年度国库现金商业银行存款的事前选择中，不减分

红、黄、蓝、绿牌制度影响商业银行在下一年度进行国库现金存款的初始打分，即影响对商业银行的事前选择，决定表5.3商业银行综合评价指标及打分表中的加减分项，具体如下。

当商业银行被出示红牌时，则取消该商业银行的代理资格，在接下来的一年中,该商业银行不能参与国库现金操作;当商业银行被出示黄牌时,在下一年度的事前选择中,减 5 分;当商业银行被出示蓝牌时,在下一年度的事前选择中,减 3 分;当商业银行被出示绿牌时,该商业银行继续保有代理资格,没有任何处置措施,在下一年度的事前选择中不减分。

通过对商业银行的事前选择、事中监督和事后评判管理,可以形成统一有效的体系,可以全程对商业银行国库现金存款业务实施监督和管理,从而确保国库现金的安全性、流动性和收益性。

第六章

云南省国库现金管理模式选择及操作建议

第一节 云南省国库现金管理的原则及总体要求

一 国库现金管理基本原则

基于上文的结论分析,地方开展国库现金管理至少应坚持以下原则。

(一) 安全性、流动性和收益性相统一的原则

顾名思义,安全性是指在开展国库现金管理的过程中,首先要保证国库现金的安全;流动性是指现有国库现金能够及时支付日常支出与应急需要,确保不发生兑付风险,保持国库资金具有一定的流动性;收益性是指在开展国库现金管理的过程中应争取一定的收益,实现国库现金的安全性、流动性和收益性相匹配。

(二) 因地制宜、量力而行的原则

在制定国库现金管理的实施细则时,地方国库部门必须因地制宜,充分结合当地的实际财力和支出需求,对具体的国库现金操作规模做出准确的预判和评估,选择适合本地区国库现金管理的运作模式。值得一提的是,地方国库现金管理必须量力而行,在时机成熟时稳步推进,不可大胆冒

进，应密切关注市场政策，在实施过程中及时做出调整。

(三) 依法开展、审慎实施的原则

在实施之前，地方国库部门应广泛征求各方意见，可以在相关的州（市）提前试点，不断完善相关制度和操作细则，真正做到有法可依、有章可循，避免出现操作风险。与此同时，在操作初期，应重视地方国库现金的操作规模、运作方式以及监管途径；而在操作中后期，应更加注意国库现金管理的风险和收益，在坚持审慎实施原则的基础上，保证地方国库资金的安全和稳定。

二 现代化国库现金管理改革的步骤及配套制度

(一) 第一阶段：着手基础建设

①建立专门的现金管理机构。
②强调有效现金管理的重要性，增强实施有效现金管理的意识。
③提高预算编制准确性。
④限制预付现金。
⑤提高政府会计结算能力。

这一阶段，应根据上级有关规定和改革需要，制定《云南省财政国库管理制度改革试点方案》《云南省财政国库管理制度改革试点资金支付管理办法》等有关管理制度。

(二) 第二阶段：编制现金规划和提高现金管理技能

①编制短期现金流预测。
②共享信息。
③确保在现金预测时进行历史信息交流。
④编制现金规划。
⑤提高现金预测水平。

这一阶段，在上述现金管理制度的基础上，首先组建专业团队管理地

方国库现金；其次对地方国库现金规模进行预测，结合历史数据信息，试编地方国库现金规划；最后在操作过程中不断修改完善，提高国库现金预测管理水平。

（三）第三阶段：更高要求的现金管理

①避免收入入库和支出出库的延误。
②合理归置具有季节性和波动性的现金流入。
③评估正在考虑中的支出承诺对现金预测产生的影响。
④审核支出审批和支付效率。
⑤实施国库集中支付电子化管理，提高资金支付效率。
⑥保持一个最低的现金余额，确定最佳现金持有量。
⑦协调现金管理与债务管理。

在第二、第三阶段，配套制度主要涉及控制现金流入。控制现金流入主要是指在有限的时间内将应缴的资金缴入国库，并且利用计算机技术，升级国库现金管理系统，进一步缩短国库收到现金与支付现金的时间间隔。此外，研究制定对代理银行的合理补偿机制，明确财政部门与代理银行之间的权、责、利关系，提高代理银行服务质量。

（四）第四阶段：引入积极的日常现金管理

随着现金管理操作的发展，需要解决中间阶段的"不平滑"问题（通过发行短期证券来减小现金余额的剧烈波动），以及提高对可用现金日常管理的关注度。可做如下优化。

①更加积极地进行现金余额的日常管理。
②引入每日银行账户清算安排。
③确保国库短期存款的安全性。
④使现金流预测更精确。

实际上，进行国库现金管理需要对商业银行进行招投标，可采用公共竞争的机制，选择信用度高、服务质量好的商业银行实施代理业务。应制定《云南省财政国库现金商业银行招投标管理办法》《云南省财政厅对商业银行的评价考核办法》。同时，财政部门须与商业银行进行谈判并签署各项协议，以减少财政国库收支业务中的交易成本，并保证高效。

随着国库现金管理水平的不断提升，国库现金有多种投资运作方式。为了保证国库资金的安全性、流动性和收益性，应制定《云南省财政国库现金投资运作管理规定》，对国库现金的投资运作进行一定的指导和限制。

第二节　云南省国库现金管理机构设置

为了明确地方国库现金管理的职责分工，在控制风险的前提下实现国库资金的保值增值，地方国库部门应当设置专业的管理机构，负责国库现金的日常管理与操作，提高资金的使用效率。

一　设置专门的国库现金管理部门

现金管理机构主要负责对国库现金进行日常管理，负责库底资金的预测、操作管理与风险控制等工作。具体而言，包括库底资金运作与选择合适的金融市场进行投资，并建立与省金融办、人民银行、税务部门、商业银行等部门的联系协调机制。具体职责如下。

（一）增强财政收支活动的计划性

加强对财政收支活动计划性的管理。在收入方面，财政收入的代理银行应及时将收入上缴至国库单一账户，并鼓励各预算单位按期缴纳大额款项，对上缴收入不及时的单位予以处罚。在支出方面，要求预算单位根据实际情况，报送和提供比较准确的用款计划，只有实际支付时才予以支付，改变各部门在使用资金上的无序性，要求各单位按既定计划申请用款，保证库款资金流量的均衡，为现金管理预测打下基础。

（二）准确预测国库现金流量

现金流量预测包括收入预测和支出预测两部分。收入预测针对各种税收以及其他收费等政府各项财政收入；支出预测主要针对预算单位用款计划等各项支出。在整理、分析历年财政收支信息的基础上，建立相关模型，运用数理分析等方法，对财政收支变动以及库款余额变动的短期、中期及长期趋势进行分析，从中找出库款余额变动的基本规律。同时，结合各部门预算以及按进度用款等的实际用款需求，研究确定用于保证部门正常用款需要的日均最低库款余额。在预测顺序上，先从预测一个月后的用款需求和库款余额开始，逐步延长预测期限，预测两个月后、三个月后、半年以至一年后的部门用款需求和库款余额，不断提高国库现金流量预测的准确度。

（三）采取适当方式实施现金管理

在保留最低国库存款余额以备紧急支付的前提下，根据云南省实际情况，采用适当方式，对闲置库款资金余额进行运作，具体方式有商业银行定期存款、在未来进行同业拆借、国债回购与逆回购、购买高信用等级的商业票据等。

（四）实现国库现金管理与货币政策、国债管理的有效配合

在现金管理过程中，注意现金管理必须与货币政策、国债管理相配合。一方面，现金管理要与中国人民银行货币政策保持一致。另一方面，现金管理要紧密结合债务管理来开展。

二 具体岗位职责

根据现金管理机构的具体工作内容，设计具体岗位职责如下。

（一）现金管理机构负责人

负责现金管理全面协调工作；组织草拟制定国库现金管理的相关制度和办法；负责建立机构内部控制制度和岗位责任制度；负责机构队伍建设及内部各岗位的人员安排，并定期对其进行评价与监督；负责与其他部门的沟通协调工作；组织开展财政国库管理的调研、交流与合作。

（二）现金流预测管理岗

整理、分析历年财政收支信息，建立合理的预测模型，并对地方财政收支和库款进行预测；在每月月初收集现金流量预测模型中各变量的最新信息，并将其代入模型中；根据当前一组变量进行计算，修订出未来一个月、两个月、三个月的现金流量；结合历史用款需求和上述预测结果，初步确定地方国库现金日均库款余额。

（三）银行存款管理岗

负责对商业银行的选取工作，确定各商业银行是否具有存放国库现金的资格；定期对商业银行的综合表现进行考核，以确定各商业银行在下一轮存款工作中的资格；确定国库现金投放于商业银行的金额和期限。

（四）投资管理岗

根据市场情况，选择合适的投资工具，对超过最低国库存款余额的国库现金进行投资。主要职责如下。

就投资政策与上级进行交流，并提供一些可供选择的投资策略；在投资项目的资产管理和投资方面提供建议，包括投资的目标、指导方针和投资政策的约束；设计和提供有关资产配置计划和各个投资项目期限的正式书面建议，包括各个投资项目的风险承受能力；及时提供影响投资战略和投资目标实现进程的所有外部因素的书面通告，例如经济前景的重大变化、资本市场的动态以及其他一些相关因素；提交季度和年度内所有投资项目中投资组合的绩效报告。

第三节　云南省国库现金流量预测分析框架与投资制度

一　云南省国库现金流量预测分析框架

为提高国库现金流量预测工作效率、完善预测分析体系、统筹库款管理，按照《财政国库"十二五"规划》，拟建立云南省国库现金流量分析系统。

（一）系统结构及建设目标

1. 系统结构

国库现金流量分析系统对内与国库管理系统紧密衔接，对外与中国人民银行国库系统、财税库银横向联网系统和相关预算单位实现实时信息交换。国库现金流量预测分析系统结构如图 6.1 所示。

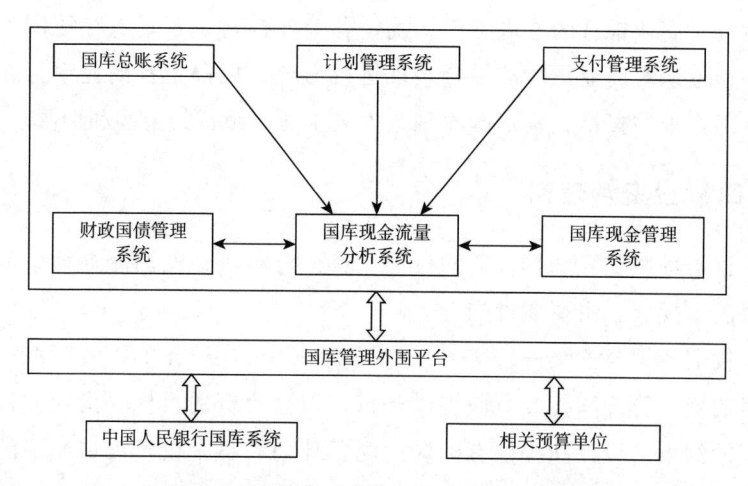

图 6.1 国库现金流量预测分析系统结构

2. 建设目标

通过国库现金流量预测分析系统建设，要求实现以下管理目标。

①将国库现金流量预测纳入整个国库管理业务流程，实现预测数据统计业务自动化处理。一是实现国库现金收支历史数据的自动化处理；二是实现历史数据的同比、环比分析自动化处理；三是实现预测周期内国债发行兑付、现金管理计划等预测所需数据的自动化处理；四是实现与财税库银横向联网系统数据的无缝衔接；五是实现相关预算单位大额支付报备数据的实时处理；六是实现库款流动性预警；七是实现大额支付报备情况考评。

②实现预测报表自动编制功能。通过建立国库现金流量分析系统预测

报表模块，实现国库现金流量预测报表编制自动化。

③实现国库现金流量预测分析系统与债务管理系统、国库现金管理系统统筹运转机制。实现与债务管理系统、国库现金管理系统的衔接，通过预测信息、库款信息发布功能，实现债务管理系统、国库现金管理系统在授权范围内对国库数据信息的访问和查询，实现国库现金流量预测分析、偿债计划、国库现金管理等工作的统筹协调管理。

（二）系统基本功能和要求

①保障国库现金流量分析所需信息汇总统计的完整性。国库现金流量预测涉及预算指标、用款计划、授权额度、总会计账务数据、中国人民银行国库等不同业务系统中的诸多信息要素，各个数据对预测结果都会产生影响，因此系统设置需要将各项信息及时完整统计，确保预测数据的完整性和准确性。

②保障报表编制数据口径的独立性和准确性。国库现金流量预测分析系统中数据统计口径是按国库现金流入流出的收付实际数据统计的，与财政预算执行统计口径具有一定差异。因此在报表数据的获取、计算以及报表生成等环节都要求信息系统严格按照特定的数据钩稽关系处理，确保数据口径的独立性和准确性。

③保障国库数据的安全性。国库现金涉及的资金量大、实效性强、保密性强，业务流程中要对用户的合法性、时效性和权限进行验证，国库现金流量预测分析系统中的信息只能在权限范围内被应用，任何不具备权限的用户都不能进入国库现金流量预测分析系统，这就确保了库款资金的保密性。

④系统功能要有较高的灵活性和可扩展性，既能够按照当前各种不同业务模式灵活设置系统功能和流程，也能够通过功能扩展支持新的业务管理方式，适应未来国库资金管理的发展需要。

（三）系统业务需求

初步考虑国库现金流量预测分析系统主要包括的七个模块：按日预测（按月逐日进行国库现金流量预测报表编制）、按月预测（按季分月进行国库现金流量预测报表编制)、按年预测(按年分月进行国库现金流量预测报表编制)、大额支付报备及偏离度考评、预测误差分析、库款情况旬报(库款情况旬报表编制)、库款情况发布。

1. 系统数据控制的基础规则及数据来源

为规范系统设置、明确国库现金流量预测分析系统的数据统计标准,系统数据控制应遵循以下基础规则。

国库现金流量预测分析系统中库款收支数据的统计口径与财政预算执行口径有一定区别,应根据国库现金流入流出的实际发生情况统计,包括整理期库款的流入流出按发生日计入当日库款收支,预拨资金按拨款日计入当日库款支出等。

①历史数据。数据结构详见表6.1、表6.2和表6.3。数据来源为账务系统或中国人民银行系统。

②预测数据。预测数据包括地方本级收入数据、中央税收返还和转移支付收入数据、地方本级支出数据。数据来源包括预算执行系统数据(分部门分月用款计划)和单位大额支付报备数据。

③所有报表均可下载和打印。

④设定小数点位数。数据统计到万元整数,精确到整数位(整数位后四舍五入)。

2. 按季分月国库现金流量预测报表

①报表结构:见表6.1(按季分月国库现金流量预测表样)。

②历史数据包括近两年历史同期数据(见表6.3)、近两年平均历史同期数据(见表6.4)。

③历史数据分析:根据历史数据分析各项目同比(累计)变动情况,输出简要分析报表(见表6.3)。

④按趋势预测:按表6.4样式展示预测初值,预测数据根据相关来源获取。通过参数选择,推导预测初始值。未设置参数的项目,其数值保持不变。

⑤数据修正:将按趋势预测的初始值以表6.1格式展示,同时保持预测期间数据能够实现人工调整。

⑥预测展现:数据修正后的预测表格式同表6.1。

3. 按年分月国库现金流量预测报表

①报表结构：见表 6.2（按年分月国库现金流量预测表样）。

②历史数据包括近两年历史同期数据（见表 6.5）、近两年平均历史同期数据（见表 6.6）。

③历史数据分析：根据历史数据分析各项目同比（累计）变动情况，输出简要分析报表。

④按趋势预测：按表 6.6 样式展示预测初值，预测数据根据相关来源获取。通过参数选择，推导预测初始值。未设置参数的项目，其数值保持不变。

⑤数据修正：将按趋势预测的初始值以表 6.2 格式展示，同时保持预测期间数据能够实现人工调整。

⑥预测展现：数据修正后的预测表格式同表 6.2。

4. 大额支付报备及偏离度考评

用于考评相关预算单位大额支付报备数据与实际执行数据准确性情况。根据相关单位大额支付报备信息与实际执行结果输出表 6.7。其中，国库现金流量预测表数据钩稽关系情况说明如下。

系统需根据从中国人民银行接收的地方金库库存表、地方预算收入日报表、地方预算支出日报表等信息，自动生成附件中的报表明细项，并且按固定的钩稽关系自动生成相应的汇总数。

根据调整期数据是否已并入当年的报表，分为调整期和非调整期，两个时期的系统取数和汇总规则不同，两个时期的划分方式为：每年 1 月 1 日至 $T-1$ 日（T 每年不固定）为调整期，每年 T 日至 12 月 31 日为非调整期。T 日的确定方式为：中国人民银行在每年 T 日（不固定）发送的地方金库库存表和地方预算收入日报表中，将调整期的上年余额以一般公共预算收入表中 "11008 上年结余收入"（非 T 日的该项金额为 0）信息项体现。

在调整期，每日的"上期国库存款余额"等于前一日的地方金库库存表中的"库存"（本日余额），加上截至 T 日接收的最新一份附加信息为"（调整期）"的地方金库库存表中的"库存"（本日余额）；在非调整期，每日的"上期国库存款余额"等于前一日的地方金库库存表中的"库存"（本日余额）。

表 6.1 按季分月国库现金流量预测表样

2013 年 1~4 月地方财政国库现金流量预测表

编报单位：国库处　　　　编制日期：　　年　　月　　日　　　　　　　　　　　　　　　　单位：万元

项目 \ 数据 \ 时间	1月 2013年 预测数	1月 2013年 执行数	1月 误差	2月 2013年 预测数	2月 2012年 执行数	2月 2011年 执行数	3月 2013年 预测数	3月 2012年 执行数	3月 2011年 执行数	4月 2013年 预测数	4月 2012年 执行数	4月 2011年 执行数
上期国库存款余额												
其中：公共财政预算余额												
政府性基金余额												
定期存款												
资金流入												
一、税收收入												
1. 增值税												
2. 营业税												
3. 企业所得税												
4. 个人所得税												
5. 城市维护建设税												
6. 耕地占用税												
二、政府性基金收入												
三、国有资本经营预算收入												
四、非税收入												
五、上级补助收入												
六、暂收款												
七、债务收入												

续表

时间 数据 项目	1月 2013年 预测数	1月 2013年 执行数	误差	2月 2013年 预测数	2月 2012年 执行数	2月 2011年 执行数	3月 2013年 预测数	3月 2012年 执行数	3月 2011年 执行数	4月 2013年 预测数	4月 2012年 执行数	4月 2011年 执行数
资金流出												
一、地方本级预算拨款												
其中：基本支出												
年初预算												
追加预算												
项目支出												
年初预算												
追加预算												
二、政府性基金支出												
三、国有资本经营预算支出												
四、债务支出												
五、补助下级支出												
其中：财力补助												
专款补助												
六、暂付款												
国库存款余额												
其中：公共财政预算余额												
政府性基金余额												
定期存款												

表6.2 按年分月国库现金流量预测表样

2013年1~6月地方财政国库现金流量预测表

编报单位：国库处　　　　　　　　　　　编制日期：　年　月　日　　　　　　　　　　单位：万元

时间 数据 项目	1月 2013年预测数	1月 2012年执行数	1月 2011年执行数	2月 2013年预测数	2月 2012年执行数	2月 2011年执行数	3月 2013年预测数	3月 2012年执行数	3月 2011年执行数	4月 2013年预测数	4月 2012年执行数	4月 2011年执行数	5月 2013年预测数	5月 2012年执行数	5月 2011年执行数	6月 2013年预测数	6月 2012年执行数	6月 2011年执行数
上期国库存款余额																		
其中：公共财政预算余额																		
政府性基金余额																		
资金流入																		
一、税收收入																		
1. 增值税																		
2. 营业税																		
3. 企业所得税																		
4. 个人所得税																		
5. 城市维护建设税																		
6. 耕地占用税																		
二、政府性基金收入																		
三、国有资本经营预算收入																		
四、非税收入																		
五、上级补助收入																		
六、暂收款																		
七、债务收入																		

续表

时间 数据 项目	1月 2013年预测数	1月 2012年执行数	1月 2011年执行数	2月 2013年预测数	2月 2012年执行数	2月 2011年执行数	3月 2013年预测数	3月 2012年执行数	3月 2011年执行数	4月 2013年预测数	4月 2012年执行数	4月 2011年执行数	5月 2013年预测数	5月 2012年执行数	5月 2011年执行数	6月 2013年预测数	6月 2012年执行数	6月 2011年执行数
资金流出																		
一、地方本级预算拨款																		
其中：基本支出																		
年初预算																		
追加预算																		
项目支出																		
年初预算																		
追加预算																		
二、政府性基金支出																		
三、国有资本经营预算支出																		
四、债务支出																		
五、补助下级支出																		
其中：财力补助																		
专款补助																		
六、暂付款																		
国库存款余额																		
其中：公共财政预算余额																		
政府性基金余额																		

232 • 国库现金管理的制度、方法和风险控制研究

2013年7~12月地方财政国库现金流量预测表

编报单位：国库处 编制日期：　年　月　日 单位：万元

时间 项目 数据	7月 2013年预测数	7月 2012年执行数	7月 2011年执行数	8月 2013年预测数	8月 2012年执行数	8月 2011年执行数	9月 2013年预测数	9月 2012年执行数	9月 2011年执行数	10月 2013年预测数	10月 2012年执行数	10月 2011年执行数	11月 2013年预测数	11月 2012年执行数	11月 2011年执行数	12月 2013年预测数	12月 2012年执行数	12月 2011年执行数
上期国库存款余额																		
其中：公共财政预算余额																		
政府性基金预算余额																		
资金流入																		
一、税收收入																		
1. 增值税																		
2. 营业税																		
3. 企业所得税																		
4. 个人所得税																		
5. 城市维护建设税																		
6. 耕地占用税																		
二、政府性基金收入																		
三、国有资本经营预算收入																		
四、非税收入																		
五、上级补助收入																		
六、暂收款																		
七、债务收入																		

第六章 云南省国库现金管理模式选择及操作建议 • 233

续表

时间 数据 项目	7月 2013年预测数	7月 2012年执行数	7月 2011年执行数	8月 2013年预测数	8月 2012年执行数	8月 2011年执行数	9月 2013年预测数	9月 2012年执行数	9月 2011年执行数	10月 2013年预测数	10月 2012年执行数	10月 2011年执行数	11月 2013年预测数	11月 2012年执行数	11月 2011年执行数	12月 2013年预测数	12月 2012年执行数	12月 2011年执行数
资金流出																		
一、地方本级预算拨款																		
其中：基本支出																		
年初预算																		
追加预算																		
项目支出																		
年初预算																		
追加预算																		
二、政府性基金支出																		
三、国有资本经营预算支出																		
四、债务支出																		
五、补助下级支出																		
其中：财力补助																		
专款补助																		
六、暂付款																		
国库存款余额																		
其中：公共财政预算余额																		
政府性基金余额																		

表6.3 按季分月国库现金流量预测表表样

2013年4月地方财政国库现金流量预测表

编报单位：国库处 编制日期：　年　月　日 单位：万元

时间 数据 项目	年初至3月		4月			
	2012年 执行数	2013年 增幅	2012年 执行数	增幅	2013年 执行数	增幅
上期国库存款余额						
其中：公共财政预算余额						
政府性基金余额						
资金流入						
一、税收收入						
1. 增值税						
2. 营业税						
3. 企业所得税						
4. 个人所得税						
5. 城市维护建设税						
6. 耕地占用税						
二、政府性基金收入						
三、国有资本经营预算收入						
四、非税收入						

续表

时间\数据项目	年初至3月				4月			
	2012年		2013年		2012年		2013年	
	执行数	增幅	执行数	增幅	执行数	增幅	执行数	增幅
五、上级补助收入								
六、暂收款								
七、债务收入								
资金流出								
一、地方本级预算拨款								
其中：基本支出								
年初预算								
追加预算								
项目支出								
年初预算								
追加预算								
二、政府性基金支出								
三、国有资本经营预算支出								
四、债务支出								
五、补助下级支出								
其中：财力补助								
专款补助								

续表

时间	年初至3月			4月			
数据 项目	2012年 执行数	2013年		2012年		2013年	
		执行数	增幅	执行数	增幅	执行数	增幅
六、暂付款							
国库存款余额							
其中：公共财政预算余额							
政府性基金余额							

表 6.4 按季分月国库现金流量预测表表样

2013年3~6月地方财政国库现金流量预测表

编报单位：国库处　　　编制日期：　　年　　月　　日　　　参数设置（年份，平均值）：　　　误差：　　　单位：万元

时间	3月	4月	5月	6月
数据 项目	2013年 预测数	2013年 预测数	2011年 执行数	2012年 执行数	2013年 预测数	2011年 执行数	2012年 执行数	2013年 预测数	2011年 执行数	2012年 执行数
上期国库存款余额										
其中：公共财政预算余额										
政府性基金余额										
资金流入										

续表

时间 项目	参数设置（年份，平均值）	3月			4月			5月			6月	
		2013年 预测数	2013年 执行数	误差	2013年 预测数	2012年 执行数	2011年 执行数	2013年 预测数	2012年 执行数	2011年 执行数	2012年 执行数	2011年 执行数
一、税收收入												
1. 增值税												
2. 营业税												
3. 企业所得税												
4. 个人所得税												
5. 城市维护建设税												
6. 耕地占用税												
二、政府性基金收入												
三、国有资本经营预算收入												
四、非税收入												
五、上级补助收入												
六、暂收款												
七、债务收入												
资金流出												
一、地方本级预算拨款												

续表

时间 数据 项目	3月 2013年 预测数	3月 2013年 执行数	误差	参数设置（年份，平均值）	4月 2013年 预测数	4月 2012年 执行数	4月 2011年 执行数	5月 2013年 预测数	5月 2012年 执行数	5月 2011年 执行数	6月 2013年 预测数	6月 2012年 执行数	6月 2011年 执行数
其中：基本支出													
年初预算													
追加预算													
项目支出													
年初预算													
追加预算													
二、政府性基金支出													
三、国有资本经营预算支出													
四、债务支出													
五、补助下级支出													
其中：财力补助													
专款补助													
六、暂付款													
国库存款余额													
其中：公共财政预算余额													
政府性基金余额													

第六章 云南省国库现金管理模式选择及操作建议

表 6.5 按年分月国库现金流量预测表样

2013 年 1~6 月地方国库现金流量预测表

编报单位：国库处　　　　　　　编制日期：　年　月　日　　　　　　　单位：万元，%

时间 数据项目	1月 2013年预测数	1月 2012年执行数	1月 2011年执行数	2月 2013年预测数	2月 2012年执行数	2月 2011年执行数	3月 2013年预测数	3月 2012年执行数	3月 2011年执行数	4月 2013年预测数	4月 2012年执行数	4月 2011年执行数
上期国库存款余额												
其中：公共财政预算余额												
政府性基金余额												
资金流入												
一、税收收入												
1. 增值税												
2. 营业税												
3. 企业所得税												
4. 个人所得税												
5. 城市维护建设税												
6. 耕地占用税												
二、政府性基金收入												
三、国有资本经营预算收入												

续表

时间 数据	1月 2013年 预测数	1月 2012年 执行数	1月 2011年 执行数	2月 2013年 预测数	2月 2012年 执行数	2月 2011年 执行数	3月 2013年 预测数	3月 2012年 执行数	3月 2011年 执行数	4月 2013年 预测数	4月 2012年 执行数	4月 2011年 执行数
四、非税收入												
五、上级补助收入												
六、暂收款												
七、债务收入												
资金流出												
一、地方本级预算拨款												
其中：基本支出												
年初预算												
追加预算												
项目支出												
年初预算												
追加预算												
二、政府性基金支出												
三、国有资本经营预算支出												
四、债务支出												

续表

时间\数据项目	1月 2013年预测数	1月 2012年执行数	1月 2011年执行数	2月 2013年预测数	2月 2012年执行数	2月 2011年执行数	3月 2013年预测数	3月 2012年执行数	3月 2011年执行数	4月 2013年预测数	4月 2012年执行数	4月 2011年执行数
五、补助下级支出												
其中：财力补助												
专款补助												
六、暂付款												
国库存款余额												
其中：公共财政预算余额												
政府性基金余额												

时间\数据项目	5月 2013年预测数	5月 2012年执行数	5月 2011年执行数	6月 2013年预测数	6月 2012年执行数	6月 2011年执行数	1~6月合计 2013年预测数	1~6月合计 2012年执行数	1~6月合计 2011年执行数	完成预算比例
上期国库存款余额										
其中：公共财政预算余额										
政府性基金余额										
资金流入										

续表

时间 数据 项目	5月 2013年 预测数	5月 2012年 执行数	5月 2011年 执行数	6月 2013年 预测数	6月 2012年 执行数	6月 2011年 执行数	1~6月合计 2013年 预测数	1~6月合计 2013年 完成预算比例	1~6月合计 2012年 执行数	1~6月合计 2012年 完成预算比例	2011年 执行数	2011年 完成预算比例
一、税收收入												
1. 增值税												
2. 营业税												
3. 企业所得税												
4. 个人所得税												
5. 城市维护建设税												
6. 耕地占用税												
二、政府性基金收入												
三、国有资本经营预算收入												
四、非税收入												
五、上级补助收入												
六、暂收款												
七、债务收入												
资金流出												
一、地方本级预算拨款												

第六章　云南省国库现金管理模式选择及操作建议 • 243

续表

时间\数据\项目	5月			6月			2013年 预测数	1~6月合计				
	2013年 预测数	2012年 执行数	2011年 执行数	2013年 预测数	2012年 执行数	2011年 执行数		2013年 完成预算比例	2012年 执行数	2012年 完成预算比例	2011年 执行数	2011年 完成预算比例
其中：基本支出												
年初预算												
追加预算												
项目支出												
年初预算												
追加预算												
二、政府性基金支出												
三、国有资本经营预算支出												
四、债务支出												
五、补助下级支出												
其中：财力补助												
专款补助												
六、暂付款												
国库存款余额												
其中：公共财政预算余额												
政府性基金余额												

2013 年 7~12 月地方国库现金流量预测表

编报单位：国库处　　编制日期：　　年　　月　　日　　单位：万元，%

时间	7月			8月			9月			10月			11月		
项目	2013年预测数	2012年执行数	2011年执行数	2013年预测数	2012年执行数	2011年执行数	2013年预测数	2012年执行数	2011年执行数	2013年预测数	2012年执行数	2011年执行数	2013年预测数	2012年执行数	2011年执行数
上期国库存款余额															
其中：公共财政预算余额															
政府性基金余额															
资金流入															
一、税收收入															
1. 增值税															
2. 营业税															
3. 企业所得税															
4. 个人所得税															
5. 城市维护建设税															
6. 耕地占用税															
二、政府性基金收入															
三、国有资本经营预算收入															
四、非税收入															

第六章 云南省国库现金管理模式选择及操作建议 • 245

续表

时间 数据 项目	7月			8月			9月			10月			11月	
	2011年	2012年	2013年	2011年	2012年	2013年	2011年	2012年	2013年	2011年	2012年	2013年	2011年	2012年
	执行数	执行数	预测数	执行数	执行数	预测数	执行数	执行数	预测数	执行数	执行数	预测数	执行数	执行数
五、上级补助收入														
六、暂收款														
七、债务收入														
资金流出														
一、地方本级预算拨款														
其中：基本支出														
年初预算														
追加预算														
项目支出														
年初预算														
追加预算														
二、政府性基金支出														
三、国有资本经营预算支出														
四、债务支出														
五、补助下级支出														

续表

时间\数据\项目	7月 2013年 预测数	7月 2012年 执行数	7月 2011年 执行数	8月 2013年 预测数	8月 2012年 执行数	8月 2011年 执行数	9月 2013年 预测数	9月 2012年 执行数	9月 2011年 执行数	10月 2013年 预测数	10月 2012年 执行数	10月 2011年 执行数	11月 2013年 预测数	11月 2012年 执行数	11月 2011年 执行数
其中：财力补助																
专款补助																
六、暂付款																
国库存款余额																
其中：公共财政预算余额																
政府性基金余额																

时间\数据\项目	12月 2013年 预测数	12月 2012年 执行数	12月 2011年 执行数	7~12月合计 2013年 预测数	7~12月合计 2012年 完成预算比例	7~12月合计 2011年 完成预算比例	全年合计 2013年 预测数	全年合计 2012年 完成预算比例	全年合计 2011年 完成预算比例
上期国库存款余额									
其中：公共财政预算余额									
政府性基金余额									
资金流入									
一、税收收入									

续表

时间 数据 项目	12月			7~12月合计						全年合计		
	2013年 预测数	2012年 执行数	2011年 执行数	2013年 预测数	完成预算比例	2012年 执行数	完成预算比例	2011年 执行数	完成预算比例	2012年 执行数	完成预算比例	2011年 执行数	完成预算比例
1. 增值税												
2. 营业税												
3. 企业所得税												
4. 个人所得税												
5. 城市维护建设税												
6. 耕地占用税												
二、政府性基金收入												
三、国有资本经营预算收入												
四、非税收入												
五、上级补助收入												
六、暂收收入												
七、债务收入												
资金流出												
一、地方本级预算拨款												
其中：基本支出												

续表

时间 项目 数据	12月 2013年 预测数	12月 2011年 执行数	12月 2012年 执行数	7~12月合计 2013年 预测数	7~12月合计 2013年 完成预算比例	7~12月合计 2011年 执行数	7~12月合计 2011年 完成预算比例	7~12月合计 2012年 执行数	7~12月合计 2012年 完成预算比例	全年合计 2013年 完成预算比例	全年合计 2012年 执行数	全年合计 2012年 完成预算比例	全年合计 2011年 执行数	全年合计 2011年 完成预算比例
年初预算														
追加预算														
项目支出														
年初预算														
追加预算														
二、政府性基金支出														
三、国有资本经营预算支出														
四、债务支出														
五、补助下级支出														
其中：财力补助														
专款补助														
六、暂付款														
国库存款余额														
其中：公共财政预算余额														
政府性基金余额														

第六章 云南省国库现金管理模式选择及操作建议 • 249

表6.6 按年分月国库现金流量预测表样
2013年1~6月地方国库现金流量预测表

编报单位：国库处　　　　　　编制日期：　　年　　月　　日　　　　　　单位：万元，%

时间 / 数据 / 项目	参数设置（年份，平均值）	1月 2013年预测数	1月 2012年执行数	1月 2011年执行数	2月 2013年预测数	2月 2012年执行数	2月 2011年执行数	3月 2013年预测数	3月 2012年执行数	3月 2011年执行数	4月 2013年预测数	4月 2012年执行数	4月 2011年执行数
上期国库存款余额													
其中：公共财政预算余额													
政府性基金余额													
资金流入													
一、税收收入													
1. 增值税													
2. 营业税													
3. 企业所得税													
4. 个人所得税													
5. 城市维护建设税													
6. 耕地占用税													
二、政府性基金收入													
三、国有资本经营预算收入													

续表

时间 \ 数据 \ 项目	参数设置(年份,平均值)	1月 2013年 预测数	1月 2012年 执行数	1月 2011年 执行数	2月 2013年 预测数	2月 2012年 执行数	2月 2011年 执行数	3月 2013年 预测数	3月 2012年 执行数	3月 2011年 执行数	4月 2013年 预测数	4月 2012年 执行数	4月 2011年 执行数
四、非税收入													
五、上级补助收入													
六、暂收款													
七、债务收入													
资金流出													
一、地方本级预算拨款													
其中:基本支出													
年初预算													
追加预算													
项目支出													
年初预算													
追加预算													
二、政府性基金支出													
三、国有资本经营预算支出													
四、债务支出													

第六章 云南省国库现金管理模式选择及操作建议 • 251

续表

时间\数据\项目	1月				2月				3月				4月		
	参数设置（年份，平均值）															
	2013年 预测数	2012年 执行数	2011年 执行数		2013年 预测数	2012年 执行数	2011年 执行数		2013年 预测数	2012年 执行数	2011年 执行数		2013年 预测数	2012年 执行数	2011年 执行数
五、补助下级支出															
其中：财力补助															
专款补助															
六、暂付款															
国库存款余额															
其中：公共财政预算余额															
政府性基金余额															

时间\数据\项目	5月				6月				1~6月合计			
	参数设置（年份，平均值）											
	2013年 预测数	2012年 执行数	2011年 执行数		2013年 预测数	2012年 执行数	2011年 执行数		2013年 完成预算比例	2012年 执行数 完成预算比例	2011年 执行数 完成预算比例
上期国库存款余额											
其中：公共财政预算余额											
政府性基金余额											
资金流入											

续表

时间 / 数据 / 项目	参数设置 (年份,平均值)	5月 2013年 预测数	5月 2012年 执行数	5月 2011年 执行数	6月 2013年 预测数	6月 2012年 执行数	6月 2011年 执行数	1~6月合计 2013年 完成预算比例	1~6月合计 2012年 执行数 完成预算比例	2011年 执行数 完成预算比例
一、税收收入										
1. 增值税										
2. 营业税										
3. 企业所得税										
4. 个人所得税										
5. 城市维护建设税										
6. 耕地占用税										
二、政府性基金收入										
三、国有资本经营预算收入										
四、非税收入										
五、上级补助收入										
六、暂收款										
七、债务收入										
资金流出										
一、地方本级预算拨款										

续表

时间 数据 项目	参数设置（年份，平均值）	5月			6月			1~6月合计			
		2013年 预测数	2012年 执行数	2011年 执行数	2013年 预测数	2012年 执行数	2011年 执行数	2013年 预测数 完成预算比例		2012年 执行数 完成预算比例	2011年 执行数 完成预算比例
其中：基本支出											
年初预算											
追加预算											
项目支出											
年初预算											
追加预算											
二、政府性基金支出											
三、国有资本经营预算支出											
四、债务支出											
五、补助下级支出											
其中：财力补助											
专款补助											
六、暂付款											
国库存款余额											
其中：公共财政预算余额											
政府性基金余额											

2013年7～12月地方国库现金流量预测表

编报单位：国库处　　编制日期：　　年　　月　　日　　　　　　　　　　　单位：万元，%

时间 数据 项目	7月 2013年 预测数	7月 2012年 执行数	7月 2011年 执行数	8月 2013年 预测数	8月 2012年 执行数	8月 2011年 执行数	9月 2013年 预测数	9月 2012年 执行数	9月 2011年 执行数	10月 2013年 预测数	10月 2012年 执行数	10月 2011年 执行数	11月 2013年 预测数	11月 2012年 执行数	11月 2011年 执行数
上期国库存款余额															
其中：公共财政预算余额															
政府性基金余额															
资金流入															
一、税收收入															
1. 增值税															
2. 营业税															
3. 企业所得税															
4. 个人所得税															
5. 城市维护建设税															
6. 耕地占用税															
二、政府性基金收入															
三、国有资本经营预算收入															
四、非税收入															

续表

时间 数据 项目	7月 2013年 预测数	7月 2012年 执行数	7月 2011年 执行数	8月 2013年 预测数	8月 2012年 执行数	8月 2011年 执行数	9月 2013年 预测数	9月 2012年 执行数	9月 2011年 执行数	10月 2013年 预测数	10月 2012年 执行数	10月 2011年 执行数	11月 2013年 预测数	11月 2012年 执行数	11月 2011年 执行数
五、上级补助收入															
六、暂收款															
七、债务收入															
资金流出															
一、地方本级预算拨款															
其中：基本支出															
年初预算															
追加预算															
项目支出															
年初预算															
追加预算															
二、政府性基金支出															
三、国有资本经营预算支出															
四、债务支出															
五、补助下级支出															

续表

时间 / 数据 / 项目	7月 2013年 预测数	7月 2012年 执行数	7月 2011年 执行数	8月 2013年 预测数	8月 2012年 执行数	8月 2011年 执行数	9月 2013年 预测数	9月 2012年 执行数	9月 2011年 执行数	10月 2013年 预测数	10月 2012年 执行数	10月 2011年 执行数	11月 2013年 预测数	11月 2012年 执行数	11月 2011年 执行数
其中：财力补助															
专款补助															
六、暂付款															
国库存款余额															
其中：公共财政预算余额															
政府性基金余额															

时间 / 数据 / 项目	12月 2013年 预测数	12月 2012年 执行数	12月 2011年 执行数	7~12月合计 2013年 完成预算比例	7~12月合计 2012年 执行数	7~12月合计 2011年 完成预算比例	全年合计 2013年 预测数	全年合计 2012年 执行数	全年合计 2011年 完成预算比例
上期国库存余额									
其中：公共财政预算余额									
政府性基金余额									
资金流入									
一、税收收入									

续表

时间\数据\项目	12月 2013年 预测数	12月 2012年 执行数	12月 2011年 执行数	7~12月合计 2013年 预测数	7~12月合计 2013年 完成预算比例	7~12月合计 2012年 执行数	7~12月合计 2012年 完成预算比例	7~12月合计 2011年 执行数	7~12月合计 2011年 完成预算比例	全年合计 2013年 预测数	全年合计 2013年 完成预算比例	全年合计 2012年 执行数	全年合计 2012年 完成预算比例	全年合计 2011年 执行数	全年合计 2011年 完成预算比例
1. 增值税															
2. 营业税															
3. 企业所得税															
4. 个人所得税															
5. 城市维护建设税															
6. 耕地占用税															
二、政府性基金收入															
三、国有资本经营预算收入															
四、非税收入															
五、上级补助收入															
六、暂收款															
七、债务收入															
资金流出															
一、地方本级预算拨款															
其中：基本支出															

续表

时间	12月			7~12月合计						全年合计				
	2011年	2012年	2013年	2011年		2012年		2013年		2011年		2012年		2013年	
数据 项目	执行数	执行数	预测数	执行数	完成预算比例	执行数	完成预算比例	预测数	完成预算比例	执行数	完成预算比例	执行数	完成预算比例	预测数	完成预算比例
年初预算														
追加预算														
项目支出														
年初预算														
追加预算														
二、政府性基金支出														
三、国有资本经营预算支出														
四、债务支出														
五、补助下级支出														
其中：财力补助														
专款补助														
六、暂付款														
国库存款余额														
其中：公共财政预算余额														
政府性基金余额														

表 6.7 大额支付报备偏离度考评情况

单位：万元，%

序号	时间	单位	科目	报备数据	执行数据	误差	误差率
	合计						

在调整期，每日的"一、税收收入"等于当日的地方预算收入日报表中的"101 税收收入"（本日发生额），加上截至 T 日接收的最新一份附加信息为"（调整期）"的地方预算收入日报表中的"101 税收收入"（本日发生额）；在非调整期，每日的"一、税收收入"等于当日的地方预算收入日报表中的"101 税收收入"（本日发生额）。

在调整期，每日的"资金流入"等于当日的地方预算收入日报表中的"合计"（本日发生额），加上截至 T 日接收的最新一份附加信息为"（调整期）"的地方预算收入日报表中的"合计"（本日发生额）；在非调整期，每日的"资金流入"等于当日的地方预算收入日报表中的"合计"（本日发生额）减去当日的地方预算收入日报表中的"11008 上年结余收入"。

每日的"资金流出"等于当日的地方预算支出日报表中的"总计"（本日支出减净支出）。

每日的"一、地方本级预算拨款"等于当日的地方预算支出日报表中的"2. 部门款"（本日支出减净支出）加上"7. 国库集中支付合计"（本日支出减净支出）。

在调整期，每日的"国库存款余额"等于当日的地方金库库存表中的"库存"（本日余额），加上截至 T 日接收的最新一份附加信息为"（调整期）"的地方金库库存表中的"库存"（本日余额）；在非调整期，每日的"国库存款余额"等于当日的地方金库库存表中的"库存"（本日余额）。

每日的"定期存款"等于当日总账系统中"现金管理专户余额""现金管理取款"（本日发生额）。

二 云南省财政厅国库现金投资运作管理规定

（一）国库现金投资运作管理适用范围

关于国库投资项目和基金，该政策涵盖了以下领域。
①进行与投资相关活动的当事人的责任。
②投资目标、范围和国库相关法律的限制。

③投资结果绩效考评的基点。

（二）工作人员和投资管理人员的利益冲突和道德

财政部门在投资过程中应该避免个人的业务活动，这些活动会与正确地执行和管理财政厅国库部门的投资项目发生冲突，或者会影响它们做出正确决策的能力。财政厅国库部门的有关人员应当遵守准则、道德规范、内部行为准则。投资管理人员应当对投资委员会在开展投资业务时依职权带来的任何物质利益进行书面披露。这些书面披露应当及时发现其中潜在的利益冲突。财政厅国库部门根据谨慎性原则有权要求投资管理人员用其他方式处置这些物质利益，限制或中止投资管理人员的活动。

（三）投资目标

为了履行义务和信托责任，财政厅国库部门应寻找优质投资项目以使投资收益最大化。对于每种投资组合，财政厅国库部门要积极追求合理的风险—回报率，这些投资组合等于或优于参照组的投资组合。

财政厅国库部门要谨慎和尽职地履行自己的职责。涉及资产管理的具体职责包括以下7种。

①了解政府现金收支，与投资管理人员沟通并提出要求。

②为每种投资组合构建一个合理的投资结构。

③为每种投资组合设置风险承受度和投资限度。

④建立合理、一致的投资目标、政策和指导方针来指导投资，持续监督每种投资组合的目标和表现。

⑤谨慎、努力地挑选投资管理人员和保管员。

⑥建立对每个投资管理人员以及每种投资组合的监督机制。

⑦建立雇用、辞退投资管理人员的机制。

（四）投资组合构成

1. 配置资产

财政厅国库部门应当决定每种投资组合的资产配置。为应对一些投资组合的收益在一年当中可能发生的变化,财政厅可以对每种组合的资产配置确定一个合理的范围,而不是遵循固定的目标。

财政厅国库部门要充分利用各种可获得资产,在进行资产配置时要确保资产配置满足以下目标。

①每种投资组合必须有足够的安全性和合理的流动性。

②投资组合中的资产应该具有多样性,以降低投资的风险。

③期限和风险承受力对于每种投资组合来说都是至关重要的。

2. 资产类型

根据资产的流动性、安全性和收益性,投资管理人员可以投资不同类型的资产。在投资时可以考虑以下资产类型。

(1) 商业银行定期存款

商业银行定期存款包括活期存款、定期存款、通知存款和协定存款。

(2) 中央银行定期存款

中央银行定期存款是指将国库闲置现金以定期的方式存放在中国人民银行,由中国人民银行按照规定的利率支付利息。

(3) 发行国债

发行的国债主要是短期国债,即财政部发行的期限在1年以内的债券。

(4) 国债回购

国债回购券种只能是国库券和经中国人民银行批准发行的金融债券。

(5) 购买国债

我国国债专指财政部代表中央政府发行的国家公债,由国家财政信誉作担保。

(6) 银行间同业拆借

国库进入银行间同业拆借市场,利用国库闲置现金与其他银行或金融机构进行资金拆出或拆入。

(7) 银行间债券市场操作

我国银行间债券市场上可交易债券包括政府债券、政策性金融债券、中央银行票据、金融债券、次级债券、企业短期融资债、证券公司短期融资债等。可进行的操作是债券买卖、质押式回购、买断式回购以及债券远期交易。

(8) 票据贴现与再贴现

票据贴现一般是指客户（持票人）将没有到期的票据出卖给贴现银行，以便提前取得现款。票据再贴现是指贴现银行持未到期的已贴现票据向中国人民银行贴现，通过转让票据取得中国人民银行再贷款的行为。

(9) 委托金融机构运作

国内大型金融机构，包括商业银行、证券公司等，熟悉当前国内金融市场中的投资工具，并且在具体的资金运作上不会受到资格限制。

3. 禁止性投资活动

在以下方面规定禁止性投资活动：期权和期货合约、保证金交易、大宗商品、定向增发的股票、房地产、非注册股票以及投资政策对个人投资项目可能有额外的限制。

(五) 策略因素

1. 投资管理人员的选择

投资管理人员必须通过相关资格考试，并经由公开选拔的方式选聘。财政部门根据初步审查提交的申请邀请企业来面试。选择管理人员时，决策者将考虑多种因素，如投资管理人员的经验及过去的业绩成果；评估已提出的策略成果，包括风险回报；能够设计更广泛的资产组合；适合投资组合总体目标的投资策略；费用结构，相对于过去和估计未来的回报。

2. 投资执行

为了保持未投资现金余额最小化，投资管理人员应当投资最高的实际可用现金量。

3. 政策的有效性和修订

（1）豁免和例外

决策者有权授予豁免及批准任何规定的例外情况。

财务主管可允许投资管理人员在一个合理的时间套现或以其他方式纠正失误。另外，如果投资组合会对一个或多个财政部门计划产生不利的经济影响，财务主管可能会批准暂时或无限期的政策以应对异常情况的发生。

未被授予豁免、不被批准的例外情况为禁止的投资活动。

（2）政策修订

财政厅根据需要修订相关政策。

（3）年度审查

财政厅应每年审查相关政策。

（4）有效日期

相关政策应有书面承诺并由财务主管监督执行。

三 云南省财政厅与代理银行关于资产投资组合的代理协议

本协议于某年某月某日生效，协议双方为云南省财政厅和代理银行。代理银行为云南省财政厅提供金融服务，特此达成以下协议。

1. 指定和授权

指定和授权代理银行，基于本条款和条件完成某些服务，更充分的描述见本章附录 A。

2. 期限

A. 本协议第一阶段时间期限为 12 个月。

B. 财政厅享有正当要求和选择权延长初始有效期。财政厅可以通过在有效期满前至少 30 天内向金融机构发送书面通知行使延长有效期的选择权。在财政厅行使延长有效期选择期限内，本协议继续生效。

C. 代理银行所提供的协议服务在过渡时期内必须保证继续执行，不得中断。除非财政厅今后决定另执行一套不同的金融服务，或撤销服务。代理银行应提供这样一个过渡，财政厅享有正当要求延长本协议期限的权利。在当前有效期结束之前，财政厅可以通过发送书面通知的方式行使延长期限的权利。在有效期满前至少 30 天内，财政厅可以利用合理的活动方式向金融机构发出书面通知。由于财政厅享有唯一的主导权，这决定了在任何这样过渡的时期内，金融机构可能会减少或增加金融服务。

D. 金融机构需同意配合财政厅和任何继任代理机构提供服务，以确保过渡期间有效、有序的服务和功能的实现以及记录和数据的转移。

E. 如果协议在初始或延长期结束前被终止，代理银行在生效之日起终止执行服务。

3. 提供代理银行服务

A. 在本协议之下，正如在本章附录 A 中的全面描述，代理银行应当按照较高的专业标准提供服务。代理银行应进行适当的培训、教育，选择有经验和技能的资格人士进行服务。

B. 财政厅可自行决定修改，增加或减少协议规定范围中的特定服务并书面通知代理银行。如果任何此类修改会导致成本、业务完成时间或任何服务业绩的增加或减少，财政厅和代理银行将协商对代理银行的补偿或对其他方面的绩效进行一个公平调整。

C. 财政厅会定期发出与本协议一致的指示，通过公告、信函或其他通信工具，根据协议进一步说明代理银行的职责范围。任何指示与协议的条款在一定程度上不一致，或构成服务范围的重大变动，以协议的条款为准。

D. 代理银行应清晰认知财政厅在技术和业务方法上的变化，这可能会使代理银行在本协议之下以更有效或更符合成本效益的服务方式来提供服务。

4. 赔偿金

A. 由于协议可能被不时地修订，根据协议，财政厅将严格按照本章附录 B 单独补偿代理银行在提供服务和履行其他义务时的损失。

B. 财政厅不保证补偿代理银行的任何交易数量、资产最小量、业务或相关的水平。

C. 代理银行应保持财政厅计费数量文档的完整和准确，并支付财政厅的费用。代理银行应遵循一般公认会计原则。根据财政厅提出的合理要求，代理银行向财政厅提供收取的任何款项的文件和其他信息。

D. 财政厅可扣除代理银行有义务偿还或支付给财政厅的任何款项。

E. 根据协议，除本章附录 B 所载外，代理银行执行所有的服务和须履行的义务时费用自理。

5. 代理银行的信托责任

代理银行承认并同意作为国库现金的代理银行，当它在本协议之下履行其职责及办理与其机构有关的所有事宜时,代理银行同意在任何时候都为国库现金取得最佳利益。代理银行承认和同意包括协议的受托职责,但不限于如下内容。

——以关注、勤奋的态度来履行责任;

——由财政厅以合理的方式诠释协议,按照相关的指令来为国库现金的利益服务;

——只能在其实际权力范围内行事,并遵守财政厅的所有合法指示或指导。

6. 非公开信息

A. 代理银行应采取适当措施以确保非公开信息的保密性并防止其被不适当地使用,并详细地记录这些措施以证明合规。非公开信息应包括财政厅根据协议向代理银行提供的所有信息,或代理银行根据协议获得的所有信息,以及财政厅确认的信息。非公开信息包括财政厅的业务、经济政策计划、财务和资产信息、商业秘密、属于隐私的信息、个人身份识别信息以及敏感但非保密信息。

B. 敏感但非保密信息的定义是任何信息的丢失、误用或未经授权或修改可能对国家利益或计划的执行产生不利影响。这个定义包括《商业秘密法》保护的商业秘密或其他信息。

C. 个人身份识别信息是指任何个人信息,包括但不限于教育、金融交易、病史、犯罪或就业的历史以及可以用来区分或跟踪个人的身份信息,如姓名、身份证号码、出生日期和地点等,包括任何与个人有关的其他个人信息。这个定义包括信息的丢失、误用或未经授权的访问或修改可能会对隐私产生不利影响,根据隐私法相关规定,每个人都有隐私。

D. 根据协议,代理银行应仅使用非公开信息履行其职责,而不是基于自己或第三方的商业目的。代理银行可能会向财政厅员工或代理银行或其附属公司披露非公开信息,它们依据协议需要知道这些信息,这符合本章附录C中关于缓解利益和信息阻隔措施的冲突内容。根据协议,代理银行应要求任何附属公司提供服务,并以书面的方式同意与协议大致相同的保密义务。

E. 本协议所规定的保护非公开信息的措施应包括:安全措施以防止未

经授权访问存储非公开信息的设施和容器；安全措施检测以防止未经授权访问存储或传输非公开信息的计算机设备和数据存储设备；定期培训以确保接收非公开信息的人知道自己的义务，以保持其机密性并仅用于预期目的；操作必须遵守《证券法》，包括有关内幕交易的法律。

F. 财政厅会定期发出其他政策声明或指导方针，以阐明代理银行有关非公开信息的义务。如果代理银行对指定或妥善处理非公开信息有任何疑问，应针对财政厅对代理银行具有约束力的决定立即寻求澄清。

G. 代理银行协议有关非公开信息方面是持续的，它应在协议终止或期满时继续存在。然而，不得要求代理银行保护从代理银行以外获得的成为公共信息一部分的非公开信息。

H. 根据协议，代理银行与其员工、分支机构和提供服务的承办商应严格执行保密协议。此外，代理银行应确保对代理银行及所有子公司的每个员工是否会披露非公开信息进行审查，并签署非披露协议（包含本章附录 A 的规定和义务）。

7. 违反非公开信息

A. 在处理财政厅的数据时，代理银行应立即以纸质或电子形式通知财政厅可能发生的任何非公开信息的违规使用情况，包括未经授权访问、使用、披露非公开信息。立即通知应在正常营业时间之前或之后，或在周末或假日，不应推迟。

B. 处理违反非公开信息的情况，财政厅可要求代理银行自费进行调查并报告违反的原因和影响，以及所采取的补救措施等详细信息。财政厅审查后，由代理银行进行的任何调查，代理银行应承担责任，并须偿还由于代理银行及其附属公司的员工诈骗、盗窃、故意误用或疏忽，或对有关非公开信息的处理和维护产生的任何费用、开支或损害。

C. 代理银行必须确保其员工和合作伙伴根据本节得到适当的教育和引导。

8. 隐私法

根据协议，财政厅应确定代理银行已获得或开发了一个记录系统。由于隐私法的原则，当政府机构委托个人进行记录系统的开发、运营或维护来完成代理功能时，运营系统的人受到隐私法的约束。违反隐私法可能涉及刑事处罚。如果财政厅做出这样的决定，它应通知代理银行。代理银行收到该通知后，应及时为其员工和合作伙伴人员提供关于访问该记录系统的职责和责任培训，给他们强加"隐私法"和适用的法规、指导，包括对潜在罚款的不当披露。

9. 信息技术安全

A. 代理银行应改善、维护、强制执行信息技术的安全性措施，最少每年进行一次有效性审查，旨在确保可用性、访问控制及任何系统、数据库或数据存储或处理的非公开信息的完整性。

B. 应制定实用性措施，以确保这些系统、数据库或数据存储是用于操作和用来支持协议规定的服务。应制定访问控制措施，以确保这样的系统、数据库或数据存储受到保护，防止未经授权的访问和使用。应制定其他配套措施，以确保系统的流程和数据库或数据存储中的非公开信息的存储和检索是完整、准确的，并防止未经授权的修改。

C. 协议的生效日期是 90 天以内，并于每年 6 月 1 日生效，代理银行应当向财政厅提交上述具体信息的技术安全措施用于审查和批准。

10. 人员安全

A. 财政厅将依靠代理银行人员的安检标准。代理银行将确保其员工和合作伙伴有机会获得非公开信息并有适当的人员检查信息获得者的安全背景。

B. 代理银行应向财政厅提供所有满足背景调查要求的清单（例如，指纹检查、信用检查、核实合法永久居民身份等）。财政厅可额外要求人员进行安全检查。

C. 所有获得非公开信息的代理银行员工必须是中国公民或合法永久居民。

11. 利益缓解和信息壁垒的冲突

A. 符合附录 C，根据协议，代理银行及其附属公司提供服务应充分隔离人员或制定适当健全的内部控制，以确保代理银行及其附属公司的人员执行服务时没有泄露给他人关于财政厅的资产组合信息，其中涉及代理银行或其子公司承办的活动，包括但不限于可能发生冲突的交易、经纪、销售，或资产管理活动的相关职责。除按照法律规定，或根据内部的高级管理人员或代理银行的职责相一致的法律要求，财政厅的投资组合管理应透露给其他人员。

B. 作为符合协议权益冲突的义务一方，代理银行须在整个投资期内按照列于附录 C 的缓和措施解决冲突（定义见附录 C）。

12. 员工行为和道德守则

代理银行必须建立合理的政策和程序，以协助所有人的工作，遵守适用的法律及法规、政策和程序，以进行符合要求的披露，避免、缓解或中和任何实际或潜在的个人利益冲突，这符合附录 C。代理银行须制定政策和程序，建立行为守则和道德规范。

13. 声明与保证

代理银行对财政厅的声明与保证如下，其真实性和准确性是代理银行的责任。

A. 代理银行是在法律之下开展金融业务的金融机构。

B. 代理银行有完整的企业治理结构以保证执行协议和义务。

C. 根据协议规定，代理银行通过已取得或获得所有政府批文或法律规定的登记，以履行义务。

D. 代理银行不拖欠任何税收义务。

E. 代理银行提供任何服务是不受任何尚未了结的法律法规或可能会削弱代理能力的执法行动支配的。

F. 根据协议，代理银行已经或应及时取得所有必需的牌照、设施、设备以及训练有素的人员来履行其义务。

G. 代理银行拥有或授权使用软件程序和数据处理硬件，软件程序和数据处理硬件不得侵犯任何有效的专利、版权、商标、商业秘密。

H. 根据协议，代理银行应披露所有实际的或潜在的利益冲突，以避免、减轻或中和任何个人或组织的利益冲突，这些利益冲突由财政厅或代理银行确定且与附录 C 冲突缓和措施一致。

I. 代理银行应提供真实资料，以保护财政厅在管理证券投资组合方面的声誉。代理银行签署的年度认证在每年的 6 月 1 日协议生效这天以附录 A 所载的形式交给财政厅，如果代理银行做出的任何声明或保证存在重大虚假、不正确或不完整，代理银行应当按照程序立即通知财政厅。

14. 附属公司和承包商的使用

根据协议，财政厅可能不为授权代理银行的附属公司提供服务，代理银行应为其附属公司的任何行为或疏忽行为负全责。代理银行只使用自己的员工和附属机构员工执行服务，不得使用承包商提供此项服务。

15. 内部控制程序

A. 根据协议、附录 A，代理银行应制定、实施内部控制程序，并至少每年审查其有效性以确保服务的质量。内部控制程序必须包括重大活动控制目标文件、相关的控制技术，以及测试和验证控制机制。

B. 自生效日期起 90 天以内，结合内部控制程序，代理银行应向财政厅提供内部审计报告，如附录 A 所述。

16. 评价和审计

财政厅授权的其他实体办公室应当有权利在正常营业时间进行宣布，对代理银行进行人员和信息技术测试、安全审查以及审计，并检查所有提供的服务以及赔偿金。代理银行应负责实施相关的纠正措施，包括测试、评价或审计。

17. 知识产权

A. 本协议适用下列定义。

"商业方法"是指代理银行或其附属公司明确根据本协议提供服务的任何想法、概念、设计及实践。

"数据"是指任何记录的信息，不论以何种方式或媒体储存。

"无限的权利"是指非独家永久权利，没有限制使用、复制、维护、修改、增强的权利，可以以任何方式和任何目的允许其他人这样做。

B. 财政厅将对商业方法拥有无限的权利，财政厅在权利范围内可以把它们用于任何目的。

C. 除另有规定或法律禁止的，财政厅应具有无限的权利且不受任何限制来使用或开发所有数据。如果有要求，这样的数据应以行业标准的通用格式提供给财政厅。

18. 代理银行的责任

A. 如果代理银行或附属公司的任何作为或不作为导致延迟处理资金的转移，或提供交易信息阻碍了财政厅使用资金，代理银行有责任偿还财政厅有关亏损金额的时间价值。如果财政厅自行决定任何延误的产生是由于不可控因素造成的，没有代理银行的疏忽或过失，财政厅可能会重新考虑对代理银行的责任索赔。

B. 代理银行有义务并应偿还由代理银行或附属公司代理银行违约、诈骗、盗窃、贪污、故意不当行为、不守信用、疏忽，或违反财政厅受托责任所导致的财政厅任何金钱上的损失。

C. 代理银行承担可能违反如第 7 条所述的非公开信息相关成本、费用或损害的责任。

D. 财政厅需要对代理银行行为进行调查。如果发现违反规定的情况，代理银行应承担此类调查的任何合理费用及开支，应合理记录这些成本及费用。

19. 通知义务

代理银行应提前通知财政厅以下内容：根据本协议，代理银行已知悉任何损失、损害、调查活动、诉讼或索赔可能对财政厅产生重大不利影响或在财政厅的运作中可能会损害公众的信任；代理银行违反任何重要义务或协议的条件；由代理银行做出的任何声明或保证是虚假、不正确或不完整的；代理银行存在违约情况。

20. 违约

以下由于代理银行违约造成的损失由财政厅进行裁定。

A. 代理银行没有履行契约职责，或没有遵守契约，或没有遵守本协议规定的其他实质性的义务责任。

B. 由代理银行及其子公司或分包商、雇员造成的过失，或违背了本协议确立的服务活动和职责。

C. 代理银行违反信托责任。

D. 代理银行做出的任何声明存在实质性的错误、不正确或不完整。

E. 代理银行拖欠任何税收。

F. 代理银行破产。

G. 根据第 19 条，代理银行未通知财政厅。

21. 违约赔偿

本协议规定，财政厅对代理银行的违约责任具有唯一的主导权。

A. 财政厅可能会终止本协议和要求代理银行立即有效终止，包括过渡时期。如本协议取消，代理银行提供服务的指定和授权将被取消。

B. 财政厅可能决定缩小本协议的服务供应范围，终止部分项目。如果本协议的服务范围缩小，代理银行提供的服务授权将被取消。

C. 财政厅可宣布在违约情况下撤销代理银行的代理协议。

D. 在此协议中，如果未能令人满意地履行划定的职责（或服务），财政厅可能会规定代理银行的试用期。试用期是指财政厅将部分或全部取消代理银行的报酬，直到财政厅认为代理银行已解决它的问题。如果代理银行处于试用期，除了扣除报酬，财政厅还可保留实施其他措施的权利。根据第18条（代理银行的责任）支付的补偿也可能要调整。

E. 当选择代理银行时，财政厅可以考虑其任何违约的信息或历史。

F. 财政厅可能会依法采取任何其他有用的行动。

22. 利益行动

尽管存在协议，但如果财政厅认为行动是必要的，可以保证国库现金的安全性和收益性，财政厅也可缩小法定的工作范围、终止协议或撤销其作为代理机构的资格。

23. 争议

财政厅和代理银行同意基于双方的利益，通过协议来解决争端。如果发生争议，协议双方将做出一切合理努力来解决争端。在争议过程中，代理银行应继续认真履行协议要求的服务。财政厅和代理银行保留追究其他法律责任的权利。然而，在进入法律程序前双方应采取一切合理程序以解决内部纠纷。

24. 数据和记录保留

除了保留法律强制要求的财务及会计记录外，代理银行应保留协议所规定的服务表现的所有资料、书籍、报告、文档、审计日志和记录，包括电子记录。此外，代理银行应保留一份必要的电脑系统和应用软件的副本用于审查和分析这些电子记录。除非财政厅另有指示，否则代理银行应保留这些记录至少7年（从记录的创建之日算起）。

25. 转让或出让

A. 事先未经财政厅书面同意，代理银行可能不会转让或出让其权利。

任何未经财政厅事先书面同意的转让或出让应当是无效的。

B. 根据协议，代理银行应依法及时通知财政厅任何拟议的合并、收购事件，或其他涉及代理银行或附属公司可能影响其能力的事件。

C. 在涉及代理银行合并或收购事件中，财政厅可自行决定，选择继续执行协议。如果财政厅决定不继续执行协议，财政厅应通知代理银行协议的终止日期。

26. 通知

所有要求的通知都应以书面形式给出，除非明确说明，否则都应当给予联系方式。并且发出通知的一方应该发送一封邮件给接收通知的一方，表明他们已经通过邮件通知。

27. 公开和披露

A. 事先未经财政厅书面同意，代理银行不得在任何广告、标牌、宣传材料、新闻稿、网页、出版物或接受媒体采访时使用任何财政厅的名称、符号、标志或产品名称。

B. 未经财政厅书面同意，代理银行及其附属公司的任何雇员不得向媒体发出声明或刊登关于其服务内容的新闻稿。

C. 代理银行对协议内容应保密，不得泄露任何协议部分给第三方，除非财政厅已经向公共机构发布了该部分的信息。

28. 修改

协议的修改应由双方签字的书面形式进行。尽管有上述规定，但财政厅有权单方面修改协议的条款和规定，并以书面形式通知代理银行，以适应立法或法规或审计结果的变化。

29. 其他

A. 应按照国家法律来管理和解释协议。

B. 财政厅未坚持严格遵守任何条款的部分被视为自动放弃，但不是在任何时候任何放弃都将被视为自动放弃。只有以书面形式并有获得授权的财政厅人员签字的放弃是有效的。财政厅未行使任何权利将视为弃权。

C. 本协议对协议各当事方具有约束力。除了由财政厅接受的继任者外，其他人或实体将不能享有协议的任何权利或义务。

D. 协议可能有两个或两个以上的副本，其中每个副本应该是原始的，所有这些副本共同构成一个协议和同一个工具。

E. 该协议和附录构成各方之间的全部协议。

30. 参照纳入

根据参照将附录 A~C 并入协议，并给予本协议所述同样的效力。

以资证明，财政厅正式授权的代理银行在生效日期签字并交付本代理银行协议。

附录 A 服务和其他条款

在保证国库现金管理操作规范、安全，确保及时、足额偿还国库现金的前提下，根据国家银行存款的相关政策规定，促使存款收益最大化，根据《中华人民共和国合同法》、《云南省省本级国库现金管理暂行办法》和国家其他有关规定，经双方协定达成一致，签订以下内容。

一　委托代理事项

（一）甲方委托乙方代理国库现金管理业务。

（二）本协议未尽事项，甲、乙方应按照《云南省省本级国库现金管理暂行办法》《云南省省本级国库现金管理商业银行定期存款业务操作规程》等规定履行相应职责和义务。

二　代理国库现金管理相关业务

（一）甲方在乙方主办网点开设国库现金管理主账户。

（二）乙方确保国库现金管理存款安全，促使国库现金管理存款收益最大化。

（三）乙方接到甲方开具的资金划拨支付凭证后，应当及时办理支付手续，不得无故作退票处理；当日确实无法办理的，不得迟于下一个营业日上午 10：00 办理支付手续。

（四）对于特别紧急支出的支付凭证，乙方要按照双方共同商定的加急业务办理程序，在营业时间内实施支付。

（五）乙方按月提供"银行存款余额对账单"、"国库现金管理代理银行存款月报表"、"国库现金管理代理银行及其利息收入到期情况月报表"及电子信息给甲方，进行对账。

三 信息反馈、监测、查询与对账业务

(一) 乙方须在办理国库资金支付的下一个工作日向甲方送交盖有乙方业务章的"省级财政国库现金管理支出日报表",在每月终了后3个工作日向甲方报送月报表,每年终了后7个工作日向甲方报送年报表。

(二) 乙方按月就国库现金收付及时同甲方进行对账。乙方应按甲方要求提供明细对账单。

(三) 除甲方授权同意外,乙方不得自行向外提供有关国库现金收支的信息。

四 甲乙双方的权利和义务

(一) 甲方的权利和义务

1. 根据国库现金管理操作计划,将国库资金划入在乙方开设的国库现金管理专户。

2. 向乙方提供所要求的报表。

3. 在国库现金管理服务期限结束并按时归还存款到期本息后,银行间保证担保合同自行终止。

4. 有权对乙方代理的国库现金存款管理业务进行检查、指导与监督,提出改进意见。

(二) 乙方的权利和义务

1. 按入围结果及时与甲方签订银行间保证担保合同,获得代理国库现金管理业务的资格。

2. 严格按照有关规定,为甲方办理开户和账户信息预留手续(作为拨款核对依据)。

3. 开户时,乙方根据甲方资金拨付情况,制作存款证明一式二份,加盖印章后交给甲方。存款到期、本息款项收讫后,甲方返还乙方存款证明。

4. 国库现金存款到期时,乙方应于到期日下午4:00前将本金和利息分别通过支付系统划至甲方指定的账户(其中,本金还款账户名:云南省财政厅,账号:2400000000002271001,开户行:国家金库云南省分库;利息缴库账户名:云南省财政厅,收款级次:省级,收款国库:国家金库云南省分库,需注明缴库科目:103070599其他利息收入)。不得

并笔,并分别在支付报文附言栏注明"归还第×期国库现金管理本金""归还第×期国库现金管理利息"。

5. 在国库现金管理服务期限结束并按时归还存款到期本息后,银行间保证担保合同自行终止。

6. 办理所代理业务的各项操作,定期向甲方报告国库现金管理专户的收支情况,并接受甲方检查指导。

7. 参加甲方组织的国库现金管理分析座谈会,提出改进管理的政策建议。

8. 具备先进的资金汇划系统。保证本行系统加急业务转账实时到账,跨行支付24小时内到账。并能从资金安全和网络安全两方面切实保障国库现金的汇划安全。

9. 为国库现金收支业务提供方便的电子化实时查询,能够自动生成各种收支报告、会计报表。

10. 妥善保管甲方及收付款单位提供的各种单据资料,并负有保密的义务。

11. 内部管理规范,系统汇划先进,具有健全的操作规程并有相应的业务部门和专业工作人员,配备专门人员传递单据,为甲方提供优质代理服务。

12. 接受甲方的监督和检查,遇重大情况及时向甲方报告,并保证信息的真实性和准确性。

五 以上内容与政府采购监督管理部门审核以及甲方确认采购和乙方投标承诺情况一致并不得改变或放弃

六 整体项目合作或服务的期限为本协议期限壹年,即从开设国库现金管理专户之日起至次年对应之日止。本协议经双方法定代表人(负责人)或授权代理人签字并加盖单位公章生效。本协议有效期满后,经双方协商同意后续签

七 资产担保

为确保甲方国库现金存款安全,乙方须采取银行间保证担保形式,签订保证合同。

八 违约责任

(一)因甲方过错给乙方造成损失的,由甲方承担相应的赔偿责任。甲

方工作人员如违反国家有关规定,由有关机关依法进行处理。

(二)乙方未按规定将存款本息足额划回省级国库的,每日按欠还款本息额的 0.5‰向甲方支付违约金;到期日后的第五个工作日,乙方仍未足额划回存款本息,甲方通知乙方总行承担归还本息的责任,并且每日按欠还款本息额的 0.8‰向甲方支付逾期罚息,乙方总行还未能支付甲方本息及相应罚息的,甲方根据《保证担保合同》通知为乙方承担担保责任的银行归还本息和罚息责任。

(三)因乙方过错造成财政资金延迟、错划、误划、漏划,给甲方造成损失的,由乙方承担相应的赔偿责任。乙方工作人员如违反国家有关规定,由有关机关依法进行处理。

(四)甲乙双方因不可抗力不履行协议的,根据不可抗力的影响程度,部分或者全部免除责任,但法律另有规定的除外。当事人延迟履行后发生不可抗力的,不能免除责任。

(五)本协议不可抗力,是指不能预见、不能避免并不能克服的客观情况。

九 协议变更和终止

(一)如协议期内乙方出现不能按时提供正常服务、擅自拖延支付、不能按时足额归还存款本息,甲方将终止协议,并取消乙方当年参与国库现金管理业务的资格。

(二)协议履行期间,如遇与协议生效后颁布的有关法律、法规、政策规定不符的情况,甲乙双方应及时协商变更协议后,按新的法律、法规、政策规定执行。

(三)甲乙双方如遇纠纷,应本着互相信任的原则,共同协商解决。

十 甲乙双方有权拒绝合同整体范围以外的条件

十一 甲乙双方在履行合同过程中发生纠纷,应及时向云南省招标采购局反映或向有关监督管理部门投诉,以便相关部门进行协调或处理;或按以下方式处理:(请在□内打√,其余打×)

□向合同签订地仲裁部门申请仲裁;

□向合同签订地人民法院提起诉讼。

十二　本合同其他未尽事宜，按《合同法》有关规定处理

十三　本合同一式六份，甲方三份（含监督管理部门备案的一份），乙方二份（含用于银行存款代理业务的一份，中国人民银行备案一份），丙方一份

十四　本合同自三方共同签订之日起生效

十五　本合同不可分割之部分及解释顺序

1. 合同书及附件；
2. 入围通知书；
3. 入围投标人投标文件及澄清或谈判文件；
4. 招标文件。

附录 B　补偿

一　对最初的交易结构任务的补偿

针对最初的交易结构任务，代理银行应该每月收取五十万元的费用，但这总是在该协议有效日期的十二个月后或者直到最初的销售处理已经完成时才会支付费用。代理银行必须在收到任何补偿支付时提交发票。

二　补偿方法

财政厅保留在该协议下对代理银行服务提供补偿的权利，包括但是不限于直接支付。

三　试行模式

如果代理银行是处于试用的状态，财政厅会保留所有或者部分补偿。

四　唯一的补偿

代理银行应该获得唯一补偿。代理银行不能因为其绩效表现在该协议体制下以其他形式获得补偿。

附录 C　缓和利益冲突

一　利益冲突

以下部分已经被认定为确定的或潜在的利益冲突，这些冲突与代理银行提供的服务相关联。

1. 代理银行或者其附属机构会向金融机构提供投资银行业务、策略建议或者商务服务，这些机构向财政厅发行债券，在问题资产救助计划下换取资金。由于财政机构可能对财政厅就该类债券处理提出的建议负责，就存在代理银行对财政厅的职责和其他客户的职责之间的利益冲突。

2. 代理银行或者其附属机构可能向其他的客户提供策略建议的服务，涉及金融服务安排、管理或者问题资产的处理。由于金融机构代理财政厅的计划、长期策略或者交易目标，代理银行对财政厅的职责和其他客户的职责之间存在利益冲突。

3. 代理银行或者其附属机构会向问题资产救助计划的竞争对手提供策略建议服务。因为代理银行可能拥有重要的像问题资产救助计划的信息，包括问题资产救助计划的战略规划以及处理目标，代理银行对财政厅的职责和其他客户的职责之间存在利益冲突。

4. 代理银行和代表财政厅执行其他交易（或收入分销协议）或者给交易提供保险的经济自营商有重要的商务关系。由于代理银行对财政厅关于经济自营商的选择提供建议，所以在代理银行对财政厅的职责和对其股东利益最大化的职责之间存在利益冲突。

5. 由于代理银行或者与之相关联的聘用人员可能了解财政厅计划、长期策略、交易目标以及债券或者问题资产救助计划的证券投资组合持有等重要的非公开信息，所以在个人代表财政厅利益的职责和其代表自身利益的期望之间可能会存在潜在的利益冲突。

二　缓和计划

为了解决以上提到的利益冲突，代理银行同意落实以下利益缓和计划和相关控制。作为财政厅的受委托人，代理银行承担受托人职责。为了解决代理银行可能会从和代理银行有重要商务关系的组织处获利，代理银行需要按季度报告和证券经纪人的主要商务关系或者收入分配协议。

为了保证为财政厅提供服务的客观性，所有关键人物每季度都要向代理银行的监察部门报告对等信息，以便进行审查。此外，除了豁免提前报告的投资行为，由此类个体做出的投资行为都需要被监察部门提前清算并且服从以下所列出的适当交易限制条件。

个人交易限制条件：在本协议的条款中，由代理银行雇员或者相关个人做出交易或者投资行为是被禁止的。在本附录内，相关人员包括代理银行雇员的配偶、他们监护的小孩或者其他任何住在雇员家庭内部的成员、直系亲属、信托人或者房产的执行者。代理银行的检查部门应该确保实施所有可行的步骤来禁止此类投资，包括强制提交证券持有报告、交易活动的季度报告和第三方交易确认书等。

三　利益冲突缓和控制

代理银行应该对一般利益冲突进行缓和控制管理。

1. 关于重要非公开信息的限制。在此协议下提供服务时，一些代理银行内的个体会获得重要的关于问题资产救助计划的非公开信息，例如关于财政厅的详细交易或者交易策略的信息。个人所有的非公开信息或者依照本协议产生的信息都是不能被执行的，或者成为其他活动的原因。

2. 情报障碍政策。问题资产救助计划相关的信息应该只在"需要被分享"的情况下分享。代理银行应该拥有一个情报障碍政策或合同，该政策或合同是为了限制非公开信息的散播、为他人所得和分享，包括但不限于重要非公开信息。与本协议的第十一部分相一致，"利益冲突缓和情报障碍"应该被代理银行强制实施，限制信息的散播、为他人所得和分享。

3. 互联网非公开信息和文件夹非公开信息的管理。代理银行的管理、实行和会计系统应该限制非公开信息只能由需要了解的个人获得。包括非公开信息的文件夹同样需要被适当地隔离和控制，以防止被无权限的个人非法获得。任何在协议下有代理银行所使用的信息技术系统或其他的记录系统应该被适当地管理，以确保只有需要知道这些信息的个人才能获得。

4. 行为准则。代理银行应该实行一个行为准则，该行为准则建立在引导个人商务行为的基础之上。准则要求雇员和缔约者保有客户的绝密信息，包括所有的非公开信息和由协议条款产生的信息，了解并且符合和其工作职责相关的企业政策、章程、法律和规章制度。所有的雇员和缔约方被要求熟悉并且恪守该行为准则。

5. 培训。在开始提供服务之前，所有在本协议下与代理银行提供服务有关联的关键个人被要求加入服从培训。培训计划应该告知并建议所有个人关于他们应尽义务和对他们的要求。

6. 监管、服从。代理银行应该选用一位高度服从的专业员工来监测和监管代理银行的利益冲突，代理银行应该将这类内部的监管向财政厅进行季度性报告，确保服从本协议的所有要求。

7. 事件报告。在该协议条件下，提供服务的人需要及时地就违背和违反利益冲突的情况向主管部门进行报告。在报告中需要有成文的时间描述并且要及时地提供给主管办公室。

8. 禁止接受和索要礼物。不论代理银行还是任何的关键个体都不能接受或者索要来自个体或者组织的礼物、好处或者其他具有货币价值的东西。

9. 和财政厅官员交流的限制。在本协议条款中，代理银行不能直接对财政厅雇员或对其直接负责的人员做出任何提议和承诺，也不能直接或者间接地参与到与财政厅雇员或对其直接负责的人员任何有关未来雇佣和商业机会的讨论当中。代理银行不能直接或是间接地向财政厅雇员提供、给予或者承诺任何现金、礼物或者其他具有货币价值的东西，除非是被政府全体道德标准所允许。代理银行不能索要或获得来自财政厅雇员的任何非公开信息或者是财政厅用于评估投标、建议或者加入协议的信息，无论是直接还是间接的。

10. 认证。代理银行要在以下认证过程中服从财政厅。认证要由代理银行的问题资产救助计划监察主任进行。

（1）组织利益冲突认证。代理银行应该向财政厅进行季度性的说明，证明其不存在组织性的利益冲突，或者详细解释其无法证明的程度，并且描述已经采取或者准备采取来缓和冲突的措施。

（2）个人利益冲突认证。代理银行应该在有效期十日内向财政厅提供证明，按季度提交所有关键人物在该协议下提供服务不存在个人利益冲突的证明，或者服从由财政厅同意的缓和计划或者放弃计划。

（3）和财政厅雇员交流认证。在为该协议选择代理机构的过程中，在和财政厅签订新的协议或者是接受原有协议的修改方案之前，代理银行应该证明其了解和财政厅雇员之间的交流是禁止的,代理银行没有关于违反或者可能违反禁令的信息。此外,每个代理银行的管理人员、雇员或者代表需要证明其对与财政厅雇员的交流禁令十分了解并且服从该禁令,并且没有任何违反或者可能违反的相关信息,还要立即向代理银行告知所获得的关于违反或者可能违反该禁令的信息。

(4)机密认证。所有提供服务的关键人物,以及代理银行的每个雇员和所有缔约个人是不能够被披露的,这些个体需要向代理银行的监察官员证明其会遵守协议,不会向任何无权限的组织或个人透露信息,代理银行会以保密协议的形式获得此证明。

11. 后续通知。代理银行有持续性的义务来搜寻并且报告任何潜在的个人或者组织的利益冲突。在了解到新的或者更大的利益冲突之后,代理银行应该尽快以书面形式通知财政厅,在任何情况下都不能晚于两个交易日。该报告应该描述代理银行已经或即将采取来缓和潜在冲突的步骤,或者向财政厅要求弃权。

12. 审核。财政厅可对代理银行就利益冲突缓和保密性进行年度或者临时审核。代理银行需要和财政厅完全配合并且提供任何所要求的信息来进行审核评估。

13. 利益冲突缓和控制的改变。所有的缓和计划和利益冲突缓和控制应该以财政厅的批准为前提。

四 商业银行代理国库现金管理业务考核暂行办法

为确保财政资金存款在银行业金融机构进行存款分配时的客观公正以及财政资金的安全,引导驻滇银行业金融机构加大对云南省经济社会发展的支持力度,根据《云南省省本级国库现金管理暂行办法》等有关规定,制定本办法。

(一)总体原则

1. 安全性原则

将财政资金存放的安全性作为首要的评价因素。

2. 贡献度原则

将各银行业金融机构对云南省经济社会发展的贡献程度作为重要的评价因素。

3. 客观性原则

从云南省财政厅、中国人民银行昆明中心支行、云南省银监局等部门采集定性、定量指标作为标准,并按一定权重进行综合评价。

4. 可操作性原则

指标体系的设计力求简便易懂,具有科学性和可操作性。

(二)考核评价激励体系

1. 考核评价指标及权重

根据具体指标的相对重要程度,对安全性指标、贡献度指标和服务质量指标各赋予一定的权重。各项指标的权重如下。

①安全性指标权重为 0.15。该指标下设三项分指标:流动性、营利性以及资产安全性。以上分指标在安全性指标中的权重分别为 0.40、0.30、0.30。

当流动性指标为 50 分(评级结果 3 级)时,设置为预警信号,应予以关注;当流动性指标为 0 分(评级结果 4 级)时,应停止财政存款在该行的存放业务,定期存款到期后即予以调回,同时配合政府及相关部门启动风险控制措施。

②贡献度指标权重为 0.70。该指标下设六项分指标:纳税规模、贷款余额、当年贷款新增额、中小企业贷款数额、涉农贷款数额、存贷比。以上分指标在贡献度指标中的权重分别为 0.20、0.20、0.20、0.10、0.10、0.20。

③服务质量指标权重为 0.15。该指标下设五项分指标:支付结算水平、信息反馈质量、管理协调水平、支付系统性能和产品创新能力。以上分指标在服务质量指标中的权重均为 0.20。

2. 考核评价方法

对在滇银行业金融机构的考核评价,由省财政厅负责组织,每半年考核一次。

考核评价采用评分法，即将每项评价指标分为多个类别，每个类别确定一个分值，第一类视为优秀，得 100 分，其余类别分值依次递减。评价单个商业银行各项指标得分，然后按照权重进行加总，得出单个商业银行的最终得分。具体步骤如下。

步骤一：确定指标评分标准，按标准为商业银行评分。

根据商业银行的实际情况，按照类别要求确定各具体指标的分值（详见表 6.8~表 6.11）。

步骤二：计算单个商业银行的得分。

根据预先确定的指标权重，计算单个商业银行的得分情况，即各项指标分值乘以权重，加总计算出单个商业银行的得分。具体计算公式如下。

某商业银行总评分＝安全性指标评分×15%＋贡献度指标评分×70%＋服务质量指标评分×15%

某商业银行安全性指标评分＝流动性评分×40%＋营利性评分×30%＋资产安全性评分×30%

某商业银行贡献度指标评分＝纳税规模评分×20%＋贷款余额评分×20%＋当年贷款新增额评分×20%＋中小企业贷款数额评分×10%＋涉农贷款数额评分×10%＋存贷比评分×20%

某商业银行服务质量指标评分＝支付结算水平评分×20%＋信息反馈质量评分×20%＋管理协调水平评分×20%＋支付系统性能评分×20%＋产品创新能力评分×20%

表 6.8　商业银行打分表

指标名称		评价类别	级别/区间	采集来源	分值（分）
安全性（权重 0.15）	流动性（权重 0.40）	1 类	年度评级结果 1 级	银行业管理部门	100
		2 类	年度评级结果 2 级	银行业管理部门	80
		3 类	年度评级结果 3 级	银行业管理部门	50
		4 类	年度评级结果 4 级	银行业管理部门	0

续表

指标名称		评价类别	级别/区间	采集来源	分值（分）
安全性（权重0.15）	营利性（权重0.30）	1类	年度评级结果1级	银行业管理部门	100
		2类	年度评级结果2级	银行业管理部门	80
		3类	年度评级结果3级	银行业管理部门	50
		4类	年度评级结果4级	银行业管理部门	0
	资产安全性（权重0.30）	1类	年度评级结果1级	银行业管理部门	100
		2类	年度评级结果2级	银行业管理部门	80
		3类	年度评级结果3级	银行业管理部门	50
		4类	年度评级结果4级	银行业管理部门	0
贡献度（权重0.70）	纳税规模（权重0.20）	计算单个商业银行各分项指标占所有被评价商业银行各分项指标的比重		省地税局	比重×100
	贷款余额（权重0.20）			银行业管理部门	比重×100
	当年贷款新增额（权重0.20）			银行业管理部门	比重×100
	中小企业贷款数额（权重0.10）			银行业管理部门	比重×100
	涉农贷款数额（权重0.10）			银行业管理部门	比重×100
	存贷比（权重0.20）	存贷比≥70%		银行业管理部门	100
		65%≤存贷比<70%		银行业管理部门	80
		45%≤存贷比<65%		银行业管理部门	60

续表

指标名称		评价类别	级别/区间	采集来源	分值（分）
服务质量（权重0.15）	支付结算水平（权重0.20）	1类	年度评级优秀	省级财政部门	100
		2类	年度评级良好	省级财政部门	80
		3类	年度评级合格	省级财政部门	50
	信息反馈质量（权重0.20）	1类	年度评级优秀	省级财政部门	100
		2类	年度评级良好	省级财政部门	80
		3类	年度评级合格	省级财政部门	50
	管理协调水平（权重0.20）	1类	年度评级优秀	省级财政部门	100
		2类	年度评级良好	省级财政部门	80
		3类	年度评级合格	省级财政部门	50
	支付系统性能（权重0.20）	1类	年度评级优秀	省级财政部门	100
		2类	年度评级良好	省级财政部门	80
		3类	年度评级合格	省级财政部门	50
	产品创新能力（权重0.20）		获全省金融业务创新奖（权重0.25）	银行业管理部门	有此项得满分，否则不得分
			设立专业中、小企业贷款部门（权重0.25）	银行业管理部门	有此项得满分，否则不得分
			推动组建新农村金融机构（权重0.25）	银行业管理部门	有此项得满分，否则不得分
			金融产品创新能力（权重0.25）	银行业管理部门	有此项得满分，否则不得分

表6.9 流动性状况评级参考指标

备付金比例	资产流动性比例	对流动负债依赖比例	参考结论
8%及以上	45%及以上	0%以下	充足（评级结果1级）
5%~8%	25%~45%	0%~30%	适度（评级结果2级）
2%~5%	10%~25%	30%~50%	不足（评级结果3级）
2%以下	10%以下	50%及以上	严重不足（评级结果4级）

表 6.10 营利性状况评级参考指标

资本利润率	资产利润率	利息回收率	参考结论
20%及以上	2%及以上	90%及以上	满意（评级结果1级）
15%~20%	1%~2%	80%~90%	基本满意（评级结果2级）
0%~15%	0%~1%	50%~80%	不满意（评级结果3级）
0%以下	0%以下	50%以下	严重恶化（评级结果4级）

表 6.11 资产安全性状况评级参考指标

不良贷款率	呆坏账贷款率	不良贷款抵补率	参考结论
5%以下	2%以下	100%及以上	满意（评级结果1级）
5%~15%	2%~4%	80%~100%	基本满意（评级结果2级）
15%~35%	4%~10%	60%~80%	不满意（评级结果3级）
35%及以上	10%及以上	60%以下	严重恶化（评级结果4级）

步骤三：计算单个商业银行得分的比重。

将单个商业银行的得分除以各商业银行得分总和，以此得出财政存款在该商业银行的分配比例，从而确定财政存款在该商业银行的分配数额。

（三）评价激励办法的实施

1. 纳入激励范围的财政资金规模

由省级财政部门根据库款结余情况分期分批组织实施。

2. 考核评价的范围和内容

考核评价范围：省级国库现金管理各代理银行。

统计口径及内容：以评价范围内的各商业银行在云南的数据为大口径。评价指标体系的安全性、贡献度指标的统计口径以银行业管理部门及税务部门的统计口径为依据。

3. 实施步骤

第一步：收集数据。各代理银行按季度向省财政厅报送相关指标数据，省财政厅从中国人民银行昆明中心支行、省银监局、省地税局等相关部门收集各商业银行的年度经营状况评级结果、在滇缴纳税收情况、省政府表彰情况等资料信息。

第二步：根据收集资料进行计算，确定评价结果。省级财政部门根据评价结果确定每期国库现金管理操作在各金融机构的存放比例。

（四）修正机制

基于评价体系中的指标会因社会经济的发展和国家管理的要求而发生改变，对指标构成、权重和评价方法、程序等，省财政厅可根据实际情况进行适时调整和修正。

五　云南省省级预算单位大额支付用款计划编报管理暂行办法

第一条　为进一步提高部门预算执行管理和业务工作的协调性，增强预算执行的计划性、均衡性和时效性，根据《云南省财政国库管理制度改革试点资金支付管理办法》和深化国库管理制度改革的有关要求，制定本办法。

第二条　大额支付用款计划是财政资金用款计划的一部分，作为预算执行管理中资金支付的初始环节，建立大额支付用款计划报备制度有利于提高预算执行效率和财政资金管理水平，科学控制财政资金现金流量，是各预算部门对建设项目实施和进度控制管理的有效手段。

第三条　各预算部门必须准确把握本部门年度项目工作计划，加强对项目资金的计划管理和控制。全面了解本机关、系统及所属事业单位年度项目实施进度和工作开展情况，科学合理地测算各月实际资金需求，增强预算资金支出的计划性和均衡性，从而使预算资金能按项目建设进度及时拨付，充分提高资金的使用效率。

第四条　为简化省级预算资金拨付程序，预算单位大额支付用款计划编报标准为：预算单位当日用款单笔金额在 100 万元以上；当月汇总金额在 500 万元以上均须编报用款计划。

第五条　大额支付用款计划编制依据：省人民代表大会批准的年度部门预算、追加调整预算指标；部门年度工作计划，包括各专项项目年度规划、计划实施进度，以及重点工作任务年度总目标和阶段性目标；属于政府性基金、财政专户核拨资金安排的支出,根据收入特点预计的收入入库(户)进度等。

第六条 大额支付用款计划编制范围主要为项目经费。资金来源包括上年结余结转资金、当年预算安排资金、追加调整资金和上级转移支付资金;资金收入类别包括公共预算收入、政府性基金收入、财政专户核拨资金、其他来源收入。

第七条 大额支付用款计划按季分月编报,经省级财政部门审核后,作为财政国库部门拨付财政资金的依据。

第八条 大额支付分月用款计划由基层预算单位编制并逐级上报审核,由一级预算单位审核汇总后编制"云南省省级预算单位大额支付用款计划汇总表"(见表6.12)报省级财政部门审批。

第九条 一级预算单位于每年12月1日前(节假日顺延,下同)将下年第一季度分月用款计划报送同级财政部门;每年3月1日、6月1日、9月1日前分别报送本年第二季度、第三季度、第四季度的分月用款计划送省财政厅国库处,并通过预算执行系统提交各月大额支付用款计划电子数据。

第十条 年度预算执行过程中,大额支付用款计划一般不做调整。因年度内发生预算调整或重大紧急突发事项等特殊情况,用款计划金额确需调整的,按照本办法规定的程序和要求进行报送,并说明用途和原因,提前5个工作日向财政部门办理报备手续,待财政部门批准后方可使用资金。

第十一条 省级财政部门将实施动态监控关口前移制度,对预算单位疑似违规支付的信息采取直接干预方式,对预算单位未经报批的大额支付数据信息,先冻结,待预算单位办理了报批手续后解除冻结。

第十二条 各级预算单位应加强预算支出的研究分析,提高项目支出用款计划与项目进度管理的协调性,提升用款计划科学管理水平。省级财政部门将建立预算单位大额支付用款计划考评制度,对预算单位用款计划编报的准确性和及时性进行考核。

第十三条 本办法由省财政厅负责解释。

第十四条 本办法自发布之日起试行。

表 6.12 云南省省级预算单位大额支付用款计划汇总表

一级预算单位财政编码：(项目支出)
一级预算单位名称：
一级预算单位(盖章)：

单位：万元，%

单位编码及名称	项目		预算数	第一季度				第二季度				第三季度				第四季度			
^	代码	名称	^	小计(A)	1月	2月	3月	小计(B)	4月	5月	6月	小计(C)	7月	8月	9月	小计(D)	10月	11月	12月

编报数

第六章 云南省国库现金管理模式选择及操作建议

续表

项目	单位编码及名称		第一季度					第二季度					第三季度					第四季度				
	代码	名称	预算数	误差率 (A−A1)/A	小计 (A1)	1月	2月	3月	误差率 (B−B1)/B	小计 (B1)	4月	5月	6月	误差率 (C−C1)/C	小计 (C1)	7月	8月	9月	误差率 (D−D1)/D	小计 (D1)	10月	11月	12月

单位经办人：　　　　　　　　　　　　国库部门审核人：
财务负责人：　　　　　　　　　　　　国库部门负责人：

备注：本表由一级预算单位按季分月编报；实际执行数一栏一~四季度只需填写上一季度数。

六　云南省财政国库现金目标余额管理制度

第一条　国库现金目标余额为财政部门根据一定时期内财政收支的需求所确定的在国库账户中需要保持的最低现金余额。在此期间，国库收支每日最终结算现金余额必须大于或等于国库现金目标余额。

第二条　国库现金管理目标余额的基本原则。一是效率原则。通过制度设计，简化资金收付程序，提高财政资金入库效率与支付效率；在保证国库现金流量充足的同时，确保国库资金保值增值，提高国库资金收入效益；通过国库资金调度与国债发行的有机结合，降低国库融资成本。二是透明原则。保证政府财政收支活动的实际信息能够及时为纳税人、社会公众所获得；预算执行程序透明；资金支付过程透明。三是监控原则。加强对预算执行过程的监督与控制，优化制度设计，利用现代信息网络技术，动态监控财政资金的收付活动；对违规或不规范操作的处理制度和管理方法强化预算执行，保证财政资金支付使用的安全性、规范性和有效性。

第三条　国库现金目标余额预测。建立财政资金收支基础数据库，对历史数据进行分析，结合各项改革工作，逐步细化并适当调整预测中考虑的主要收支项目，加强与各相关部门的联系，尽可能获取可能对国库现金收支流量产生较大影响的政策性信息，并在国库现金收支预测工作中予以充分考虑。

①收入预测：通过从财税库横向联网系统获取的有关应税信息，对财政国库一段时期内每日现金收入流量进行预测，包括对各类主要税种和收入来源的月度预测；然后基于以往年度平均税收状况的模型，将月度预测的结果分解成每日收入的预测；最后在前期预测的基础上，重点考虑近期的收入情况，对预测结果做出进一步调整。

②支出预测：通过搜集各预算单位分月用款计划支出预测信息，尤其是占总预算支出75%以上的交通、教育、水利、社保等部门的支出预测数据，参考历史经验并结合国债到期本金及利息等情况，运用模型将其分解到未来的时间段，进行现金支出预测。

对国库现金支出流量预测影响较大的因素主要包括以下三种。一是国库集中支付改革带来的影响。由于已下达的用款计划与单位实际支出存在较大差距，特别是已下达授权支付额度的项目支出，其执行进度及资金支用时间因缺乏及时信息沟通机制而无法提前掌握，致使资金流量变化无规律可循。二是执行中预算调整变化的不确定性因素。在现行预算管理体制下，年末预算结转下年和执行中预算追加、追减较多且缺乏规律，提高了一般预算支出和上级补助收入的不确定性，从而降低了预测的准确性。三是中央补助地方支出的不稳定性。主要是专项补助支出，一旦专项补助指标下达及拨付在执行中（如月、季、上下半年间）发生变化，就容易形成预测误差。

第四条 制度保障。通过建立相关的规章制度和激励机制，促使预算单位提供尽可能准确的支出预测信息。建立了鼓励支出单位提供准确预测信息的激励考核机制。

除依据预算单位提交的支出计划进行预测之外，对尚未形成完善的用款计划上报机制或者没有用款计划的某些资金、某些具有较强规律性的大额资金（基本支出、一般性转移支付资金等），可采取类似国库现金流入预测的方法，借助图形分析及计算同比增长率等手段，综合考虑年度预算和临时政策性因素，通过比较以前年度同期历史数据以及参考当年实际执行数的方法进行预测，辅之以适当的计量经济模型进行分析和校验。

对通过财政部门内部信息沟通能够提前获取支付信息的支出项目，如补助下级财政支出、国债兑付支出和国库现金管理市场操作带来的现金流出等，主要是在与相关处室建立日常信息沟通机制的基础上获得相关的支出预测信息。

第五条 国库现金管理操作工具。短期以协定存款、定期存款、智能通知存款和结构性存款为主，中长期应充分发挥金融市场投融资功能，使用的投资工具主要包括商业银行定期存款、在货币市场借出款项（包括隔夜拆借）、国债回购。融资工具主要包括发行短期国债、在货币市场借入款项、国债回购等。

第六条 国库现金目标余额的监控和调整。国库现金管理人员及时监控每日国库现金余额变动情况，当国库现金余额有可能低于国库现金目标余额时，需要及时提出保持或变动本月国库现金目标余额的建议，以及相应的现金管理对策。必要时及时收回未到期短期存款。

  第七条 本办法由云南省财政厅负责解释、修订。

  第八条 本办法自发布之日起试行。

第七章

总结及对策建议

第一节 总结

基于前六章对国内外国库现金管理理论和实践经验的梳理对比，本章提出我国国库现金发展面临的机遇和挑战。接着，针对发现的堵点问题明确了国库现金管理和政府债务管理之间、财政政策与货币政策之间应该互相协调，厘清之间的职责分工关系，以期促成多边共赢、实现我国宏观经济平稳运行。解决以上问题的关键就是要利用好计量模型和数据处理技术，通过对国库现金管理若干主要模型的实际操作，加强各级部门的国库现金风险管理，从而对主要的资金市场化机构——商业银行进行选择和监管。最后本书继续针对云南省国库现金管理的模式提供了选择路径和操作建议。

一 归纳国内外理论实践经验，探索云南省国库现金管理模式

第二章归纳了美国、加拿大、澳大利亚等发达国家较为完备的国库现金管理理论体系和实践操作，发现这些国家的机构设置、管理目标及主要做法主要是依据其自身国情决定的。另外，它们在国库现金管理的目标、制度的设定及国库现金余额管理与央行货币政策之间的协调措施等方面各有偏好。

2001年开展的国库集中收付制度改革试点建设标志着我国国库现金管理步入正轨。至此，无论是理论方面的相关研究还是央地实践方面的制度改革都层出不穷。理论层面主要是从管理体制改革、制度理论、技术操作、与货币政策相互协调等方面展开了深入的研究。实践改革层面是从2001年以前由中央银行主导的国库现金管理即委托代理模式；到2001~2006年通过借鉴和吸取国外部分发达国家的实践经验，设立国库单一账户和集中收付体系的改革；再到2006~2014年逐步完善商业银行风险控制体系，预测和保障国库现金流动性。2014年新《预算法》在法律层面对国库改革成果予以肯定，不仅为进一步深化国库改革提供了坚实保障，也对加快推进国库现金管理提出了更高要求。

国内关于国库现金管理的深化改革要求自上而下，也要求自下而上。要实行从中央到各省、市、县、乡"横向到边"的改革，也要根据地方特点反馈改革成效，提高改革兼容性。就云南省而言，由于受到地区经济发展加快、省级收支未能及时匹配等因素的影响，国库资金余额逐年增加，这意味着做好国库现金流预测以及相关制度改革迫在眉睫。增加财政资金的流动可以加强国库现金的管理，通过盘活资金以提高使用效率。因此，国库现金管理不仅能够取得收益，还能够进一步促进云南省的经济发展。

二 厘清国库现金管理、政府债务和货币政策间的作用关系

由于我国国库单一账户的设立，国库管理自然包括国库现金管理及政府债务管理，二者相互联系、相辅相成。一方面，政府债务收入作为政府收入的组成部分，会受到央行正逆回购等公开市场操作方式的直接影响，这不仅关系到政府本年度收支余额，还会对国库现金余额造成干扰。并且，国债结构的变动、发行方式的改变以及基于国债利率的其他利率定价波动均会对国库库存产生不同程度的影响。另一方面，国库现金余额管理同样与政府债务管理相互联系。首先，央行通过国库现金余额的预测，能够对政府债券的滚动发行给予数量指标建议，这直接关系到政府债务管理。其次，在行使国库现金余额管理的职责时，政府债务规模会随着国库

库存盈余的增加而缩小，从而达到减少债务的主要目的。在国库现金管理下，政府滚动发行短期国债、适时回购或提前赎回长期国债，对国债期限结构有极大的改善作用。同时，实施国库现金管理后，大量的短期国债将主要由机构投资者持有，机构投资者将成为国债，尤其是短期国债的投资主力。进一步地，由于短期国债相较于长期国债而言通常发行成本较低，在面临大量政府债券由长期转变为短期时，需要提高国库现金流动性，降低发行债券的成本。

一个国家的国库现金管理模式大致可以分为三种：央行完全（代）管理国库模式、商业银行存款模式及货币市场调节模式。这三种模式在现金收益、风险程度和行为影响方面各有侧重。通过借鉴国外发达国家的成功经验和不断深入的自我探索，我国目前已经逐步形成了以商业银行定期存款为主、回购国债等货币市场投资为辅的国库现金管理模式。值得注意的是，国库现金余额通过回购国债进入货币市场后，会导致大量资金流入和流出，进而造成货币市场波动和财政货币赤字化的风险。所以，先前章节通过具体测算国库现金余额与货币市场总量的比值，了解到目前我国省级国库资金其实相较于整体货币市场非常微小，国库库存的货币市场具有可操作性。

三　基于数据和计量预测方法，对国库现金核心指标进行分析

国库单一账户中的库存最优持有量，也即国库现金最优留存率至关重要。一个优良的国库库存持有量会依据国库现金的流动而实时进行调整，不能过多，也不能过少。国库库存盈余过多将直接导致大量资金留存库底，无法进入货币市场或者用于生息，这将造成巨大的资源浪费和收益损失，也错失了缩减政府债务的机会。相反地，国库现金留存率过小会影响到财政部门的正常运行，例如在政府正常财政收付和拨发单位工资时存在国库资金紧张的一系列情况。因此，国内外通常采用经验分析预测法、成本分析模型、现金周转模型、鲍莫尔模型、鲍莫尔扩展模型、米勒-奥尔模型、ARMA模型等方法对国库现金最佳持有量进行测度。

国库现金流量预测因为具备准确性、及时性等特征，从而成为深化我

国国库现金管理改革中的必然选择。与政府财政预算执行的年度编制、收支预测数据估计不同，二者在科目设置的细化程度、口径、预测方法和预测周期等方面的选择上存在的差异比较大。相较而言，国库现金流量预测更能满足国库现金日常收支管理的需要。相关的国库预测部门通常利用政府单位近期的预算执行数据和长短期相结合的历史经验数据作为基础，接着从某种制度安排中与收入和支出等有关的部门中，获取有关预测信息进行现金流的预测工作。与此同时，经常辅以计量经济模型对国库现金流进行分析。

基于国库最优现金留存率和预测现金流数据支撑的动态投资组合策略，能够在保证国库现金稳定、安全的前提条件下，提高国库现金余额收益。本书具体介绍了以商业银行存款、国债回购、货币市场拆借为主的一些国内金融市场上常用的本币金融产品。商业银行存款主要通过多种存款方式，在要求资金获取方提供诸如国债等超过定存本金的质押物的前提下对其融入资金。由于高价值质押物的存在，国库库存的收益性和稳定性得以保证，且不至于影响市场流动性。国债回购分为正回购和逆回购，这使得库底资金与国家货币政策紧密联系起来，完善的回购策略既能帮助库底资金获取盈利，更能达到辅助货币部门进行市场调控的目的。国库资金管理部门的货币市场拆借操作就更偏向于作为一个独立的机构投资者进入货币市场，因此也存在更高的收益率及风险。国库现金管理部门依据滚动基础数据，对不同市场投资进行最优动态组合从而实现安全、收益的最大化，能够有效避免资源浪费。

四 管控国库现金库存风险，完善商业银行的选择与监管

国外大量经验事实证明，国库库存现金的管理不当将使一个国家的财政国库面临巨大威胁，因此分方法、分时间、分重点地对潜在风险进行控制显然十分必要。国库现金管理主要面临不能保障国库融资连贯性的流动性风险、交易对手存在潜在违约可能的交易对手风险、市场的多边性导致的市场风险以及管理部门的操作风险等。基于此，本书同样提出可以利用基本指标法、标准化方法、内部衡量法、损失分布法、极值理论模型和平

衡计分卡法等多元化方法的高级衡量法对国库资金各类风险指标进行估算和分析。

正如先前章节对国库现金余额多样化的投融资组合所描述的，将商业银行定期存款作为根本性的国库现金管理模式，应该予以极大的重视并控制好相关风险。国库现金管理部门选择与商业银行进行诸如活期存款、定期存款、通知存款或协定存款等组合策略形式的合作，完全有必要完善对合作商业银行在事前、事中和事后采取相应的风险评估和决策的手段。其中，国库现金管理部门要依据综合性、客观性和发展性的基本原则，对合作商业银行四大指标即盈利能力指标、经营增长指标、资产质量指标和偿付能力指标进行事前的准确评估，符合相关条件的商业银行才能给予招投标机会。在选择了商业银行和相关投资方式的事中阶段，依然要严格对商业银行的操作过程进行监督，规定各商业银行定期提供其运营管理报表，包括资本充足情况、资产安全情况、管理情况、盈利情况，以使财政部门掌握商业银行的运营管理情况，并了解其对国库现金的使用情况，考察其是否有违反协议的情况发生。最后，要及时在相关项目完成后，对合作商业银行进行考核指标评估，以达到为下一次的事前选择做好铺垫的作用，形成一个事前判断、事中监督、事后评价的良性闭环。

第二节　对策建议

我国国库现金管理的发展经历了设立国库部门到建立分权关系再到逐步深化改革的过程。新中国成立初期，党中央提出要加快建设国库现金管理的相关事宜，首次体现了国库现金的统筹收付功能。要求各地级市积极建立自身金库，且规定了由各地级市中国人民银行行长兼任国库现金主任行使管理各级国库的主要职责。20世纪80年代，我国逐步对国库现金管理制度进行进一步改革，由先前国库管理高度集中、统收统支的管理模式向各地区分级包干的制度模式转变。这意味着地方国库管理财权进一步扩大，有利于各级政府因地制宜地选择适合自身的管理模式和方法，同时提高资金使用效率和行政执行效率。1994年3月22日，第八届全国人民代表大会第二次会议通过了《中华人民共和国预算法》，并于1995年1月1日起实施。这是我国预算管理领域的第一部法律，对组织预算收入、拨付预算资金以及决算编制和批复等预算执行问题均做出了规定。2000年6月，国库司成立。2001年2月，国务院颁布了《财政国库管理制度改革方案》，要求从根本上转变我国现有的国库管理方式，通过借鉴部分发达国家的成功经验，建立国库单一账户，构建资金拨缴由国家账户统一收付的现代化国库管理体系。按照我国战略发展规划，未来持续深化国库管理制度改革需要从以下几个方面着手。

一 加快完善国库集中收支制度，健全我国财政安全运行核心体系

（一）深化国库单一账户制度改革

要深入贯彻落实"横向到边、纵向到底"的理念，实现中央、省、市、县、乡五个层级全部预算单位的根本性改革，现代化国库管理框架逐步建成。要加强现代化技术在深化国库管理制度改革中的应用，利用模型和大数据估算技术对运行效率和安全风险进行准确评估，兜底各级部门"三保"红线。要深入推进公务卡制度改革，让国家公务事项与财政预算支出明确挂钩；优化国家公务卡使用路径，促进国库单一账户的统一拨缴和账户明晰。要着力推行"放管服"改革制度，强化各级财政预算主体的责任意识和大局意识，以期提高国库资金使用透明度及运行效率。

（二）推进库存现金管理更加科学规范

首先，要发挥好中央针对国库资金统一调度、统筹规划的管理作用。加强对国库单一账户的解读，合理规划好地方资金的调度使用状况，实行国家整体层面的预决算管理工作，衔接好与地方各级层面的制度执行及信息交流。其次，要强化地方预算主体责任，使其作为利益相关者，调动各级对国库管理的积极性。对于库存金额较高的地区，要提升当地预算执行的能力，加快推动财政事项的稳健合理支出，合理调节债券发行节奏。相

反地，对于库存金额较低的地区，要督促当地国库部门和财政预算主体科学支出，保障重点的事项不受影响，有效利用资金多维度运作方式，获取收益，提高本级财政的可持续性。

（三）促进国库库存运作更加高效

为保证国库资金的安全性、流动性和收益性，我国主要采用由合格商业银行提供质押，然后采用融入国库流动性的方式获取稳健收益。单一性的操作方式不利于盘活国库余额，多维度的投资行为可以从风险性和收益性双边角度最大化国库资金的使用效率，国库盈余能够减轻地方债务压力，促进各级健康循环发展。另外，采用多维度的市场化运作方式可以杜绝寻租和垄断行为的发生，公开透明的管理是地方市场化运作国库资金的必然要求。拥有国家信用背书的国库资金具有稳健的特性，能获得资本市场青睐，从而能够在竞争中获取较高收益和安全性。

二 深化政府债券发行制度，实现各级政府债务平稳运行

（一）优化我国债券发行结构，保证各级国库现金安全可持续

要根据地方政府债务的余留情况，优化政府凭证式债券的发行结构。通过定向承销和公开发行足额中长期债券两种方式，对地方预留债务进行置换。定向承销是指发行债券的地方财政部门通过与以商业银行为主体的债权人协商，从而在债权人能够充分表达自己意愿的前提下得到一个双方都赞同的收益率，将短期高利率的债券置换为未来政府部门长期且利率较低的债券。而公开发行的方式则是政府部门通过在交易所发行长期债券的方式融资以置换旧债券。

一方面，由于基础设施建设投资回报较慢、往期财政预算支出缺口较大等原因，部分地方政府现存债务高企。做好长期政府债券的发行工作关系到各级国库现金的安全性和可持续性，债券到期时延长期限能够有效缓解当地还债的时限压力，同时从较高的利率变为较低的利率，也能提高政府资产的再融资能力。另一方面，要因地制宜地推行短期债券滚动发行，

以满足国库现金流量充裕和各级市场需求。各地政府要拓宽债券融资市场，完善债券发行的市场化制度。通过国债发行的市场化和国际化改革，建立公开透明的信息披露制度，吸引外资银行参与承销工作，更好地满足个人和中小企业的投资需求。

（二）增强债券发行与货币政策联动，助力调控宏观经济

首先，医疗保险、教育支出和基础设施修建投入是耗资大、时限长、回报低的财政支出，会直接导致国库现金流动性在短期内不足，这决定了地方国库现金的余额是支撑当地落实相关财政政策的关键。其次，中国人民银行为实现稳定物价和通货膨胀等目标，通常会采取正逆回购等形式的货币政策，与地方政府债券联动，在市场层面调节流动性，以保证我国经济平稳运行。所以，深化财政预算改革、国库现金余额管理和货币政策调控，促进三者有序平稳运行是稳定宏观经济的关键举措。

发行政府抗疫债券是党中央为应对新冠肺炎疫情所做出的重大决策，也是国库现金保障社会平稳运行的重要举措。地方国库发行特别债券首先要科学设计发行方案，按照市场认可度和资金使用周期等决定因素选择最具可行性的债券品种进行社会融资；其次要合理安排短期债券的滚动发行频率，协调好常规地方政府债券的发行和特别抗疫债券的融资行为，为特别债券的发行留下市场空间；最后要协调好与货币市场的关系，在市场难以满足债务需求时，积极寻求中央银行流动性支持，加强抗疫国债宣传工作，为抗疫国债发行创造优良的市场环境。

三 理论与实践相结合，双向支撑国库现金管理研究

（一）应在理论层面加强创新

随着我国整体经济的快速增长，国库现金流量波动不断增加，新兴金融市场投资方式不断涌现与更迭，对国库现金管理的理论研究进一步深化。首先，应对国库现金管理的定义进行完善和扩展，以积极应对当下国库现金管理概念不明确，不能与各个国家、各个地区实际紧密联系的局促

现状。其次，解决复杂经济、金融问题的有效途径就是利用好现代化模型和计量模型等工具。早有学者通过经验分析预测法、成本分析模型、现金周转模型、数据库的维护和管理等方法对国库现金最佳持有量的测度、国库现金流量的预测和投融资组合的选择这三个问题进行过深入的研究。我国许多试点省份也曾借鉴其相关经验进行预测和分析，本书也就云南省在若干问题上的模型测度给出了相关参考。但目前相关模型和计量方法拟合相关经济金融事实的程度依旧不够，还欠缺完备的手段以满足现实实时处理国库现金流动的需求。

（二）应在实践层面加深应用

本书第六章以云南省为例，在先前章节的理论方法基础上提供了国库现金管理的实践操作建议和指南。在基本原则方面，要始终遵循安全性、流动性和收益性的原则，确保国库现金在安全操作的前提下，既能满足国库收付的流动性需求，也不会造成库存盈余而导致机会成本浪费。要实事求是、因地制宜，且依法审慎地开展相关国库现金管理工作。要根据云南省本身诸如库存余额数量、流动性波动情况和地区金融市场发达程度等实际情况来设定云南省国库现金管理机构，并精确组织机构人员开展库存管理工作。

同样，不论是国库最优留存率、国库现金流量和国库投融资策略的设定，还是风险控制和银行合作的事前、事中、事后的积极监管，都应使各部门与云南省的实际情况相一致，如此才能在模型和计量方法的使用上尽可能拟合本省数据，做到精准、有效的预测分析。这就要求各单位部门在未来的资金管理操作中不断联系实际、发现问题，并与理论充分结合，不断健全实践操作，达到各级国库现金管理安全、有效、统一的目的。

参考文献

巴曙松，2000，《中国货币政策有效性的经济学分析》，经济科学出版社。

财政部国库司、财政部，2007，《国库现金管理基础与实务》，经济科学出版社。

财政部国库司，2011，《现代国库理论与实践》，中国财政经济出版社。

陈建奇、李金珊，2008，《国库现金对货币供给政策的影响机制及证据：基于中国中央银行经理国库制度背景的研究》，《世界经济》第7期。

陈建奇、张原，2010，《国库现金转存商业银行对货币供给政策的影响——基于商业银行资产负债框架的扩展分析》，《金融研究》第7期。

陈颖，2006，《西方国家国库现金管理模式特点与借鉴》，《金融会计》第10期。

程丹峰，2005，《关于中国国库现金管理的若干基本问题》，《财政研究》第3期。

程丹峰、杨照南，2004，《中国国库现金管理与货币市场投资选择》，《财政研究》第9期。

邓晓兰，2010，《国库现金管理创新》，光明日报出版社。

邓晓兰，2007，《国库现金管理模式创新的制度经济学分析》，《财政研究》第2期。

邓晓兰、王俊霞、李万新、赵榆森，2005，《国库现金管理与国库资金余额投资运作构想》，《当代财经》第6期。

付英俊、李丽丽，2017，《国库现金管理对货币供给和利率影响的实证检验》，《统计与决策》第 6 期。

傅强、田辉静，2009，《基于 Baumol 库存模型的国库现金最优持有量模型及其应用——以重庆市国库现金最优存量研究为例》，《软科学》第 1 期。

韩媛媛、张芳，2015，《我国地方国库现金管理的主要风险及防范对策探析》，《金融发展研究》第 9 期。

何明霞，2004，《论中国国库单一账户的控制与监管》，《中央财经大学学报》第 10 期。

胡振兵，2008，《中国国库现金管理战略思考与操作安排》，硕士学位论文，青岛大学。

黄佳民，2019，《我国中央与地方国库现金管理联动机制研究》，博士学位论文，中央财经大学。

黄琦、雷良海，2003，《从财政存款计息看我国国库现金管理》，《当代财经》第 12 期。

贾康、阎坤、周雪飞，2003，《国库管理体制改革及国库现金管理研究》，《管理世界》第 6 期。

匡小平、肖建华，2008，《中国财政体制演进及其改革逻辑（1978-2008）》，《当代财经》第 8 期。

李春阳、徐传平，2019，《国库现金管理改革中的库底目标余额测算方法研究》，《经济理论与经济管理》第 12 期。

李海，2009，《法国国库现金管理框架及其对我国的启示》，《金融电子化》第 5 期。

李小萍，2007，《关于控制国库现金余额提高财政资金使用效益的思考》，《经济问题》第 5 期。

廖乾，2017，《地方国库现金管理与地方债发行的协调配合研究》，《上海金融》第 12 期。

林翰文，2010，《完善我国现代国库管理制度的路径选择》，《企业经济》第 7 期。

刘建伟，2013，《对地方国库现金管理改革与发展相关问题的研究》，《金融理论与实践》第 10 期。

刘梅、邓伟，2012，《财政分权体制下的地方国库现金管理》，《上海金融》第 8 期。

刘正，2005，《我国开展国库现金管理问题研究》，硕士学位论文，西南财经大学。

柳建光、李子奈，2007，《商业银行定期存款的中央国库现金管理方式对货币政策的影响研究》，《财政研究》第 6 期。

〔美〕罗伯特·D. 李、罗纳德·约翰逊，2002，《公共预算系统》，曹峰等译，清华大学出版社。

牛国栋、欧文忠、魏莉红，2017，《代理国库事后监督缺失问题探讨》，《山西财经大学学报》第 S1 期。

潘国俊，2004，《国库现金管理模式研究——兼论我国国库现金管理体制改革》，《财政研究》第 8 期。

潘义群、张戈、宋冰，2011，《基于 ARMA 模型的地方国库收入探究——以河南省为例》，《金融理论与实践》第 10 期。

申琳，2015，《地方国库库存预测模型研究——基于数据拆分与人工神经网络建模的方法》，《上海金融》第 7 期。

谭成、李欢强，2009，《我国商业银行全面风险评估研究》，《价值工程》第 2 期。

谭成，2009，《我国商业银行全面风险评估研究》，硕士学位论文，湖南师范大学。

王俊霞、邓晓兰、赵榆森、李万新，2006，《基于 Miller-Orr 模型的省级政府现金管理实证研究》，《当代经济科学》第 5 期。

王立志，2007，《国库最佳现金持有量模式初探》，《预算管理与会计》第 2 期。

王书华、郭立平，2019，《国库资金波动与我国货币政策效应动态影响机制——系统估计和区制转换的实证分析》，《当代经济科学》第 2 期。

王旭祥，2010，《国库现金管理对我国货币政策的影响：一个实证分析》，《上海金融》第 4 期。

王瑛，2005，《国库现金管理法规背景的思考》，《财政研究》第 5 期。

王瑛、张锐、朱亚培，2004，《发达国家国库现金管理及对中国的启示》,《经济管理》第 9 期。

王雍君,2003,《中国国库体系的改革:从分散化到集中化》,《财贸经济》第 5 期。

韦士歌,2003,《国库现金管理及与债务管理的协调配合》,《财政研究》第 2 期。

谢小飞,2011,《地方国库现金管理体系构建研究》,硕士学位论文,山东大学。

严亮,2007,《基于最佳现金持有量模式下的重庆国库现金管理理论与实证分析》,硕士学位论文,重庆大学。

杨保华、海云桃、李振宇,2011,《地方国库现金流量预测初探——以许昌市为例》,《金融理论与实践》第 2 期。

杨国清、张伟、姜兆平,2015,《新〈预算法〉出台背景下国库现金管理及风险防范》,《地方财政研究》第 1 期。

尧云珍,2007,《我国国库现金与政府债务管理协调配合问题探讨》,《武汉金融》第 11 期。

叶晓东、杜金岷,2014,《存于央行的国库现金对货币政策的影响》,《金融经济学研究》第 2 期。

袁庆海、杜婕,2012,《中国国库现金最佳持有水平估计及预测——基于改进的 Miller-Orr 模型》,《财贸研究》第 5 期。

袁永德、邓晓兰、陈宁,2006,《我国货币供应量影响因素的实证分析——兼论货币管理与国库现金管理之间的协调》,《财经理论与实践》第 5 期。

詹静涛,2007,《现代国库管理制度:管理型公共财政的正确选择》,《财政研究》第 3 期。

张卫云,2017,《基层国库开展地方国库现金管理可行性研究》,《上海金融》第 2 期。

张蔚虹、宋盼、王鑫、吕润吉,2017,《基于 Miller-Orr 模型的地方国库库底目标余额预测实证研究》,《西安电子科技大学学报》(社会科学版)第 1 期。

张文、孙灵燕,2016,《新常态下地方国库现金管理模式创新研究》,

《东岳论丛》第 3 期。

赵早早，2004，《美国政府现金管理改革借鉴与启示》，《管理科学》第 5 期。

中国人民银行国库局，2008，《国库理论与实务》，中国金融出版社。

周宇宏，2009，《地方国库现金管理模式选择》，《中国财政》第 14 期。

朱苏荣，2006，《美国国库现金管理经验借鉴与中国改革路径分析》，《金融研究》第 7 期。

Anderson, D. L., Joseph Monsen, and Mark W. Cannon. 1965. "The Makers of Public Policy: American Power Groups and Their Ideologies." *BYU Studies* 7 (3): 231-235.

Charitou, A., and E. Ketz. 1991. "An Empirical Examination of Cash Flow Measure." *Abacus* 27 (1): 51-64.

Dobson, L. W. 1968. "A Note on the Alternative Uses and Yields of Idle Public Funds." *National Tax Journal* 21 (3): 304-313.

FMS. 2002. "Cash Management Made Easy." Department of the Treasury of USA.

Garbade, K., John C. Partlan, and Paul J. Santoro. 2004. "Recent Innovations in Treasury Cash Management." *Social Science Electronic Publishing* 10 (11): 1-11.

Hollenhorst, J. 1969. "Alternative Uses and Yields of Idle Public Funds: Comment." *National Tax Journal* 22 (4): 557-558.

Kalotay, A. 2005. "A Framework for Corporate Treasury Performance Measurement." *Journal of Applied Corporate Finance* 17 (1): 88-93.

Lang, R. W. 1979. "TTL Note Accounts and the Money Supply Process." *Review* 61 (10): 3-14.

Lew, B. 1983. "Some Economic Determinants of Time Series Properties of Earnings." *Journal of Accounting and Economics* 5 (1): 31-48.

Lienert, I. 2009. "Modernizing Cash Management." *International Monetary Fund* 3: 1-22.

Lorek, K. S., and G. Willinger. 1996. "A Multivariate Time Series Prediction Model for Cash Flow Data." *The Accounting Research* 71 (1): 81-102.

Magnum, G. L. 1983. "Legislative History in the Interpretation of Law: and Illustrative Case Study." *BYU Law Review* 2: 281-304.

Salas-Molina, F., David Pla-Santamaria, and Juan A. Rodriguez-Aguilar. 2018. "A Multi-objective Approach to the Cash Management Problem." *Annals of Operations Research Manuscript* 267 (1): 518-529.

Stasavage, D., and D. Moyo. 2000. "Are Cash Budgets a Cure for Excess Fiscal Deficits (and at What Cost)?" *World Development* 28 (12): 2105-2122.

Stone, B. K., and T. W. Miller. 1987. "Daily Cash Forecasting with Multiplicative Models of Cash Flow Patterns." *Financial Management* 16 (4): 45-56.

Storkey, I. 2003. "The Governance Brief: Government Cash and Treasury Management Reform." *Asian Development Bank* 7: 1-4.

Wald, A. 1947. "Foundations of a General Theory of Sequential Decision Functions." *Econometrica: Journal of the Econometric Society* 15 (4): 279-313.

Williams, M. 2009. "Government Cash Management: International Practice." *Oxford Policy Management Working Paper* 1: 1-8.

后　记

本书由云南财经大学王敏教授和云南财经大学公共政策研究中心方铸博士共同主持，由云南财经大学袁娇老师、付涛老师、黄丽君老师，博士研究生彭敏娇、董琦、白帆、李敏丽、袁南歌子、王成展，云南财经大学硕士研究生陶醉、范慧欣、邓涵月、陈怡、段舒、洪海洋、段昌利、徐丽雅、刘雅娴、李丽梅、何倩、崔梓毓、朱梦蕾、舒琴、徐壮、范泽远共同参与完成。撰写工作从2012年1月开始，于2022年5月结束，其间几易其稿。具体分工如下：王敏教授负责总体把控以及撰写第一章；方铸老师负责具体写作安排以及撰写第四章；彭敏娇、董琦负责撰写第二章；白帆、李敏丽负责撰写第三章；段昌利、徐丽雅、刘雅娴负责撰写第五章；李丽梅、何倩、崔梓毓负责撰写第六章；朱梦蕾、舒琴负责撰写第七章；袁南歌子、王成展、徐壮、范泽远参与了部分章节的资料收集与最终校稿工作。十分感谢云南省哲学社会科学创新团队成果文库支持以及王敏教授主持的国家社会科学基金重大项目"'互联网+'背景下税收征管模式研究"（17ZDA053）以及方铸博士主持的教育部人文社会科学青年项目"数字经济条件下中国税收政策DSGE模型构建及其在税制改革中的应用"（21YJCZH026）、云南省科技厅基础研究计划青年项目"减税降费、政府支出扩张与经济增长"（2021FD009）的资助。

特别需要强调的是，作者更要感谢云南省人大常委会预工委王卫昆主任，云南省地方金融监管局常斌副局长，云南省财政厅杨秀文副厅长、付申才处长、孙爱平调研员、马常生副处长、王宗刚副处长、孙嘉璐副处长，云南财经大学伏润民校长、胡俊老师、樊欣老师、黄超老师等多年来在财税改革方面提供的经验和观点，如果没有他们在实践层面的点拨和指导,将难以形成作者今天对国库现金管理实践的理解和认识。在此对所有参与本书撰写的人员一一表示衷心的感谢!

希冀本书的出版发行,能够进一步引起更多读者特别是国库现金理论研究和实践工作者关注国库现金的管理制度、预测方法及风险防范。本书是对国库现金相关研究的尝试,种种原因,错漏难免,敬请读者不吝批评指正。

图书在版编目(CIP)数据

国库现金管理的制度、方法和风险控制研究 / 王敏,方铸著. -- 北京：社会科学文献出版社，2022.11
（云南省哲学社会科学创新团队成果文库）
ISBN 978-7-5228-0582-5

Ⅰ.①国… Ⅱ.①王… ②方… Ⅲ.①国库工作-研究-中国 Ⅳ.①F812.2

中国版本图书馆 CIP 数据核字（2022）第 156113 号

云南省哲学社会科学创新团队成果文库
国库现金管理的制度、方法和风险控制研究

著　　者 / 王　敏　方　铸

出 版 人 / 王利民
组稿编辑 / 宋月华
责任编辑 / 袁卫华
文稿编辑 / 陈丽丽
责任印制 / 王京美

出　　版 / 社会科学文献出版社
　　　　　 地址：北京市北三环中路甲29号院华龙大厦　邮编：100029
　　　　　 网址：www.ssap.com.cn

发　　行 / 社会科学文献出版社（010）59367028
印　　装 / 唐山玺诚印务有限公司

规　　格 / 开　本：787mm×1092mm　1/16
　　　　　 印　张：20　字　数：317千字

版　　次 / 2022年11月第1版　2022年11月第1次印刷
书　　号 / ISBN 978-7-5228-0582-5
定　　价 / 148.00元

读者服务电话：4008918866

版权所有 翻印必究